加藤武 芝居語り

因果と丈夫なこの身体

市川安紀
Aki Ichikawa

筑摩書房

加藤武

芝居語り

因果と丈夫なこの身体

目次

第三章 杉村春子と文学座の分裂

ハワイのシナトラ親分

スイートルームで大物に遭遇／録音テープ輸送大作戦／小道具の武器は本物／楽しみは日替わり定食？／後学のために見つめる先は

西洋人からババアまで

ツケ鼻＋赤毛で西洋人／ボウリングとはなんぞや／ナチュラルなオカマと心得よ／カタブツ議員の女装の喜び／無口な怪力ババァ

第四章 生き残り組のつとめ

生きていればこそ。西村晃

怪奇大好きの悪役仲間／本篇・予告篇全てで犯す！／特攻隊の生き残り／悪天候で九死に一生

無法松と丸山定夫

文学座版『無法松の一生』に主演／森本薫の名脚色／杉村パンチに再び沈む／名優・丸山定夫と園井恵子／広島で全滅した移動演劇隊「櫻隊」

生き残り組の使命

歴史の断定権を持つ責任／「単なるスケベ」じゃ堪らない／玉音放送のキーマン／後ろ姿の昭和天皇／三船敏郎と石原裕次郎の気概／宇野重吉、意気に感ず

加藤武さんは生涯現役であり続けた

　あまりにもあっけなさすぎて、いまだに信じられない。今にも耳元で「よぉっ！」という、あの愛すべき大きなしゃがれ声が聞こえてきそうな気がする。

　二〇一五年七月三一日、俳優の加藤武さんが亡くなった。享年八六。持病もなく、まさに突然の訃報だった。そのわずか一〇日ほど前には、ライフワークでもあった自身の朗読の会『加藤武　語りの世界』で、元気な語りを二席披露したばかり。肌ツヤよく、恰幅よく、声量もたっぷり。満員の観客を前に、猛暑をものともしない熱演を見せてくれた。会のあとは、九月末から始まる主演舞台の稽古に集中しなきゃと、意欲も満々だったのだ。

　それなのに手品みたいにふぃっとこの世から消えてしまった。一般的に考えれば不思議ではない年齢だったかもしれないが、何しろあのお元気さ。平気で一〇〇歳まで舞台に立っていそうな気がしていた。

　加藤さんに初めてお会いしたのは、たしか一五年ほど前だったと思う。演劇誌の取材で、所属する文学座を訪ねた。何しろあのコワモテである（失敬）。声も必要以上に大きそうだし、粗相でもしたら絶対に怖そうだよなぁ……と恐る恐る出向いてみると、まぁそのお話の面白いこと。文学座の大師匠・杉村春子さんや黒澤明監督に「コテンパンにやられた」思い出をモノマネも交えて語り、「言われたことがいまだにできないんだ」と悔しがる。そしてこうも言うのだ、「いつかできるようになりたい」と。

それから何度か取材で接するたび、竹を割ったようなさっぱりした人柄と、威勢の良さと照れが入り交じった下町育ちらしい率直な語り口に、すっかり魅せられた。掲載の当ては何もなかったが、その来し方から出会った人々、出演作や俳優論、移り変わる街や時代の空気も含めて今こそ話を聞いておきたいと尋ねると、「あの世に行っちまう前にってかい？　ハハハハ、ＯＫ！　何でも聞いてください」。即答であった。二〇一一年の年明けからポツポツと取材を始め、足かけ五年。二〇一五年秋から『キネマ旬報』での連載が決定すると、「ありがたいこってす」と喜ばれ、連載三回分の原稿にも目を通していただいた。

そんな矢先だったのである。長らくお待たせした挙げ句に、誌面として形になったものをお見せできなかったことには痛恨の思いしかない。けれど、最期の瞬間まで現役であり続けた加藤さんの芝居に対する情熱を、多くの人に知ってもらいたい。そこで加藤さんのご遺族にもお許しをいただき、連載を予定通りスタートさせた。タイトルは加藤さんの生前に決め、ご本人が揮毫《きごう》してくださったものをそのまま使用した。題して、「因果と丈夫なこの身体――加藤武　芝居語り」。今回の書籍化でも語順を入れ替え、このタイトルを踏襲する。

生涯俳優、加藤武ここにあり。

第一章

いざ、芝居道

芝居を観んとて生まれけん

ベテランも若手もない

かくして、俳優・加藤武、御年八六にしてバリバリの大現役であった。

二〇一四年、葛飾北斎をエネルギッシュに演じて好評を博した舞台『夏の盛りの蟬のように』では、読売演劇大賞優秀男優賞と芸術栄誉賞、紀伊國屋演劇賞個人賞を受賞。二〇一五年は怪談噺の名手、三遊亭円朝に扮する『すててこてこてこ』の全国公演を控え、主演舞台が目白押しだったのである。

シェイクスピア作品のリーディングや『加藤武 語りの世界』といった語りものでも緩急自在な芸を見せ、まぁ元気なこと。こそこそと内緒話なぞ決してできないであろう大音声も変わることなく、コワモテなのに妙に憎めない明るさと愛嬌は、かの「金田一耕助シリーズ」随一のコメディリリーフ、等々力警部そのまんま。新劇の老舗劇団、文学座の代表を務めていたが、〈文学座の重鎮〉などと紹介されようものなら、「重鎮なんかじゃない、文鎮です！って言い返してるんだ」と笑いとばす。

「ベテランなんて言葉も大っ嫌い。老いも若きも、スタートラインに立ったら条件は同じ。一斉に駆け出して、〈チキショーッ、若いヤツに抜かれてたまるか！〉って頑張らないと。最終的にジャッジするのはお客さんですよ。落語『寝床』のシャレじゃあないが、因果と丈夫なこの身体ひとつがキャンバスだから、一生懸命やるだけ。

ハッキリ言ってこれからどんどんジジイになってくわけで、チャンスが減ってくのは厳しい現実。虚しいけれど、常にここにいるぞ！って存在感を示していかないとね。どこまで続くかわからないけど、前へ前へ、ですよ。〈枯れた芸〉なんてよく言うけど、年寄りの役をやるにしても、演じる役者がヨボヨボじゃあね。お客を心配させちゃいけないでしょ。ほかの人のことはわからないけれど、それが僕の考え方ですね」

と言いつつ、ふとこんな本音を漏らしたりもする。

「……なんて大見得は切ってるけど、ウチへ帰るとヘタ～ッとしてるときもありますよ。これだけ外で大きな声出して気張ってたら、そりゃ、ぐったりしちゃうよ。とっくに家内には先立たれてるし、娘たちも外に出ていて、今はひとり暮らし。ちょっと気弱になったりする。でも！　そんなときには、朝起きてビャーッと水を浴びる。ハッと目が覚めて、引っぱたかれたみたいにシャキッとしますよ。那智の滝に打たれる文覚《もんがく》上人ってとこ。そう、戦前、歌舞伎座で観た七代目松本幸四郎の文覚は忘れられないなぁ。文覚が滝壺に飛び込むと、高麗屋（幸四郎）が早替りで不動明王になって迫《せ》り上がってくる。築地の魚河岸はお不動さまを信心してたから、客席からお賽銭がチャリン、チャリンと舞台に投げられてね。不動明王の両脇の童子は、一五代目市村羽左衛門《うざえもん》と六代目尾上菊五郎！　贅沢でしょ」

気弱などと言っていたのはどこへやら、芝居の話ともなると、伝説の歌舞伎役者たちの名前がポンポン飛び出してくる。その記憶は微に入り細にわたり、つい昨日観てきたかのごとく鮮明だ。

築地に生まれ育ち、「どうかひとつ」が「どうかしとつ」になってしまう江戸っ子の周りには、常に芸能の匂いがあった。銀座のど真ん中、数寄屋橋裏に今もある泰明小学校に通い、麻布中学では小沢昭一やフランキー堺などかけがえのない友たちと出会い、早稲田大学を経て一度は教職に就くも、芝居への思いは断ちがたく、仲間からは一歩遅れて俳優を志す。

文学座では大看板・杉村春子の薫陶を受け、映画では黒澤明、市川崑監督をはじめ、戦後日本映画黄金期の名作の数々に出演。そして八〇歳を過ぎてなお、若い後輩たちと一緒にストレッチに汗を流す。年齢を言い訳にせず、自分を叱咤しながら前進あるのみの俳優人生だ。

魚河岸の歌舞伎少年

一九二九（昭和四）年、東京・築地は小田原町生まれ。今はなき町名だが、現在の築地六丁目あたり、勝鬨橋近くの晴海通りから少しばかり入ったところが加藤武の生家だ。魚河岸で仲卸業を営む「佃亀新《つくかめしん》」の三男坊で、家には毎月、歌舞伎座、新橋演舞場、東劇の芝居の切符が

文学座『夏の盛りの蟬のように』で絵師北斎を熱演
（2014年／撮影：鶴田照夫／写真提供：文学座）

届いた。いずれも歩いて行ける距離。築地に生まれたからといって誰もが芝居好きになるわけではないだろうが、加藤家は両親も双方の祖母も、一家揃って筋金入りの芝居好き。

両親の趣味は清元で、父がうなり出すと母が三味線を合わせ、日本舞踊を習っていた姉が踊り出す……なんて光景が日常茶飯事だった。この環境ゆえ、武少年の体の隅々にまで芝居や音曲のエキスがしみこんでいったのも当然のこと。何よりの楽しみは、学校を早退して連れていってもらう芝居見物だ。

「物心ついたときから観てるから、最初に観た芝居が何だったかも覚えてないなぁ。芝居を観んとて生まれけん、ですよ。子供同士ではもちろん行かせてもらえないから、大人に連れてってもらう。夕方早い時間から始まる芝居を観るために学校を早退《はやび》けするんだけど、その理由はいっつも身内の不幸。しまいにゃ、いたい親戚まででっち上げてね。毎度のことだから先生はもうお見通しで、〈今度は誰を殺すんだ？　私の叔父さんを貸そうか？〉なんて言われちゃう。シャレた先生がいたもんでしょ」

本来なら自宅から近い築地小学校に上がるはずだったが、長兄が泰明小学校に入学して以来、きょうだい全員が上にならえで泰明に通うことになった。

「下町の人間はね、いいとなったらひとッところに決めちまうんです。いわゆる越境入学ですよ。小田原町から数寄屋橋まで、今の晴海通りを歩くと時間がかかるから、毎日私営バスに乗って学校に通ってました。築地っ子はひ弱でね。勝鬨橋ができる前、隅田川を渡し（舟）で渡っていた月島の子供たちのたくましさとは正反対。泰明と月島の小学校で合同運動会なんかあると、徒競走では泰明はみんなビリだもん。

まぁそれはともかく、私営バスは通称〈青バス〉と言って、市バスよりも断然小ぎれいだった。バスガールのお姉さんも、かわいい制服を着てましたよ。バスの窓越しに、行きは東劇、帰りは歌舞伎座の絵看板を見るのが何よりの楽しみでね。絵看板を見れば狂言（演目）がわかるから、今月は連れてってもらおう、なんて決めるわけ。あるとき歌舞伎座の絵看板を見て〈あっ、『暫《しばらく》』！〉って叫んだら、運転手が慌てて急ブレーキかけたっけ」

アイドルはエノケン

数寄屋橋を挟んで泰明小学校の向かいにそびえていたのが、三三年に開場した日本劇場、通称日劇。収容四〇〇〇人規模の娯楽の殿堂だった。日劇にはエノケンこと榎本健一が三八年の初出演以来、連日超満員の爆発的人気を呼び、すぐ近くの有楽座では、ロッパこと古川緑波一座がにぎにぎしく興行中。エノケン・ロッパ時代の最盛期である。

「なんてったって俺たちのアイドルはエノケン！　ロッパはどっちかっていうと、インテリの大人が楽しむ感じだったかな。日劇ではエノケンの封切り映画と実演が一緒に掛かったの。これがもう、楽しみで楽しみで。『エノケンのちゃっきり金太』『エノケンの猿飛佐助』とかの映画にも夢中になったし、映画が終わると今度は本物のエノケンが出てくるんだから、興奮するよ～。エノケンの孫悟空、森の石松、鞍馬天狗……。

現代劇風の芝居もあって、いわゆるミュージカルのようなアトラクションでね。エノケンがまた身軽でよく動くんだ。映画のプロローグではタキシードで出て来て、テーマソングをひとくさり歌う。それを必死に覚えて、次の日にはさっそく学校でエノケンのマネしながら、みんなで歌合戦。〈♪今日は会社のボーナスデー、ちょいと一杯飲んだらば～、あとはスッカラカンのカラ財布～〉なんてね。ま、自分を含めてこういうことすんのはロクなヤツじゃない。エノケンに連れてってもらうために、イヤイヤながら家で勉強もちゃんとやりました。エノケンは我々の中ではちょっと別格でしたね。

あとは川田晴久（当時は義雄）、益田喜頓《ますだきいとん》、坊屋三郎なんかの〈あきれたぼういず〉も好きだったな。〈♪ちょいと出ましたあきれたぼういず〜〉って歌い出しながら、おかしな『カルメン』やったり、〈そら花魁、ちと袖なかろうぜ……〉なんて歌舞伎のギャグも豊富。歌もコントも達者だった。いわゆるヴァラエティ・ショウです。面白かったなァ」

日劇といえば四一年二月一一日、〈歌う中国人女優〉として人気絶大だった李香蘭のリサイタルは語り草だ。劇場に入れない客がとぐろを巻くこと七回り半。

「映画で共演した長谷川一夫も彼女を中国人だと思ってたそうだね。このとき日劇でも共演していて、劇場外にあふれる客を見て〈ああ、あの客はワイのために来てんのや〉と言ったとか。これはあとで評論家の矢野誠一に聞いた話だけど」

綺麗な歌うお姉さんよりも、遊び盛りの少年たちにとって心躍るはやっぱりエノケンだった。

通学の楽しみは芝居ごっこ

映画、芝居、寄席となんでもござれで通いまくったが、一番のお気に入りは何と言っても歌舞伎。昭和を代表する名優たちの舞台は、武少年の心をわしづかみにした。キラ星のごとき俳優たちの至芸を目に焼きつけられた幸運は、何ものにも代えがたい宝物に違いない。ただし、物心つく頃から名人上手の芝居を無邪気に観続けてきたことが、本人によれば後に俳優としての痛恨事につながったというのだが、それはまたおいおい紹介しよう。

戦争が激しくなるにつれて楽しきバス通学も禁止となり、小学校へは地区ごとに歩いて集団登校するようになった。六年生の武少年は築地組の班長で、同じ班の三年後輩には、歌舞伎俳優の六代目澤村田之助もいた。子役といえどあまたの名優たちと共演する〈プロの役者〉との芝居ごっこは、歌舞伎大好き少年にとって何よりの至福のときだ。

七五三の記念に4歳上の姉と(加藤武個人蔵)

「田之助君、当時は由次郎《よしじろう》君って名前だったけど、おしろいのいい匂いがしてね。前の晩遅くまで芝居に出てるから朝は大体こっそりバスを使ってたけど、たまに集団登校の集合場所に来てくれると嬉しかった。遅れてやってきた彼に〈遅い、おそーい!〉と『忠臣蔵』の師直《もろなお》になりきって言うと、〈遅なわりしは拙者のあやまり……〉なんて判官になって返してくれる。大好きな役者たちの楽屋話を歩きながら聞けるのも楽しかったなぁ。

でも、かろうじてロマンがあったのは小学校時代までですよ。三七年には日中戦争が始まってたし、四一年一二月八日の第二次大戦開戦が小学六年生のとき。翌年には麻布中学に進学したけど、中学三年からは勤労動員で授業どころじゃなくなった。空襲は激しくなるわ、お米や食べ物は全部配給制になるわで、どんどん酷い時代になってね。芝居や映画は、戦争中の唯一の心の慰めだったんだ」

麻布の芸人軍団

天才フランキー

加藤武が麻布中学に入学した一九四二年にはすでに大戦に突入していたが、かろうじて中学二年までは授業が受けられた。この麻布で同級生となったのが、フランキー堺、小沢昭一、仲《なか》谷昇《やのぼる》、内藤法美《つねみ》、大西信行といった多士済々。麻布に芸能・芸術コースでもあったのか？と錯覚しそうになるが、彼らの芸達者ぶりは当時から際立っていた。

「まず中一で同級になったのが、後に越路吹雪と結婚した、作曲家の内藤法美。色白の美少年

麻布中学の同級生、左からフランキー堺、内藤法美、小沢昭一、仲谷昇、加藤武。
書生姿の貴重なショットは1957年「文藝春秋」10月号
〈同級生交歓〉コーナー出演時の別カット（撮影：三堀家義）

で、ものすごく頭がよかった。麻布は府立（今の都立）の名門に落ちた落武者の集まりだから、なんだかんだ言ってみんな頭がいいんですよ。こっちは落ちこぼれて学校もイヤになりかけたけど、二年生になって知り合った仲間が面白くて面白くて、友達次第でこんなに学校生活が楽しくなるかってくらい、世界がガラッと変わった。毎日寄席に行ってるようなもんだもの。それがフランキーや小沢たちなんです」

フランキー堺、本名は堺正俊。成績優秀のうえ、先生のモノマネ、パントマイム、落語に珍芸と、日替りでクラスメイトを楽しませる達人だった。何をさせても玄人はだしで、別のクラスまで〈出張営業〉するほどの人気者。中学生にしてセミプロの貫禄と才気にあふれていた。

「特に落語のうまさといったらなかった。柔道場に畳を敷けば、即席寄席に早変わり。フランキーは持ちネタも豊富で、ほかの奴らはとても敵わない。道場の太鼓を叩いて自分の出囃子にしてましたよ。みんなで銀座の金春《こんぱる》なんて寄席にもよく行って、学校で披露するネタを仕入れてたけど、フランキーはネタ集めの必要なんてなし。家にある落語全集をくまなく読んで覚えた珍しい噺を、次々と高座にかけるんだからレベルが違う。人の気を逸らさないことにかけては当時から天下一品だった。

それも芸だけじゃない。たとえば運動会でも、紅白に分かれて棒を倒し合う〈棒倒し〉なんて競技になると、真っ先に駆け出していって、大乱闘の末に、気がつくと棒の先っぽにフランキーがぶら下がってる。みんな泥だらけで息も絶え絶えなのに、ヤツだけはパリッとした真っ白い運動着のまんま。しかも満面の笑顔ときてる。いったい乱闘の間はどこにいたんだ？　一番美味しいところは要領よくかっさらう。そこがじつにフランキーらしかった。いつでも全校生徒の注目を浴びる存在でしたね。麻布から慶應の法科に進んだけど、芸能の道に入るべくして入ったとしか言いようがない」

目から鼻へ抜けるように頭の回転が早く、何でも素早くソツなく抜け目なく、落語の世界から飛び出してきたような……といえば、映画『幕末太陽傳』（一九五七）でフランキーが演じた、居残り佐平次そのまんまではないか。

帰ってきた芸人・小沢昭一

フランキーに負けず劣らず、成績優秀にして〈芸人〉としての才もいかんなく発揮していたのが、加藤武の生涯の友となる小沢昭一だった。中学当時から落語や寸劇のみならず、ハモニカ演奏も十八番。

「小沢は蒲田だから俺とはずいぶん環境は違うんだけど、お父っつぁんが浪花節だとか寄席が好きでね。麻布ではだいたいみんな寄席でつながってたんですよ。シャレも何もかも、落語を知ってないと通じない。ウチは家族で人形町の末広によく行ってました。下足番がいて畳敷きの、昔風の寄席でね。新宿の末広はちょっと遠かったから、人形町に行くことが多かった。落語家なら文楽、志ん生、圓生《えんしょう》……みんな面白かったなぁ。音曲なんかの色物も大好きでね」

寄席に行かずとも学校では〈芸人〉たちが芸を競っていたのだから、戦時中とはいえ学校通いが楽しかったのはせめてもの救いだろう。芸人魂を発揮する機会は、なにも校内にとどまらなかった。

「学校では〈教練〉といって、軍事訓練が教科として組み込まれるようになった。ところが麻布で教練の教官になった国領さんって先生が、芝居好きの粋な人でね。滋賀県出身で関西歌舞伎にも詳しかった。教練と称して代々木の練兵場まで行進するんだけど、到着するやいなや、みんな担いでいた鉄砲をほっぽりだして、どうしたわけか大演芸大会が始まっちゃう。小沢がハモニカ吹いて、内藤はアコーディオン、トリがフランキーの落語、って具合で大盛り上がり。内藤なんてクラスメイトに付き人がちゃんといて、自転車にアコーディオン載っけて付いて来るんだ。

国領先生がまた、都々逸《どどいつ》うなったりしてね。〽羽織着せかけ行き先訪ね、すねて簞笥《たんす》を背で閉める〜、なんて、軍服着て中学生相手にやる芸じゃないよ。でも、あの文化果つる時代にどれだけ息抜きになったか。国領さんと一緒に芝居も観に行ったし、演芸、芝居の精神は先生に吹き込まれたようなもんです。そんなことをしていても特にお咎めがなかったんだから、麻布ってのはずいぶん自由な学校だったんだね」

校内外の〈演芸大会〉で活躍する一方で、小沢昭一は当時の典型的軍国少年としてエリートコースを目指していた。

「小沢は一中（府立一中／今の都立日比谷高校）くずれで、とにかく頭がよくてね。理数系も得意で、中学三年からは海軍兵学校に入った。東大級の難しい試験と口頭試問に受かるんだから、大したもんだ。海軍兵学校や幼年学校、陸軍士官学校といえば、陸海軍幹部教育のエリート養成校で、少年たちの憧れの的。我々はみんな軍国教育で育ったから、戦争に行ってお国のため、天皇陛下のために死のうと本気で思ってたんだ。僕も陸軍士官学校を受けたけど、身体検査で落とされてね。その後、もう一度試験を受けたはいいけれど、結果が出る前に日本は敗けちゃった。もし受かってたら、どうなってたかねぇ。

小沢は軍国少年の最たるもので、おふくろさんが贅沢品の白金《はっきん》（プラチナ）の供出を渋ったときには、〈俺は非国民の息子になりたくねぇ！〉って怒ったそうだよ。ところが海軍兵学校に入ったその日に、えれぇとこへ来ちゃったと後悔したらしいんだね。周りを見りゃ、浪花節も寄席も知らず、シャレも通じない野暮天ばっかでしょ。〈シマッタ〜！〉と、すぐ帰りたくなったって。それが子供の偽らざる心境ですよ」

小沢昭一は、戦後しばらくして麻布中に復学した。軍服に身を包み教室に一歩入ると、級友たちは当時大流行した『リンゴの唄』を歌っている。はじめこそ「貴様らぁ！」などと青筋を立てた小沢だったが、加藤が「まぁまぁ昭ちゃん、敗けちまったんだから」と声をかけると、すんなり自分も大合唱に加わった。「何のことはない、歌詞もちゃんと覚えてて、小沢が一番うるさかった。最初は照れ隠しで見栄張ってただけなんだ」

芸人・小沢昭一の顔が戻った瞬間だった。

仲谷昇の赤い自転車

強烈な個性を競い合った麻布の〈芸人軍団〉だが、男子校ゆえ、校内ではむろん女っけはない。ニキビづらの中学男子どもが芸人気取りでじゃれ合う姿を想像するだに微笑ましいが、そんな中で近隣の女学生たちに断トツの人気を誇った二枚目がいる。後に、加藤より一足先に文学座に入り、若手俳優としてみるみる頭角を現すことになる仲谷昇だった。

「仲谷はね、無駄にいい男！　仲谷が乗る電車の車両は女学生で満員になる。ちょっと前のヨン様じゃないけど、女学生の〈追っかけ〉が激しくて大変だったんだ。それで自転車通学に変えたんだけど、これがまたカッコいい真っ赤な自転車でね。第三高女、東洋英和、順心なんて麻布の周りの学校の女学生たちが、みんな仲谷に憧れちゃう。仲谷はわざわざ赤い自転車で女学校の前をいちいち通って麻布まで来るんだから。まったく、ニクいったらありゃしない」

颯爽と赤い自転車に乗り、女学生の歓声の嵐を受ける仲谷が、眩しいやら羨ましいやら。ここで武少年は一念発起、大胆な作戦を試みる。

「仲谷をマネして、自転車で学校に行ってみようと思いついた。築地の小田原町から、今の有栖川公園近くの麻布中学まで漕いでったんだから、大変だったよ。コースはうろ覚えだけど、アメリカ大使館とホテルオークラの間の急な坂を抜けて、六本木に出たのは覚えてる。錆だらけでデカイ荷台がくっついて、しかも魚くさい魚河岸の自転車をギーカーギーカー軋《きし》ませて、あの急坂をよく登ったもんだと我ながら感心するね。女学生たちからのキャー？　あるわけないよ！　魚屋が来たとでも思ったんじゃない？　もう一日でコリゴリだった」

築地の魚河岸少年の涙ぐましい努力を知ってか知らずか、仲谷昇は涼しい顔して今日も赤い自転車を走らせるのだった。

喧嘩は格好の講釈ネタ

仲谷のように女学生にモテモテとくれば軟派学生の典型かと思いきや、意外にも血気盛んな硬派の一面があったという。

「当時の硬派と軟派はハッキリ分かれてて、ナリを見るとわかるんですよ。僕はどっちでもなかったけど、仲谷は両方だった。いわゆる出入り、喧嘩もよくやっていたな。戦争中、我々は脚絆《きゃはん》のようなゲートルを巻かされてたんだけど、硬派は途中くらいまで巻いて、上からズボンを降ろしちゃう。要するにニッカボッカみたいにするんだね。肩掛けカバンのヒモは極端に長くして、お尻の下まで垂らす。教科書や弁当箱なんかでカバンが膨らむのは無粋の極み。弁当箱がやっと入るくらいの薄べったいカバンがカッコいいとされるわけ。学帽はわざと徽章を隠して被る。帽子にポマードを塗ったり、こすったりして、テカテカの革帽風になってるのがいいらしい。味も素っ気もないカーキ色の制服をカッコよく見せる着方をしてるから、ひと目で硬派だってわかる。
　麻布みたいな柔弱な学校でも、仲谷みたいないい男がそんな格好してると目立っちゃって、喧嘩が強い学校の標的になるんです。目と目が合ってガン飛ばすと、時代劇よろしく向こうから果し状が来る。で、コテンパンにやられちゃう。でも仲谷は、殴られても顔だけはかばう。そこが芸人精神だ。清水次郎長の兄弟分、吉良の仁吉《にきち》じゃないけど、〈麻布の仁吉〉なんて言われてたね」

　そんな仲谷を尻目に、麻布の芸人軍団は何をしていたかと言えば……。

「我々は喧嘩には加わらないよ。芸人だもん！　みんな危ないから現場にはいないんだ。喧嘩には立ち会い人がいて、実況報告してくる。それを面白おかしくまとめるのが我々の仕事ってわけ。〈そのとき、仲谷が立ち向かう！　したが、いか〜んせん、たった一人ですから敵いません、寄ってたかって、ボカボカボカボカ〜!!　……さて、おあとの支度がよろしいようで。本日は一席、仲谷出入りの読み切りといたします〉なんてね。もう、やんやの喝采。小沢もフランキーも、そりゃうまいもんだった。講釈師、見てきたような嘘をつき、ってね」

楽しき哉、麻布寄席の日々。

みんな文化に飢えていた

麻布中学1年当時（加藤武個人蔵）

東京が焼け野原になっても

二〇一五年二月に行われた読売演劇大賞の授賞式。演劇界に対する長年の功績を称えられ、同賞の芸術栄誉賞を授与された加藤武は挨拶に立っていわく、「芸術栄誉賞なんてまぁ、たいへんな賞をいただきまして。私の身丈に合わない、ちんちくりんのお仕着せを着せられたみたいですが……」。大いに照れつつも、文学座の創立メンバーで二〇一〇年に九四歳で死去した演出家の戌井《いぬい》市郎が同賞を授与されていることから、「戌井さんとおんなじ賞をもらったってことが、私にとっては無上の喜びです」と素直に喜びを表現した。

このとき語ったのが、一九四五年五月二五日に新橋演舞場で観た、六代目尾上菊五郎の舞台の思い出だ。

「戦争の敗色は濃厚。私は中学生でしたが、勤労動員で軍需工場に動員されていました。そのとき、演舞場で六代目菊五郎が芝居を打っていました。といっても、当時は警戒警報のサイレンが鳴ると、芝居は即刻中止、お客はみんなそのまま退避しなければなりません。でも私が駆けつけた五月二五日の演舞場は満員の客席でした。六代目が『義経千本桜』の〈すし屋の段〉のいがみの権太と、『棒しばり』の次郎冠者を演じておりました。太郎冠者は四代目男女蔵《おめぞう》さん、後の三代目市川左團次《さだんじ》です。我々も空爆でいつ命を落とすかもわからない。

この舞台が六代目の見納めになるかもしれない、という思いで見入っておりますと、音羽屋（菊五郎）の芝居と客席とが一体となって、火の玉のように燃えていたのを覚えています。幕が降りると、音羽屋が次郎冠者の扮装のまま、汗を拭きながら幕外に出てきて挨拶をしました。〈あっしはね、東京が焼け野原になっても、筵《むしろ》小屋をおっ建ててでも、芝や（芝居）を続けてまいります。どうぞしとつ、お前さんたちもね、火の中くぐっても観てやっておくんなさい〉。この言葉に、客席から〈六代目！〉〈音羽屋！〉って声が、ひっきりなしに掛かりました……」

六代目の口調を借りて「因果と丈夫でいるかぎりね、あっしは芝居を続けてまいります」と締めた加藤の名調子に、会場から「加藤！」と掛け声が飛んだ。

大正・昭和を代表する大看板だった六代目菊五郎は、当時、還暦目前。歌舞伎界でも二〇代、三〇代の花形役者が次々と兵役に取られていた。彼らがぶじ戻るまではなんとしても芝居の火を消すまいという、決死の覚悟があったのだろう。空襲が激しくなってからは、芝居を打つほうも観るほうも命がけだ。

「お互いに明日なき身だもの。〈さよなら〉って別れたらそのまま空襲で死んじゃう人もいるし、工場は機銃掃射で狙われやすかったしね。何もかもが殺風景ななかで、やっぱり文化は唯一の心の潤いだった。歌舞伎も興行としては禁じられて、〈産業戦士慰問の夕べ〉なんて名目で、ほんの二、三日芝居が掛かるだけ。産業戦士というのは我々のように、軍隊ではなく工場に駆り出された者を言うんです。そんな数少ない機会を逃すものかと、僕なんか歌舞伎座、演舞場、明治座へと押しかけてね。クラシックが好きな連中は日比谷公会堂に行ってたな。

あるとき洗足のほうに住んでた友達が、自転車に小田原提灯ぶら下げて、吉原にでも繰り込むみたいに〈こんばん〉（今晩は、の意）なんて言いながらウチに現れた。おふくろは〈あら、色っぽいねぇ〉なんて喜んだけど、後で聞いたらそいつは自転車を盗まれないようにウチに預けて、演舞場にコンサートを聴きに行ってたんだって。ジャズはアメリカの敵性音楽だからレコードも押し入れで隠れて聴いたそうだけど、クラシックでも〈♪ジャジャジャジャーン!〉(ベートーベン)とかドイツの音楽なら、いい塩梅にコンサートもできたんでしょ。空襲の危険も顧みず、みんなそうやって文化の香りに飢えてたんだ」

歌舞伎座炎上の夜

新橋演舞場で六代目菊五郎の姿を目に焼きつけたその晩、五月二五日の夜から翌二六日未明にかけて、銀座一帯は大空襲に見舞われた。演舞場には焼夷弾が落ちて場内を焼失、武少年が通い慣れた歌舞伎座も炎に包まれた。思い出の歌舞伎座が崩れ落ちていくその瞬間を、まさか目の当たりにすることになろうとは。

「三月一〇日の東京大空襲は、本所や深川、浅草の下町が壊滅状態。翌日は築地のほうまで体から煙が立ってるような焼け焦げだらけの人たちが逃げてきたから、それを見て初めて、こんなに酷かったのかと驚いた。当時は情報統制で、日本軍が敵を撃沈したとか、ニュースは勇ましいウソばっかりでね。被害がそこまで酷いとは、わからなかったんだ。

三月のときは築地や銀座界隈は助かったけど、五月二五日の大空襲はまさに直撃だった。B29が地上スレスレの超低空で迫ってきて焼夷弾を雨あられと落としていくんだから、恐ろしいなんてもんじゃない。あちこちから火の手が上がるなかを、築地の人たちも右往左往と逃げ惑ったよ。僕も寝たきりのおばあさんを大八車に乗っけて必死に逃げるうちに、親父や姉とはぐれちゃって、気がついたらおふくろと一緒にいた。今の晴海通りと市場通り（新大橋通り）が交差するところにあった病院の前ですよ。

ふと歌舞伎座の方面を見ると、メラメラと燃え上がってる！　いても立ってもいられなくなって、おばあさんをおふくろに預けて、我を忘れて駆け出したんだ。これで永久に歌舞伎座の見納めだと思ってね。道路は熱でグニャグニャ、あたりはものすごい熱気で、不思議なくらい人っ子一人いない。歌舞伎座の向かいに着いたときには、もう歌舞伎座はボンボンッと音を立てて燃え盛ってた。と思ったら、ガラガラガラーッ!!という轟音とともに、あの立派な歌舞伎座が大天井から崩れ落ちていったんだ……。それをただただ、茫然と立ち尽くして見てるだけ。その瞬間、本当に走馬灯みたいに、今まで観てきたいろんな名優の顔や、芝居の名場面が浮かんできてね……」

このとき焼失した歌舞伎座は、関東大震災を経て、一九二五年に開場した第三期の建物。桃山様式の絢爛たる破風《はふ》屋根がひときわ目を引く、歌舞伎の殿堂だった。戦後、仇討ちものなどで国民の復讐感情を刺激することを恐れたGHQによる歌舞伎の検閲・統制が長引き、第四期の再開場までは六年の歳月を待たねばならない。二〇一三年に建て替えられ、雲を突くようなタワーと一体化してそびえる現在の歌舞伎座は、第五期に当たる。

忘れようにも忘れられない恐ろしい一夜が明け、築地に戻ると、自宅は奇跡的に焼け残っていた。両親や姉は幸い無事だったが、祖母は夜中のうちに大八車の上で息絶えていた。加藤家のなかでも根っからの芝居好きで、芝居話を肴にちょいと一杯が何よりの楽しみという、粋な江戸っ子だった。「大好きな歌舞伎座と一緒に逝っちまったんだね」

瞼に浮かぶ名優たち

歌舞伎座と共に命を終えた父方の祖母は、母方の祖母とも仲がよく、お互いを〈おっかさん〉と呼び合っていつも芝居の話に花を咲かせていた。加藤武の芝居好きのルーツは、この祖母たちに行き着く。

「魚屋で刺身を取って一杯やりながら、二人で差しつ差されつ、お喋りするわけ。当然ながらおばあさんたちは僕が知らない歌舞伎の名舞台もたくさん観てたから、羨ましかったですよ。一五代目市村羽左衛門と六代目尾上梅幸《ばいこう》の伝説的舞台と言われてる『かさね』なんて、本当に最高だったらしい。おばあさんいわく、〈あたしゃもう、いつお迎えが来てもいいと思った〉だって。今、そんなこと言わせる舞台がある?

羽左衛門は水もしたたるいい男でね。おばあさんたちはよく〈市村はようございんしたねぇ〉と話してましたよ。『かさね』の与右衛門で、羽左衛門が夜や更けて……のところでパッと足を開いて決まったときのカッコよさ! 見事な脚線美は、今も目に焼きついてる。戦争で焼ける直前の明治座で最後に観たのも羽左衛門だった」

1945年5月25日の空襲で焼け落ちた第三期歌舞伎座（東京都立中央図書館蔵）

日本橋浜町にある明治座は、三月一〇日の東京大空襲で焼け落ちた。加藤が羽左衛門を観たのはその前年だ。

「一緒に観たのが、麻布で教練の教官だった、あの粋な国領先生。いつ空襲になるかわからないなかで、鉄兜抱えて、ゲートル巻いて観た羽左衛門の『実盛《さねもり》』（『実盛物語』）と『権上《ごんじょう》』（『其小唄夢廓《そのこうたゆめもよしわら》』の通称）は忘れられない。『権上』では羽左衛門の権八《ごんぱち》にすっかり現実を忘れて、夢がずっと続けばいいのにと思った。羽左衛門は歌舞伎座が焼け落ちる前に疎開先の長野で死んじゃったから、僕にとってもこれが羽左衛門の見納めだったんだ」

思い出の歌舞伎役者を挙げればキリがない。

「とにかく好きだったのは二代目市川左團次！『修禅寺物語』なんか最高だった。〈大統領！〉って声が掛かってね。荒事《あらごと》なら七代目松本幸四郎。『暫』も『勧進帳』も、そりゃ立派だったなァ」

ほかにも五代目中村歌右衛門、六代目大谷友右衛門、七代目澤村宗十郎、初代市川猿翁、七代目坂東三津五郎……。崩れ落ちる歌舞伎座を眼前にして加藤武の脳裏に浮かんだのは、こうした名優たちの舞台姿だ。

受験失敗、そのわけは

友人には恵まれた一方で、否応なしにこうした戦争の現実にさらされた中学時代だったが、そもそも築地からは通学も便利とはいえない麻布中学に進んだのは、府立（都立）中の受験に失敗した結果だった。

「小沢昭一が落ちた府立一中は今の日比谷高校で、泰明小学校でも成績優秀な一番のエリートが受けるとこ。二中は今の立川高校。僕は三中、今の両国高校を受けた。芥川龍之介も久保田万太郎も三中出身ですよ。

なぜ三中かというと、学校の近くに寿座《ことぶきざ》って芝居小屋があったから。当時は〈小芝居〉とか

〈緞帳《どんちょう》芝居〉なんて言い方をしたけど、歌舞伎座とかの〈大芝居〉よりもちょっと格下に見られてたんだね。わが家は大芝居も小芝居も両方観るから、家族は〈あの役者はいいね、今に大芝居に行くんじゃないかい？〉なんて目利きしながら楽しんでた。僕は寿座に行ったことはなかったけど、おっかさんに〈三中は寿座の近くだよ〉と教えられて願書を取りに行ったら、寿座のたたずまいがよくてねぇ。毎日芝居が観られる、こりゃいいやなんて思ってたら、落っこっちゃった」

ときは一九四二（昭和一七）年。開戦後のことで受験に筆記試験はなく、口頭試問だけだったというのに、なぜ府立三中に落ちてしまったのか。本人には思い当たるフシがあった。

「口頭試問では引力とか比重とか苦手な問題を出されてね。でも、それ以外に落ちた理由があったと思う。

当時、前年の真珠湾攻撃で魚雷を積んで敵艦に突っ込んだ若い海軍の将兵九人のことを、〈九軍神〉と呼んでたんですよ。潜航艇には二人一組のペアで乗り込んだから人数が奇数なのはおかしいんだけど、実は一人助かっちゃって、アメリカで捕虜になってたんだね。捕虜になるなんて当時は国辱ものだから、国民にはずーっと伏せられてたわけ。

ま、それは戦後わかったことだけども、口頭試問で〈真珠湾の軍神のような覚悟はできてますか〉と聞かれたんだ。泰明の先生には〈なんでも正直に答えなさい〉って言われてたから、

〈いえ、まだその覚悟はできてません〉って正直に答えたの。女々しくもね。だって怖いんだもん！　だから落っこったと今でも思ってる」

小学生に死の覚悟を問う。それが戦争の時代であった。三中の口頭試問が強烈だったからか、麻布中学の試問で何を聞かれたか、まるで覚えていない。

「新劇」ことはじめ

伝説の築地小劇場

東銀座一帯には、歌舞伎座、東劇、新橋演舞場など、武少年が幼い頃から慣れ親しんだ華やかな大劇場があった。そんななかで異質なたたずまいを見せていたのが、築地本願寺のほど近くにあった築地小劇場だ。一九二四年、ヨーロッパ帰りの土方与志《ひじかたよし》と小山内薫《おさないかおる》によって新劇運動の拠点として建てられ、チェーホフやゴーリキーといった西欧の翻訳劇を積極的に上演していた。歌舞伎座や演舞場で役者の芸をたっぷり楽しむ〈芝居見物〉が何よりの好物だった加藤武が、中学生にして初めて〈新劇〉に出会ったのがこの劇場だった。

「なんだか味も素っ気もない建物でね。最初は芝居小屋だなんて知らなくて、倉庫だと思ってた。また中から出てくる人たちが脇に本なんか抱えて、やたらムズカシイ顔してるんだよ。築地小劇場のはす向かいに〝喜津祢《きつね》〟って老舗の和菓子屋があって、そこのおかみさんが劇場の中に喫茶店も出してたんです。カレーライスがうまかったらしい。

ある日、おふくろの使いで店へ行ったら、おかみさんが〈芝居、覗いてくかい？〉って声かけてくれてね。入らしてもらったら、まぁ驚いた。劇場の椅子はベンチだし、どうやらカツラを被って時代劇をやってるようだけど、侍の台詞が〈さようでございますか〉〈今日はよい日和で〉なんて、普通の日常会話なの。〈〜日和でござるな〉みたいに武張《ぶば》ったところがないんだ。

舞台の装置も実にリアルで、歌舞伎とは全然違う。もっと観ていたかったけど、お使いだからしょうがない。途中で家へ帰りました。あとで調べたら、それは一九四三年に上演された『勤王届出《きんのうとどけいで》』って文学座の芝居だった。不思議と縁があったんだね」

小山内の死後、築地小劇場は分裂・再編を繰り返し、プロレタリア演劇など政治的傾向の強い芝居は厳しい弾圧を受けるようになっていく。一方、岸田國士《くにお》、久保田万太郎、岩田豊雄（獅子文六）によって一九三七年に結成された文学座は、独自の文芸路線を取っていた。戦時下にあって、築地小劇場（四〇年から「国民新劇場」と改称）でもたびたび公演を行い、四二年は六回、四三年は五回も文学座の公演が行われている。

「当時は何だって〈国民〉に名前を変えさせられちゃった。築地小劇場は〈国民新劇場〉だし、小学校は〈国民学校〉になった。我々は第一回卒業生で、未来を担う〈少国民〉ってわけ。芝居でも上演する台本はもちろん検閲を受けたし、映画館でも劇場でも必ず臨観席《りんかん》ってのがあって、お巡りが映画や芝居の内容に目を光らせてたんですよ。思想的に危険な台詞があれば、即刻上演中止。でも文学座だけは政治的主張を声高に叫ばずに市井の人情劇を中心にやっていたから、戦時中でも生き残ってたんだね」

モダンな風刺劇に感じた「香り」

加藤武の泰明小学校の先輩には、後に直木賞作家となった森田誠吾、劇作家の矢代静一がいた。麻布の同級生たちとは寄席演芸を中心につながっていたが、こと芝居については「戦争のさなか、この二人に演劇教育を仕込まれた」と加藤は振り返る。泰明小学校の同窓会で矢代らを筆頭に演劇サークルを結成、菊池寛作『屋上の狂人』を上演したりと、軍需工場通いの殺伐とした日々を、文化に触れることで何とか潤そうとしていた。

この二人に連れられて築地小劇場の文学座公演にあらためて足を運んだのは、お使い途中で芝居を覗き見した翌年、四四年のこと。

「最初に観ようとした森本薫の『怒濤《どとう》』は、満員札止めで入れなかった。あれを見逃したのは悔しいねぇ。次の公演は飯沢匡《ただす》さんが書いた『鳥獣合戦』で、文学座の芝居を初めてちゃんと観たけど、面白かった！　その名の通り鳥と獣が戦う物語で、主役のコウモリが森雅之さん。羽根があるからバカにされるんだと思って整形しちゃって、鳥だか獣だかわかんなくなっちゃう。つまりそれは当時の日本の立場を象徴していたんだね。鳥獣合戦は早い話が戦争のこと。おとぎ話に名を借りた抵抗劇で、風刺が効いてた。

当時の文学座としてはそれが精一杯の抵抗だったんだと思う。鳥の女王様が杉村春子さんで、大詰めでは宮口精二さんのコウモリの王様と、本身のサーベルを使って大チャンバラ。チャンチャンチャーン！ッて音が響いて大迫力だった。最後に鳥がパーッと飛び立つところがとにかく印象的でね。築地小劇場の舞台背景は小山内薫が欧米から取り入れたクッペル・ホリゾントっていうドーム型の壁になっていて、照明が当たると透き通るような空になる。そこに鳥の影が映って、きれいなことったらない。実にモダン。まァたまげました」

終戦の前年にそんなモダンな舞台が上演されていたとは驚くが、加藤が言うように〈文学座なりの〉知恵を絞った抗い方が興味深い。実際、『鳥獣合戦』の舞台稽古の日には「戦争批判の内容が不穏」との通告があったが、森本薫が情報局に出向いて何とか上演許可をとりつけたという。

「もっとも、今でこそ〈あれは抵抗劇だった〉と思うけれど、当時はただただ、芝居の面白さに感動しただけ。それまで歌舞伎ばっかり観てたから、こんな世界もあるのかと本当に驚いてね。それからも文学座は、一貫して芝居らしい芝居をやる劇団という印象だった。なんて言うのかな、しっとりとした香りみたいなものがあったんですよ。ほかの劇団、民藝も俳優座も、思想的なものだけではなくてそれぞれいい芝居もやっていたけれど、僕にとっては芝居といったら文学座、というイメージが刷り込まれた」

小田原の海で泳いだあの日

そして一九四五年八月一五日、敗戦。戦災で歌舞伎座も演舞場も築地小劇場も焼失した。五月の大空襲のあと、遅まきながら加藤家は築地を離れ、知り合いを頼って世田谷区祖師谷に疎開する。終戦前日の一四日、応召先から移動中にひょっこり祖師谷の家に現れた次兄のことを伝えるため、武少年は長兄一家が疎開していた小田原の旅館に一人で向かった。そして翌日正午、ラジオから流れる玉音放送を聞く。

「なんたって天皇陛下は現人神《あらひとがみ》、生きている神様だと教えられていたからね。もちろん声を耳にするのなんて初めて。日本は素晴らしい神様の国で、神様である天皇陛下のためにいい兵隊さんになって死ぬんだと本気で思ってたんだから。

でもラジオの音は悪いし、言葉が難しくて何のことだかサッパリわからなかった。旅館の広間で聞いていた大人たちが泣いてたから、あぁ戦争が終わったのかとわかったけども。虚しさ

文学座『鳥獣合戦』。杉村春子（手前左）と宮口精二（右）。左奥は賀原夏子。
モダンな舞台美術は伊藤熹朔が手がけた。（1944年／国民新劇場／写真提供：文学座）

と、もう軍需工場で働かされたり、空襲におびえたり、つらい思いをしなくていいんだという解放感と……。複雑だったねぇ」

その日、晴れわたる空のもとで、ひとり思いっきり泳いだ小田原の海の青さは、加藤武の記憶に鮮やかに刻み付けられている。

「ところが負けたとたん、大人たちの言うことがそれまでとはコロッと変わっちゃったでしょ。昨日まで天皇陛下のため、お国のためだったのが、突如、民主主義は素晴らしい、だもん。価値観が一八〇度ひっくり返った。なんじゃこれは!?と思ったよ。そのショックで一時、デカダンにもなるよね。人間不信、教育不信。バカバカしいから何も信じなくなった。国家の体制をナナメに見るようになったのは、我々世代に共通してますよ」

さて、晴れて自由の身になったはいいが、今度はこれからどう生きていけばいいのか、あるはずのなかった将来について考えざるを得なくなった。

「そこでやっぱり芝居がやりたいと思ったんだね。戦争中に押さえつけられてた芝居の血が、一気に甦ったんだ。役者になるって考えはなかったけど、とにかく芝居の世界に入ろうと心に決めた」

芝居熱復活、そして早稲田へ

戦後まもなく、焼け残った劇場では次々と公演が再開されていく。もちろん、手当り次第に観まくった。

「銀座界隈では歌舞伎座や演舞場は焼けちゃったけど、〈今日は三越、明日は帝劇〉と言われた帝国劇場とか、日劇は焼け残ったからね。日劇なんて戦争中は風船爆弾作ってたのに、よく爆撃されなかったよねぇ？

日劇の上に日劇小劇場っていう小さい劇場があって、寄席も新劇もやってたの。帝劇も終戦の年の秋には復活して、いきなり六代目菊五郎が芝居をやったんだ。次の月には前進座も公演を打った。前進座は歌舞伎だけじゃなくて、とんがった先進的な芝居も盛んにやっていてね。

終戦直後のその公演をよく覚えてるけど、『ツーロン港』っていうフランスの抵抗芝居で、ドイツ占領地のレジスタンスの話。なんとも暑っくるしい芝居だったけど、それが終わると二の替り（二本立ての二番目の演目）で出たのが、歌舞伎の『鳴神《なるかみ》』。すごい取り合わせでしょ。翌年には、菊五郎が久保田万太郎の『大寺學校』をやったりして。もちろんそれも観た。帝劇で観てると、これが芝居だ〜！って感じがして、うれしかったなぁ」

荒野に雨水がしみ込むように、浴びるがごとく芝居を吸収していった少年の高揚が、手に取るように伝わってくる。いざ芝居道まっしぐら。

ところがである。築地で仲卸業を再開した父親は、武少年の中学卒業後、魚河岸で勤めさせる心づもりでいた。家業は長兄が継ぐことになっていたが、急速に活気を取り戻しつつある魚河岸で、人手はいくらあっても足りない。ある晩、うつらうつらしている枕元でその家族会議を聞いてしまった。

「中学を卒業してどこへ行くかと考えて、芝居の勉強をするなら早稲田しかない、と勝手に決めてたの。何たって坪内逍遙《つぼうちしょうよう》がいたとこだもん。シェイクスピアだって学べるし、新国劇を創設した澤田正二郎も早稲田出身だからね。澤正《さわしょう》のことは伝説で聞くだけだったけど、辰巳柳太郎《たつみりゅうたろう》の豪快な立ち回りと明るさが好きで、新国劇もよく観に行ってた。

中学生が考えることだもの、そんな単純な理由ですよ。旧学制だと早稲田は大学本科三年の下に予科があって、数学の試験がある第一早稲田高等学院と、数学がない第二とに分かれてた。数学は大の苦手だから、もちろん目指すは第二のほう。予科に落ちたら魚河岸勤めだって話になってたから、必死に勉強しましたよ。それで終戦の翌年、なんとか合格したんです」

一九四六年四月、晴れて第二早稲田高等学院に入学。魚河岸勤めはかろうじて免れた。麻布中学の同級生で早稲田に進んだのは、海軍兵学校から麻布に復学した小沢昭一が第一高等学院、大西信行が加藤と同じ第二高等学院へと、それぞれ加藤から一年遅れで入学している。

「入ったはいいけれど、自分と同じような中学出のガキくさい同級生なんて、ほかに二、三人しかいないんだ。だいたいが復員兵で、年上ばっかり。教室はタバコの煙でモクモクだし、そんな輩と肩並べようと気張ったりするのに、ほとほと疲れ果てちゃった。せめて格好だけでもと思って、高下駄履いて学校に行ってみたりしてね。バカだねぇ」

麻布中学の仲間たちが小沢昭一、フランキー堺、仲谷昇、内藤法美、大西信行といった〝芸能〟〝演芸〟の匂いをぷんぷん振りまく愉快な面々なら、早稲田大学で新たに知り合った今村昌平、北村和夫たちは、濃厚で泥臭く、麻布時代とはまた違った個性の持ち主だった。

「イマヘイ、今村昌平は最初っからカリスマ的に尊大なヤツでね。なんでも頭ごなしで強引なんだ。北村は、イマヘイとは小学校の同級生で、眼鏡をかけて一見インテリふうだけど、行動が突飛で何をやり出すかわからない。これまた変わったおヒト。この二人と、麻布から一緒に早稲田に来た小沢、大西たちとで、最初は学生演劇をやってたんです。ところがイマヘイが、〈学生演劇なんていつまでもやってたってダメだ。プロを目指すんならお互いに戯曲を読んで、討論するグループにしよう〉と言い出した。あいつに言われると、みんな自然と〈そうか〉ってなっちゃうんだよな。

それで学生演劇はわりとすぐにやめて、イマヘイがリーダーになって〈オスカーの会〉ってグループを作ったんですよ。〈オスカー〉は当時英語を習っていた中村先生って先生のあだ名。ほら、アカデミー賞のオスカー像あるでしょ。あれに似てガリガリに痩せてたから、みんなそう呼んでた。毒舌家で変わった先生だったけど、築地小劇場で戯曲の翻訳をしていたくらいで、ものすごく英語力があってね。翻訳もこなれていてうまかった。英文学者の倉橋健さんも一目置いてた人です。そのオスカーに講義を頼んで、みんなで戯曲の研究をしたりしてね」

一方で小沢や大西たちとは学内で落語研究会も結成。麻布で培《つちか》った〝芸能〟の土壌に、早稲田で〝教養〟という栄養素がたっぷりしみ込んだ格好だ。その時々で出会うべくして出会った仲間たち。加藤も含めて彼らからは頭でっかちなインテリくささはまったく感じられないが、教師のあだ名の付け方ひとつとっても、知的でウイットに富んでいる。

卒論はテネシー・ウィリアムズ

早稲田大学では文学部英文科で学んだ加藤が卒論のテーマに選んだのは、テネシー・ウィリアムズだった。『ガラスの動物園』『欲望という名の電車』『熱いトタン屋根の猫』など、二〇世紀のアメリカを代表する大劇作家だが、ヴィヴィアン・リー、マーロン・ブランド共演の映画『欲望という名の電車』が日本で公開され話題を呼ぶのは一九五二年、加藤の大学卒業後のことだから、時代をかなり先取りしていたことになる。

「そう、当時としちゃ新しかったと思うよ。何でウィリアムズにしたのかは忘れちゃったけど、アメリカ留学から帰国した倉橋先生の講演を早稲田の演劇博物館で聞いて、そのときにウィリアムズ作品のことも話してくれたんじゃないかな。それで倉橋先生のことも、ウィリアムズ作品も気に入っちゃった。

とは言っても戦後すぐのことで、作品を研究しようにも資料はほとんどない。『欲望〜』の原書もまだ手に入らなかったから、『夏と煙』とか『ロング・グッドバイ』のシノプシスを一生懸命読んで、倉橋先生にも話を聞きながら、なんとか書き上げました。原書を自分で読みこなす読解力なんてないからね。結局どんな卒論になったかは覚えてない。ずいぶんあとになって早稲田から卒論が送り返されてきたけど、そんなの恥ずかしくて読み返せないよ。ウチのどっかに仕舞ったまんま」

〝水商売〟より〝堅気の商売〟

早稲田大学文学部英文科時代。今村昌平いわく「学生にあるまじきドウモウなオッサン面」(加藤武個人蔵)

漠然とした「芝居にかかわりたい」という思いから早稲田に進み、こうして知的欲求も好奇心も旺盛な友たちと刺激的な日々を送ってはいたものの、大学卒業後の進路として芝居の道へ一も二もなく——とは、どうにも思い切れない。大学在学中から小沢昭一は俳優座養成所、北村和夫は文学座研究所に入所し、ひと足先に役者への第一歩を踏み出していた。

「もうひとつ踏ん切りがつかなかったというか、ウジウジしてたんだね。家にも言いにくかったし。親の気持ちを慮っちゃってたんですよ。こんなに芝居好きで何でもツーカーの家にいながら、いざウチから芝居者が出るとなると抵抗感があるってのが、ヘンなとこだけど。やっぱり芝居は観て楽しむもので、勤めは堅いところに、という思いが親には確然とあったんだね。芝居道は水商売だ、って。そんな親の気持ちをこっちもわかってるから、どうしてもがむしゃらに芝居がやりたい！とは言えなかった。しょうがないから、とりあえず中学校の教師になったんです」

一九五一年、新宿区立大久保中学校の英語教諭に着任するも、芝居への思いは募るばかり。

「やっぱり心ここにあらず、でね。どうしても我慢できなくて、たった一年で教師をやめて、芝居をやろうと大決心。親に〈役者になってみせる！〉って大見得切っちゃった。親も諦めたみたいで、もう何も言わなかったですよ。だったら最初からやらしてくれりゃよかったのに」

そんな加藤の〈常識的社会人〉としての律儀さを喝破していたのが、今村昌平だ。加藤初の著書『昭和悪友伝』（話の特集、一九七六）に寄せた一文で、学生時代からちょくちょく遊びに寄った加藤家を〈適度なやさしさといたわりを持ちながら極くサバサバしていて軽快な均衡があり、きちんとした保守性のようなものがあって仲々良い感じだった〉と振り返り、〈加藤の家はそんなふうで緊張も破綻も特になかったから、むしろ河原者になり果てるふん切りがつかず、卒業後中学の英語教師になったのだろうと思う。河原者の世界の、毒と孤独とに対する恐れなのである〉と指摘した。

「今村はうまいこと分析してるよ。小沢や北村の家庭環境と対比させて、俺のことを的確に表現してたのを覚えてる。あれはブスッと来たね。なかなかうがったことを言ってる」

ちなみに、本人は「しょうがなく」教師の道を選んだと言うが、そこは生来の責任感の強さから、どうせやるなら楽しい授業にしようと努力したことは想像に難くない。たった一年間とはいえ、モノマネを交えたり話が面白くてユニークな〈加藤先生〉は生徒に大人気だったようで、当時の教え子たちは半世紀以上経っても、加藤が出演する舞台を毎回こぞって観に来てくれていた。いかに慕われた先生だったかが窺える。

一年間の教師時代にはもうひとつの大きな収穫もあった。同僚の音楽教師だったよう子と知り合い、後に結婚することになる。

「まぁ大恋愛なんてもんじゃないけども、巡り合わせだよね。なんだかカミさん探しに学校に行ったみたいだ。ハハハハ！」

台を踏んでいた。

羨望の一言「楽屋入り」

退路を断ってあらためて役者を志すとなったら、やっぱり行きたいのは憧れの文学座である。先に文学座研究所に入った北村和夫はほどなく抜擢され、大学卒業直後の五一年には初舞台を踏んでいた。

「初舞台の次が『シラノ・ド・ベルジュラック』で、もう北村は青年隊長の役かなんかで抜擢されてたんだ。昼間に北村に会うと、〈じゃ、俺はこれから楽屋入りするから〉なんて言って、三越劇場に行く。こっちは先生時代で、学校行かなきゃいけない。生徒も待ってる。あの一言がグサリと来てねぇ。

その年の暮れには、北村は『女の一生』で杉村春子さんの相手役、栄二に大抜擢された。初演から中村伸郎《のぶお》さんがやってた役で、俺が初めて三越劇場で観た『女の一生』の栄二は中村さんだった。だけど中村さんって旅公演が大っ嫌いなんだよ。旅用に電気毛布を持ってくらいのお金持ちのお坊っちゃんなんだけど、旅公演を嫌がって、北村に栄二役が回ってきたんだね。同期の桜の中でも大出世。北村と同期で仲谷昇も文学座研究所に入ってて、仲谷は二枚目。片や立役、片や二枚目の出世頭だ。そういうのを見てりゃ、やっぱりうずいちゃうよねぇ」

ところが北村たちに続いて文学座を受験しようと思ったものの、加藤が志望した年はたまたま演技研究生の募集はなく、技術研究生、つまり裏方の募集しかしていなかった。一九五二年、前年に文学座が開設したばかりの舞台技術研究室に合格。

「裏方でもなんでもいいや、とにかく入っちゃえ、と。試験は口頭試問だけだけど、自分も含めて入ったヤツはみんな役者志望で、目ばっかりギョロギョロさせてましたよ。研究室ったって学校組織じゃないから、寺子屋教育で現場に入って覚えさせるんです。俺はぶきっちょだし、効果とか技術とかやらされても、てんでできない。道具運びとか、力仕事に徹してた。でも、ちゃんと技術を覚えてたらそのまんま技術のほうをやらされてただろうから、ちょうどよかったんだね。役者がやりたいって隙あらばアピールして、入った年の一二月に初舞台を踏めることになったんです」

デビュー二作目で文学座初主演

念願の初舞台は中島敦の原作を矢代静一が脚色・演出したアトリエ公演『狐憑《こひょう》』。泰明小学校の先輩で、加藤に芝居の世界を教えた矢代は、俳優座で千田是也に師事したのち文学座に移籍、早稲田大学卒業後には早くも演出家としてデビューしていた。

「初舞台はきっと矢代さんの引きもあったと思う。〈男1〉って役がついて、張り切ってやりました。たしか、台詞も一言二言あったかな。でももちろん、役者だけじゃなくて裏方も両方やるんですよ。今でも旅公演では役者も全部裏の仕事をやるからね。当時は手当なんて出るわけない、ハッキリ言ってボランティア。むしろこっちが授業料を払うほうです。当然、食えないから、学生時代みたいに親のスネっかじりに逆戻り。あとは英語の家庭教師のアルバイトでいくらか稼ぐくらいでね」

こうして初舞台を踏んだ翌年、なんと早くも主役に抜擢される。戦時中、築地小劇場（国民新劇場）で観て激しく感動した『鳥獣合戦』の作者、飯沢匡によるアトリエ公演『還魂記』だ。

「いやもう、たまげた。主役も主役、大主役なんだから大変だ。飯沢さんが初舞台を観ててくださったのかなぁ。飯沢さんのホンがまた面白くてね。おとぎ話風の物語で、僕は横暴な帝の役。どういうわけか、帝に抵抗する青年の魂と入れ替わっちゃう。つまり、格好だけは立派な王様なのに、心の中身は青年になっちゃうわけ。

演出は長岡輝子さん。ハチャメチャというか自由な演出で、ダメ出しの決まり文句が〈いやぁ、な～んか違うんだなァ〉って。これは役者に考えさせる、いいダメ出しですよ。長岡さんは女優としても面白かったね。一般には『おしん』の大奥様が有名じゃない？　昭和のはじめに一人でパリに留学して、フランス語がペラペラ。あんな時代に娘を一人で留学させるようなモダンな両親がいたんだね。パリでは岡本太郎とも付き合いがあったんだって。長岡さんの最

初舞台から2作目にして初主演を果たした文学座アトリエ公演『還魂記』。
左から井上靖子、高木均、加藤武（1953年／写真提供：文学座）

初の旦那さんも粋な方で、戦前からご夫婦でテアトル・コメディっていう、洒落たフランス系の芝居をやってらした。そういう人たちが文学座には集まっていたから、どこか垢抜けてたんですよ。やっぱり思想の劇団じゃないんだよね」

仲間たちから一歩出遅れたとはいえ、役者としては順調な滑り出しだ。舞台で国籍や年齢を問わず多彩な人物を演じる新劇の役者たちは、映画界でも重宝された。ほどなく加藤にも、映画出演のチャンスが巡ってくる。

第二章

黒澤映画の洗礼

初めての映画出演

杉村春子の命日に

加藤武が生涯の師と仰ぐ杉村春子は、文学座の大看板であると同時に、小津安二郎、成瀬巳喜男をはじめ名匠たちの映画にも数多く出演している。その杉村が亡くなったのは一九九七年春のことだった。享年九一。

「祥月命日の四月四日には、毎年、文学座の近くにある杉村さんの家にお線香をあげに行くんです。四月四日って覚えやすいでしょ。そんなところまで記憶に残すっていうのが、杉村さんらしいなぁって思うんだよね。お線香たって無宗教だから仏壇があるわけじゃないんだけど、ロシアの人形とか写真がいっぱい飾ってあるピアノの上にお線香立てがあって。家の人とちょっと話をして帰る。

劇団員でも杉村さんのことを覚えてる人は少なくなってるから、今じゃ家まで行く人もあんまりいませんけどね。それは別に薄情ということじゃなくて、亡くなってからこんなに月日が経ってるんだもの、しょうがないことなんだよ。

この間も命日に杉村さんのところへ行って家に帰ったら、なんとその日の夜にテレビで『東京物語』をやってたの。やっぱりいい映画だねぇ！　夜中まで吸い込まれるように見とれちゃった。杉村さんが生き生きとしてやってる。小津さんが言うには、杉村さんは四番バッターなんだってね。四番バッターがいないと作品は成立しないもん。原節子も色っぽいし、役者がみんなうまい。いやぁ、久方ぶりに感動した」

と、ここで一息ついて、エヘへと笑って言うことには。「実はね、『東京物語』の撮影現場を覗いたことがあるんだ」

映画初出演と『東京物語』

一九五二年に念願の文学座に入った加藤は、翌五三年のアトリエ公演で早くも主演に抜擢された。同年には、映画初出演も果たしている。

「初めて出たのが、小林正樹監督の『壁あつき部屋』って映画。巣鴨プリズンのBC級戦犯の話です。俳優座の浜田寅彦さんが主演で、僕は自衛官の役。公会堂で演説してるとヤジられたりする、軽い役ですよ。たしかオーディションではなかったけど、なぜかお声がかかったんだね。当時は新劇の役者がよく映画にも呼ばれてたから。

ところがこの映画が占領軍に批判的な内容だっていうんで、検閲に引っかかったのか自主的なのかはわからないけども、お蔵になっちゃった。公開されたのは何年も経ってから（五六年公開)。このときに初めて松竹の大船撮影所に行って、ははぁ〜、映画の撮影所ってこういうもんなのかと思ったんだ。同時に、小津さんが『東京物語』を撮ってたから、ぬかりなく小津組のセットも覗きに行ったってわけ」

デビューほやほやの役者がずいぶん大胆というかちゃっかりしたものだと思ったら、そこで登場するのが早稲田の友人、今村昌平である。

「イマヘイは松竹に入って小津さんの助監督をやってたからね。あいつも早稲田を出てすぐは、隅田川の船会社なんかに勤めてたんですよ。伝馬船《てんません》に小学生乗っけて、お台場のほうを案内するような、ちっぽけな会社でね。

今村は築地小田原町の隣、明石町に住んでたから、しょっちゅう近所の俺んちに泊まりに来てた。ある日のこと、またウチに泊まりにきて〈明日助監督の試験受けるから、英語の字引貸してくれ〉と言う。翌日、俺のコンサイスを持って松竹を受けに行きましたよ。それで受かって、初めて助監督についたのが小津組だったんです。

今村は助監督の一番下っ端だから、尾道ロケでは坂道を駆け上がって行ったり来たり、こき使われるんだって。〈原さんを団扇であおげ〉と言われて、原節子をお尻の後ろからあおいだり。〈いやぁ、それがいいケツなんだよ〉なんて言いやがんの。

そいで今村の誘いで『東京物語』のセットに覗きに行ったら、ちょうど笠智衆《りゅうちしゅう》さんと東山千栄子さんが並んで撮影してるところだった。見てると、二人で団扇を使いながら〈それじゃあそうするかなぁ〉〈そうですねぇ〉って何回も繰り返してる。〈そこで団扇をもう一回あおぐ〉とか、小津さんの指示がものすごく細かいんだ。特に笠さんに対して繰り返し、繰り返しダメが出る。俺が見てる間に本番になんなかった。すごいもんだとびっくらこいちゃった。杉村さんは小津組では自由にやらしてもらってたって言うから、泳がしたり細かく言ったり、人によって小津さんのやり方が違ったんだろうね」

小津組の今村昌平

加藤に声をかけた当の今村は、まめまめしく働いていたのだろうか。

「それがイマヘイはどうしてるかと思ったら、くたびれちゃって、カチンコ抱えて寝てやがんだ。芝居になると長くかかるから、助監督はそのときだけ寝られるんだね。カチンコ抱えたその光景が強烈なインパクトだった。

残念ながら原節子はいなかったけど、笠さんと東山さんのシーンを見られただけでも得したよ。今村も初めての現場で、勉強になったみたい。あいつは黒澤明が好きだったから本当は東宝に入りたかったんだけど、松竹に先に受かったから東宝は受けなかったんだ。もし今村みたいなのが黒澤組の助監督をやってたら、そうとう面白かったと思うけど。黒澤組は助監督がなかなか続かないからね。今村なら〈いいえ、監督、しかしそれはッ！〉なんて抵抗したりしたんじゃない？」

晴れの映画デビュー作はいったんお蔵入りの憂き目に遭ったものの、今村のおかげで役得といおうか、オマケ付きのよき思い出ができた。持つべきものは友である。

文学座総出演の『にごりえ』

『東京物語』は一九五三年度のキネマ旬報ベスト・テン第二位だった。この年の第一位が、今井正監督の『にごりえ』だ。樋口一葉の『十三夜』『大つごもり』『にごりえ』を原作とする三篇のオムニバスで、『にごりえ』の淡島千景と山村聰《そう》、『大つごもり』の久我美子《くがよしこ》のほかは、ほとんど文学座俳優陣で固められた。文学座と新世紀映画社の共同製作で、文学座史では「初の自主映画」と謳っている。

杉村春子を筆頭に、宮口精二、三津田健、中村伸郎、芥川比呂志、長岡輝子、賀原《かはら》夏子、丹阿弥《たんあみ》谷津子、南美江、そして杉村の大先輩にあたる田村秋子、まだ若手だった北村和夫、仲谷昇、岸田今日子、加藤治子といった顔ぶれがズラリ。これ一本を見れば、当時の文学座俳優陣の層の厚さがよくわかる。脂ぎった大芝居にならず、庶民の暮らしを紡いでいくリアルな台詞まわしは、新劇の劇団の中でも文学座ならではの味わいだ。加藤武の『壁あつき部屋』に続く映画出演二本目が、この名作だった。

「いやぁ、あれはほんっとにいい映画だったねぇ。なんともいえない情があって、大好きなんだ。役は全部オーディションで決まった。今井正さんが文学座に来て、なんだか面白おかしいオーディションをやりましたよ。今井さんは楽しそうにそれを見てたね。僕は三話目の『にごりえ』に出てくる遊廓の地回りの親分の役がついた。なんで決まったのかはわかんないけども。

撮影は京都まで行ったから大変でした。下加茂にあった松竹の撮影所で、その後はつぶれちゃって松竹の撮影所は太秦に移ったから、僕はこのとき以外は知りませんけどね。撮影期間中、宿屋の二階で我々は雑魚寝。出番が済んだら東京に帰るんだけど、帰るったって特急も何もない時代だもの、鈍行で時間がかかってしょうがない。宮口さんなんて黒澤さんの『七人の侍』と撮影が重なって大変だったんだ。

あのときのてっぱり（掛け持ち）はもう、死ぬ思いだったらしい。当時は映画会社の演技課同士で、俳優の奪い合いでね。撮影がダブると、片一方の映画の撮影中なのに、もう一方の演技課のヤツが無理やり引っ張って連れてかれちゃうくらい。後で僕もエライ目に遭うけども、それはまたおいおい話しますよ。そもそも、撮影もちょくちょく延びたんです。どんな二流三流の映画でも、ロケーションやって天気が悪けりゃ、帰ってきちゃう。〝天気待ち〟は黒澤さんの専売特許じゃないんだ」

宮口精二の名演

『にごりえ』で宮口精二は、淡島千景演じる酌婦に入れあげたあげく、身を持ち崩した職人に扮した。うらぶれた長屋で女房子どもは食うにも困るありさまだというのに、惚れた女のことが忘れられず、目ばかりをらんらんと光らせて思いつめる男の、鬼気迫る不気味さよ。

「この宮口さんがまたよかったねぇ！　淡島さんも素晴らしかった。宮口さんと杉村さんが夫婦でね。しみったれた長屋で、杉村さんが旦那に恨みつらみをグチグチと言うんだ。この二人のガキをやってたのが、子役時代の松山政路（省二）。賀原さんとか、飲み屋の女たちもよかったね。

『十三夜』は丹阿弥さんの父親が三津田さんで、実家に出戻ってきた娘に、とっくりと意見する。母親の田村さんは娘を弁護するんだけど、結局娘は嫁いだ家にまた帰っていく。その帰りに乗った車の車夫が、初恋相手の芥川さんだ。『大つごもり』は女中の久我美子が、奉公先のお金を盗んじゃう。それを見てたのかどうか、その家の若旦那をやった仲谷が二枚目のいい役でね……」

目の前にありありと映像が浮かんでくるような加藤の「語り芸」を聞いていると、今すぐ映画が観たくなる。語り口はあくまでストレート。少年時代に熱中した歌舞伎や芝居話もしかり、加藤武はすぐれた作品のナビゲーターでもあるのだ。

何はともあれ、映画デビュー二作目にして今井正監督の現場に触れられるというのは、新人俳優にとってラッキーな経験に違いない。

「今井正さんはとっても粘り強い撮り方だった。自分の出番はドキドキだったけど、そんなに苦労したって記憶はないかな。今思えば、宮口さんや杉村さんの場面をもうちょっとちゃんと見とけばよかったねぇ」

見るもの聞くもの新しく、すべてが刺激的。文学座の舞台でも杉村春子の代表作『女の一生』、演出の岸田國士が初日の朝に急死して騒然となったゴーリキー作『どん底』（共に五四年）、テネシー・ウィリアムズの『欲望という名の電車』（五五年）など、徐々に出演を重ねていく。そして映画では、黒澤明との出会いが待っていた。

黒澤明との出会い

憧れの黒澤映画

黒澤明監督映画の特集上映があるたびに、加藤武はトークショーなどのイベントによく招かれていた。亡くなる前月の二〇一五年六月にも、池袋の新文芸坐で黒澤作品の特集上映があり、黒澤組のスクリプターとして知られる野上照代と息の合った掛け合いを披露したばかり。

「今やノンちゃん（野上）が黒澤映画の語り部ですよ。ノンちゃんとは誕生日も一緒で仲がいいんだ。サッパリとしてウマが合う。僕は俳優部の生き残りってだけでね」と本人は言うものの、七本の黒澤映画に出演、しかも現役俳優として活躍し、しゃべりも達者で抱腹絶倒の撮影エピソードに事欠かないとなれば、ゲストとしてうってつけに違いない。

黒澤映画は『蜘蛛巣城』（五七年）を皮切りに、『どん底』（五七年）、『隠し砦の三悪人』（五八年）、『悪い奴ほどよく眠る』（六〇年）、『用心棒』（六一年）、『天国と地獄』（六三年）と五〇年代後半から六〇年代はじめにかけて立て続けに出演し、後年『乱』（八五年）で久々に参加している。初めて黒澤作品に接したのは、もちろん観客としてだ。

「黒澤さんの監督デビュー作『姿三四郎』（四三年）から観てる。本っ当に素晴らしかった！

ものすごく感銘を受けたんだ。黒澤さんはあの一本で認められたんだよね。戦争中に作られた続篇はさすがにかなり戦時色が強かったけど、それでも面白かったよ。戦後は何と言っても『七人の侍』(五四年)。このとき、『ローマの休日』も封切られたんです。これもよかった。オードリー・ヘップバーンの新鮮さ！　この二本を同時に観られたんだから、たいへん贅沢だ。和・洋で大感動しましたよ」

黒澤明の鋭い眼光

それだけ惚れ込む黒澤映画へ、出演のチャンスが訪れる。『蜘蛛巣城』のオーディションがあり、文学座の若手俳優たちともども、喜び勇んで参加したのだ。

「通行人1でも侍1でも、どんな役でもいいからとにかく出たかった。〈オーディション〉じゃなくて〈面通し〉って言ってたかな、東宝の撮影所にゾロゾロと面通しに行ったんですよ。そしたら黒澤さんが、ニコニコ笑いながら〈ご苦労さん〉なんて言ってスタッフルームに現れた。背が高くて、スタイルがいいんだよなぁ。ゲイリー・クーパーみたいに長い脚してさ。にこやかで優しい顔なんだ」

ところが笑顔が優しいカッコよすぎる監督は、いざオーディションが始まると豹変する。

「兜をかぶれと言われて順番に兜かぶった途端、黒澤さんの目つきがグッと鋭くなって、ズームしてくる。兜かぶらせたまま、何も言わない。じっと全身を見る。それだけ。あの目の鋭さ！　そのオーディションで番兵の役に決まりました。決まると今度は扮装テスト。鎧をつけてメーキャップもして兜もかぶって、全部扮装して写真を撮る。〈また来てくれ〉って言われてもう一度行くと、できあがった写真に黒澤さんの朱《しゅ》が入ってて、仕立てをちょっと短くとか、兜はこういうものがいいとか、指示が出る。それを繰り返して三回くらい通ったかな。どの役もそれを全部やるんだから恐れ入った。俺なんか一番兵の役なのに」

『蜘蛛巣城』迫力の読み合わせ

かくして黒澤組初体験は準備段階から驚きの連続だった。扮装が決まると、いよいよキャスト全員がそろって台本の読み合わせが始まる。

「集会場みたいな畳の部屋に、三船敏郎さんに山田五十鈴さん、全員が集まってくる。こっちはもう、姿を見ただけでドキドキ。三船さんなんて大スターで、神様みたいなもんでしょ。〈三船さんだ〜！〉って叫びそうになっちゃった。

それで集まると、台本のシーン1から全員で台本《ホン》読みしていくんです。みんな一生懸命声を張ってウワーッて怒鳴るから、何言ってんだかサッパリわからない。声なんかガラガラになっちゃう。そうやって大声でワーッとやってるのは、端《はた》から聞いても黒澤組だってわかるわけ。台本《ホン》読みだけでずいぶん時間をかけたと思うけど、自分の場面がすんだからって、先に帰るわけにいかない。でもそうやってじーっと最後まで聞いていると、どんどん雰囲気に慣れてくるんですよ。台本《ホン》読みで、映画全体が身体にしみ込んでくるというかね」

『蜘蛛巣城』はシェイクスピアの傑作悲劇『マクベス』を戦国時代に置き換えた翻案ものだ。不気味な森に棲む老婆の予言にそそのかされて君主を殺し、権力を手に入れた鷲津（マクベス）夫妻が、あっという間に転落していく因果応報の物語。数ある『マクベス』の映像化のなかでも、この黒澤版は傑出した成功例として世界的に知られている。

もともとシェイクスピア戯曲のなかでは短い作品だが、原作の展開に忠実でありつつエッセンスを凝縮してさらにコンパクトにまとめた脚本、魔女や亡霊がうごめく中世スコットランドのマジックワールドが、濃霧の中に浮かぶ何処とも知れない蜘蛛巣城を舞台にした夢幻能の世界と、ぴたりと合致したことも成功の要因だろう。

「体技」俳優誕生？

加藤が演じたのは確かに番兵だが、単なる番兵にあらず。物語の序盤、君主を暗殺した鷲津（三船）に罪をなすりつけられ、あえなく殺されてしまう警護の武士だ。しっかりと台詞もあり、三船に殺されるシーンでは断末魔の表情がアップで捉えられる。元来のコワモテが生きて兜負けしない面構えは、武張った警護役にぴったりだ。黒澤映画初出演の新人にしては、かなり目立つ役どころといえる。

「槍を持って三人並んでる武士の真ん中で、殿様の番をする役でね。いよいよお呼びがかかって、自分の出番になった。僕らはロケーションはなくて撮影所での撮影だったから、周りを畑に囲まれた東宝の撮影所に行きましたよ。あの『七人の侍』の最後のどしゃ降りのシーンだって東宝のセットで撮ったんだから、信じらんないよね。着いたらすぐにライティングして、リハーサル。

だけど夏の暑い盛りのオープンセットだから、ライティングが熱いのなんの！　鎧着てじーっとしてるし、目にライト当てられて眩しいし、虫は飛んでくるし、大変だった。あんまり汗が出ちゃうから、あのときは水の代わりに塩水を飲んでたね。最後に三船さんに刺されて終わりなんだけど、一週間くらい通ったかな」

酒を飲まされ酔っぱらって寝込んだ番兵が目を覚ますと、警護していたはずの殿様が殺されている！　もうろうとして事態もよく飲み込めないまま、殺した張本人の三船に「逆賊!!」と刺し殺され、「うーッッッ!!」と叫んで階段を転がり落ち、絶命。

「刀持ってこっちに突進してくる三船さんがもう〜、怖いんだ！　刀の先はめり込むような作りになってるけど、たぶん刺されるのは腋の下あたりだと踏んで、板っきれみたいなのを当てといたの。酔っぱらってる役だからフラフラ立ち上がると、三船さんの刀が板を当ててるとこじゃない脇腹にグサーッと刺さった。イテェ〜！って思ったけど、それどころじゃないよ。で、ガラガラガラと階段から落っこちる。もう〈演技〉じゃないね、〈体技〉だね。俺が落っこちると、次が合戦のシーン。うまい繫ぎをしてるよねぇ。刺される場面の前にも〈ここからは立ち入ってはならん〉とか、ちょっと芝居するとこがあったりして、まぁ後から見て自分だってわかるような役でしたね。それが黒澤さんのお気に召したかどうか知らないけど、それから声がかかるようになったんです」

徹底的リハーサル

徹に入り細にわたる描写にはほとほと感心するが、気合いを入れて臨んだ初めての黒澤作品だけに、鮮烈な記憶として残っているのも当然だろう。実際に堂々たる殺されっぷりで、一瞬とはいえ恐怖と苦悶に満ちた表情も芝居っ気たっぷり。目を血走らせて猛然と突進してくる三船の迫力に引けを取らない。黒澤明は加藤の芝居心を買ったに違いない。

「このときは特に黒澤さんに何か怒られたりした覚えはないけど、それは後にたっぷりあるんだから。とにかくリハーサルをじっくりやることには驚いた。ただキャメラにフィルムが入っていないってだけで、照明も全部当てて本番通り。だったらキャメラ回しゃいいのにと思うけど、主役だけじゃなくて役者全部、スタッフワークも含めて黒澤さんが納得いくまで徹底的にリハーサルをやるわけだ。

俺たちは役者だからやってるときは必死で、どうやって映されるのかばっかり考えてるけど、役者の演技なんて映画作りのほんの一部なんだよね。あとでノンちゃんに話を聞くと、そのことがよくわかる。特に黒澤さんは編集がうまかったんでしょ。編集のために映画撮ってるようなもんだったんじゃない？」

『どん底』に連続出演

一九五七年一月に公開された『蜘蛛巣城』に続いて、同年九月公開の黒澤映画『どん底』にも連続出演。こちらもロシアの作家ゴーリキーの原作を江戸の長屋に置き換えた翻案作品だが、加藤は本家『どん底』の舞台にすでに出演経験があった。前述した岸田國士演出による文学座の舞台（五四年）で、おんぼろ木賃宿を舞台に、文字通りどん底であえぐダメ人間たちを描いた群像劇である。これ以下はないというどん詰まり状況で起きる不倫、虐待、ケンカ、殺人といったチープな事件の数々は、悲惨すぎて笑える悲喜劇に近い。

現在も〝演劇界の芥川賞〟と称される岸田國士戯曲賞にその名を残す岸田（岸田今日子の父でもある）は、日本の新劇界にあって伝統的だった「暗く重く深刻なロシア劇」イメージからの脱却を図って、〝明るい『どん底』〟を標榜して話題を呼んだ。文学座に入って間もない加藤は、このとき主人公姉妹の叔父メドヴェージェフ役に抜擢されている。

岸田國士演出による文学座の舞台『どん底』（1954年／写真提供：文学座）

喜劇役者が顔を揃える黒澤の映画版で、加藤はラストにワンシーンだけ出てくる役人役。（二代目）中村鴈治郎《がんじろう》演じる長屋の因業主人を共謀して殺した罪で、妻の山田五十鈴とその愛人・三船敏郎がしょっぴかれる場面だ。ただし、タイトルにクレジットはされていない。

「軽い役だったから名前が出なかったのかな。僕の出番は鴈治郎さんが殺されて、〈お役人さま〜！〉って呼ばれて出てくるだけ。ところがこのときちょうど舞台と重なっちゃって、大変な目に遭ったんだ」

掛け持ちはつらいよ

『どん底』ダブルブッキング騒動

大ファンだった黒澤映画へ連続出演することになったとはいえ、俳優としての軸足は文学座にある。映画は自分の撮影が終われば御役御免になるが、当然ながら舞台は毎日、本番の公演をつとめなければならない。本番の前には一カ月前後の稽古期間があり、舞台出身の俳優はその稽古と本番の合間を縫って撮影をこなす。パズルをはめるように綿密なスケジュール調整が不可欠だ。

「『どん底』では最後のほうにほんの一場面出てくる与力役で、せりふもない。出演時間なんて一、二分あるかないかってくらいだけど、ちょうど舞台と重なっちゃったんです。新劇と歌舞伎が初めて合同公演を行った『明智光秀』って芝居でね。渋谷の東横ホールでした」

ゴーリキーの原作を江戸の日本に移した黒澤版『どん底』は、じめじめした崖下のおんぼろ長屋で繰り広げられる群像劇。泥棒、遊び人、夜鷹、自称元殿様、アル中でろれつが回らない役者、プライドだけは高い鋳掛屋《いかけや》、桶屋、巡礼もどき……等々、掃き溜めにうごめく面々は、誰も彼もがニオい立つような見事な汚さだ。

ドライな三井弘次や、頬っかむりが似合いすぎる渡辺篤といった芸達者たちが、〽コンコンチキショー、コンチキショー、地獄の沙汰も金次第、テンツクテンツク……と唄い出す、やけっぱち和製ラップシーンのバカ哀しさといったら。長屋の大家が因業ジジイにぴったりな(二代目)中村鴈治郎で、山田五十鈴演じる肉欲ぎらぎらの女房が入れあげる三船敏郎に、はずみで殺されてしまう。そこで登場するのが加藤扮する役人であった。


「僕の出番が終われば、三船さん、山田さんたちオールスターキャストも全員アップになる予定だった。一〇分間の長回しで、もし途中でNGが出たらフィルムチェンジ。もちろんリハーサルはするけども、どうしたって役者がつっかえたり、明かりの具合が悪かったりして、スタッフも役者も全員息がぴったり合うのは大変なんだ。

ところがその日に、『明智光秀』の本番、マチネ(昼公演)がかぶっちゃった。東宝の製作主任はこっちのスケジュールをわかっていながら、〈おい、明日病気になっちゃえよ〉なんて言ってくる。舞台を休め、ってね。ヒドいでしょ。カーッと頭に来ちゃって。天下の黒澤組だから、役者がほかにスケジュールがかち合っていようが何だろうが、全部潰しちゃうんです。舞台の役者なんて虫けらみたいに思ってるんだ。でも冗談じゃない! 舞台はどんな端役、目立たない役だって、全部段取りってもんがあるんです」

羽交い締めにされたマネージャー

舞台『明智光秀』は八代目松本幸四郎（後の初代白鸚《はくおう》）が主役の光秀、奥方を文学座の杉村春子がつとめ、幸四郎の二人の息子、市川染五郎（現二代目白鸚）と中村萬之助《まんのすけ》（現中村吉右衛門）兄弟が、森蘭丸と力丸役で出演した。新劇の舞台に歌舞伎俳優が出演するのは異例のこと。この数年後、幸四郎一家は松竹から東宝に移籍する。

「染五郎も萬之助も、たしかまだ詰め襟姿の中学生でしたよ。僕は本能寺でのチャンバラに出る侍と、伝令の二役。伝令役では、五、六行のせりふもある。チャンバラ好きだったから、本能寺でのチャンバラシーンは嬉しかったねぇ。客席のドアからワーッと舞台に駆け上がる演出で、迫力があった。でも人数が足りなくて、当時の俳優座養成所の研究生たちもエキストラで借りてきたんです。その中に山﨑努もいました」

『明智光秀』マチネの開演は一三時。『どん底』のリハーサルは朝九時から始まり、黒澤が「もう一度やったら本番にしようか」と言った頃には、すでに一二時近くになっていた。

「黒澤さんはこっちが舞台の本番とかぶってるなんてことは知らないんだ。だって製作担当が言ってないんだもの。セットの外では、金切り声あげて騒いでる文学座の女性マネージャーが、スタッフに羽交い締めにされて連れてかれちゃった。〈か・と・う・さぁ～んッ！〉って遠ざかってく声が聞こえてきましたよ。

さすがに現場もざわざわし出して、下っ引き役で同じ場面に出ていた佐田豊さんなんて、一緒になってハラハラしてたみたい。でもいよいよタイムリミットで、しょうがないからそこで僕は現場を離れました。どんどん歩きながら刀をおっぽり出して、着物を脱いで。そしたら不幸中の幸い、通りかかったタクシーに飛び乗って、何とか『明智光秀』のマチネ本番に間に合ったんです」

逃走役人のために撮り直し

おお、それはよかった。……じゃないぞ、撮影はどうなったのか。

「香川京子さんに〈お役人さま～！〉って言われる本人が、タクシー乗って逃げ出してんだもん。佐田さんは一人取り残されて真っ青になってたんだって。スクリプターの野上照代さん、ノンちゃんにあとで聞いたら、何も知らない黒澤さんが〈あれ？　加藤はどうした〉。周りが慌てふためいて〈実はこれこれしかじかで〉と説明すると、〈そんなバカな話があるか～ッ！〉。で、撮影中止。

大変なことになっちゃった。役者もみんな翌日から予定があっただろうに、逃げ出したお役人さまのために中止とはね。三日後くらいに今度は舞台本番が夜公演だけの日に撮り直しましたけど、撮影に行くときの気の重さといったらなかった。でも、黒澤さんも製作担当が悪いってことはわかってたから俺のことは怒りゃしないし、ほかの役者さんたちも理解してくれて助かりました。……とまぁ、ほんの少しの出番なのに長い話で。いやね、黒澤さんが凄いことはよくわかってるけども、その威光を笠に着てゴリ押ししてくる製作側の態度に腹が立ったんだ。舞台を下に見た扱い方が、悔しくってね」

長屋の大騒動に呼ばれた加藤の〈お役人さま〉は、終始苦虫を嚙み潰したようなしかめっ面をしている。騒動譚をたっぷり聞いてからあらためて見直すと、自分のせいで大スターたちを再招集したいたたまれなさと、製作側への怒りがない交ぜになった顔に見えてしまって仕方がない。

「高麗屋ごっこ」

そんなドタバタをかいくぐって出演した舞台『明智光秀』は、幼い頃から観続けてきた歌舞伎俳優との共演だけに、歌舞伎大好き少年がそのまんま大人になった加藤にとっては興奮を抑えきれない経験だった。特に主演・八代目幸四郎の貫禄には、ただただ惚れ惚れ。

「高麗屋《こうらいや》（幸四郎の屋号）はどっしり構えて、鷹揚としていてね。新劇役者との共演なんて初めてだから勝手も違っただろうけれど、我々のヘタな稽古も椅子に座ってニコニコと見ておられた。何しろこっちは和物の素養もないし、時代劇の立居振る舞いができないから、歌舞伎の俳優さんたちに着物の扱いから鎧のつけ方、お辞儀の仕方まで全部教えてもらいました。袴の片方に両足突っ込んじゃって、立ち上がろうとしたらひっくり返った奴もいた。もうコントだよね」

とりわけ好奇心を刺激されたのが、御大・幸四郎に影のごとく寄り添う付き人の存在だ。

「新劇では付き人なんていないからね。もちろん杉村さんにもいなかった。高麗屋さんには先代から仕えているおじさんの付き人がいて、これがもう、忍者みたいに気配を消してて見事だったの。腰にうちわを差して、出前の岡持ちみたいな箱の中に、たばこや灰皿、タンつぼ、湯のみ、仁丹《じんたん》とか必要なものが一式、取り出しやすいようにきちんと並べてある。

肩からポシェットみたいなのを提げて、高麗屋が何も言わなくても、座れば椅子、手を出せば湯のみ、咳をすれば懐紙にタンつぼ……って具合に、すべてがあうんの呼吸で出てくるんですよ。衣裳の着つけも、食事の世話も、身の回りのことは全ておじさんがこなしてた。隈取りの紅を練るとか、そういうこともうまいんだって。カツラを被るときの羽二重も役柄によって何枚もあって、手入れがとっても大変なんだけど、それも全部一人でやる。

付き人なんて初めて見たからとにかくびっくりして、仲間内で秘かに〈高麗屋ごっこ〉って遊びを始めてね。ジャンケンで勝った奴が高麗屋になって、負けた奴らが付き人として何くれと奉仕する。高麗屋役はふんぞり返って、ただ〈ああ〉〈うむ〉なんて言ってるだけ。これが実に気持ちいい。でも哀しいかな、我々はふだん奉仕されることに慣れてないから、つい頭下げたり、〈すいません〉なんて言っちゃう。そしたら高麗屋失格で、即チェンジ。一人は見張りに立っていて、本物の高麗屋が来たら、一目散に逃げるってわけ」

「今考えるとずいぶん失礼な遊びだよねぇ」と苦笑しつつも、それはそれは楽しそうに「高麗屋ごっこ」を再現する顔つきは、まさに悪ガキそのもの。後年、テレビ番組でなんと本人を前にして「高麗屋ごっこ」を披露する羽目になったが、さすが高麗屋、やはりニコニコと受け入れてくれたというから、懐が深い。

しかし加藤にはもうひとつ、ずっと気になっている謎があった。

「一番不思議だったのは、誰も高麗屋がトイレに行くところを見たことがないんだよ。あれはミステリー。どうしてたのかねぇ。勝手にいろいろ類推はしてたけど、真相はわからない。でもそういう神秘性をもたせるのも、いかにも歌舞伎俳優って感じがして、いいんだよなぁ」

懲りずにダブルブッキング

一方で黒澤映画への参加はさらに続き、翌五八年にはアクション娯楽時代劇の痛快作『隠し砦の三悪人』に出演する。ところが、ここでもまた舞台出演と重なる事態が発生した。

「まったくどうしてこう、てっぱるかねぇ。今度は何かって言いますと、歌舞伎座での新派公演に呼ばれたんです。初めての歌舞伎座だもん、家族の連中は黒澤組に出演するより大喜びですよ。主演は初代水谷八重子さんで、『お蝶夫人』って新作芝居。オペラじゃないけど、話の筋は『蝶々夫人』と大体おんなじ。

僕はシャープレスっていう領事の役。これがなかなかいい役でね。まだ『隠し砦～』の撮影にはかからないだろうと思って、この芝居を入れちゃったら、急にロケ先の御殿場から呼び出しがかかった。ひゃ～、困った。でも、このとき出てた歌舞伎座は夜の部だったから、前の晩に東京を発って、沼津経由で御殿場まで夜のうちにたどり着いて、翌朝一番手の撮影をして、その日の歌舞伎座夜の部までになんとか間に合ったんです。ところがこれは撮影自体がもう、大変だった！　今までさんざん話してきたけど、やっぱり話したほうがいいの？」

ハイ、それはぜひとも。

「体技」俳優は命がけ

新派と『隠し砦の三悪人』

小僧の頃から寄席通い、手当たり次第に芝居を観まくったおかげか、はたまた自分をクサすほうが落ち着く下町気質か、加藤武は自分のしくじりや危機一髪体験を語り出すと嬉々として、オチをつけずにいられない性分である。とりわけ七本も出演した黒澤映画は〝鉄板ネタ〟の宝庫。その一本が『隠し砦の三悪人』（五八年）だ。ご存じ、スリリングなアクション娯楽時代劇の痛快作。お転婆なお姫様を守る三船敏郎が豪快に馬を駆る姿は、日本人離れしたマッチョな男くささ全開である。

前作『どん底』（五七年）で加藤はワンカットのみの出演にもかかわらず、舞台の本番と重なって撮影中に姿を消す珍事件を起こしてしまった。今度は大丈夫だと思った『隠し砦〜』も、急にロケが決まり、またもや舞台の本番と重なってしまう。

結果的にダブルブッキングになったのはどちらもマネジメントの問題なのだが、現場で脂汗をかくのは、俳優本人だ。劇団新派の大看板だった初代水谷八重子主演作で準主役級の大きな役がつき、しかも劇場は歌舞伎座。幼い頃から観続けてきたひのき舞台に立てる喜びを一家揃ってかみしめていたところへ、風雲急を告げる「御殿場呼び出し」がかかったのだった。

「撮影は半日で終わる予定だったから歌舞伎座の夜の部には間に合うはずだけども、水谷さんも事情を知って、もしもの場合には僕に代役を立てることにしてくれたの。それでちょっと安心して御殿場に向かったんだ。例によって事前の扮装テストは入念だった。テスト撮影しては黒澤さんの朱が入る、の繰り返しで、〈もっとここは乱して〉とか〈傷をつけて〉とかね。扮装テストで一週間くらいはかかったんじゃないかな」

槍で突つかれるその箱は

加藤の役は落武者。映画のトップシーン、千秋実と藤原釜足の凸凹コンビが「もっと離れて歩けよ」だのと悪態をつきながら荒野をヨレヨレ歩いていると、残党狩りに遭った落武者が見るも無惨に殺され、二人は腰を抜かす。芝居で言うなら「幕開き三分」。冒頭で一気に戦国乱世の殺伐とした世界へといざなう、重要な場面だ。

『蜘蛛巣城』(五七年)では黒澤映画初出演にして三船敏郎に見事にグサリと刺し殺されたが、それをさらに上回る派手な「殺し場」になることは予想できた。

「演技ならぬ〈体技〉俳優としては大変なシーンだってことはわかってたから、甲子園の球児みたいにお守りというお守りを集めて体に巻いてったんですよ。前の晩に御殿場に着いて、朝一番で血だらけの落武者の格好して現場に入った。

そしたらもう一〇騎くらいの騎馬武者たちがいたんだけど、それは俳優じゃなくて、馬に乗って矢を射る流鏑馬《やぶさめ》の人たちだったの。当時は馬に乗る役者は揃わなかったんだね。で、その人たちがウワーッと馬を駆りながら、槍でバーン、バーンって何かの箱を思いっきり突いてたんだよ。何してんのかと思ったら、〈あの箱が加藤さんです〉って。ヒェ〜〜ッ、だよ！」

槍でメッタ突きにされている箱＝自分、という光景に言葉を失う間もなく、リハーサルもなしにいきなり本番に突入した。

「千秋さんと藤原さん、あの二人は『スター・ウォーズ』に出てくるロボットの原型なんでしょ？　いいコンビだよね。で、二人がケンカしながらフッとこっちを向くと、追っかけられた落武者が突然画面に入ってくる。キャメラはレールを敷くわけにはいかないから、ゴム輪みたいな台に乗っけて、ずーっと押していくわけ。照明さんはライトの線を持って一緒に移動する。すぐ後ろに血だらけの落武者、さらにその後ろから静かに馬がついてくる。ヒーンともへーンとも鳴き声出しちゃいけないんだ、粛々とね。なんだか気味が悪かったよ。

そいでスター・ウォーズが「おっ？」と驚いたときに俺がキャメラの前に出ていって、キャメラの後方を見てヒェーッと目を剝いて息をのむ。よろよろと逃げていくと、さぁ、後ろからドドドドドッ！と騎馬武者どもが追っかけてくるわけだ。スター・ウォーズの二人はびっくりして飛び退く。俺は逃げる。何頭もの馬たちが俺を取り囲んで、馬上からバンバンバンッと槍で突く。もちろん甲冑の下に板も当ててたけど、彼らは役者じゃないから、本イキなんだよ。イテテテテテ〜ッ！って、もう痛いのなんの」

臨場感がありすぎて、聞いているだけで痛そうだ。

馬に蹴られて危機一髪

「こっちが倒れると、向こうに走り去った馬がまたUターンして戻ってくるんだ。死んでる俺の耳元を通るんだから、冗談じゃないよ。馬は絶対人を踏まないって言うけど、ウソですよ。踏むんだって！

俺が一生懸命死んでると、カーンって馬蹄の音がしてね。頭に強い衝撃を覚えてウゥ〜ッとなったけど、立ち上がっちゃったら一巻の終わり。だって新派に間に合わないもん。ギャーッて言いたいとこだったけど、じっと我慢した。周りはヒャーッと思ったらしいね。で、騎馬どもはまたUターンして去っていく。それでもカットがかからないからどうしたのかと思ったら、ス、タ、ー、・、ウ、ォ、ー、ズの二人の芝居がまだあるんだ。じーっとして死んでると、ようやく〈カーットッ〉って声がかかった」

役者が本職ではない猛者たちに本気で槍で突つかれるのも恐怖だが、馬に足蹴にされたのでは、本当に命を落としかねない。映画をよく見ると、確かに倒れた加藤の頭の位置が、馬が走り去ったあとは蹴られてズレている。それでも片手で虚空をつかんだまま息を殺して死に続けるとは、撮り直しがきかない状況だったとはいえ、あっぱれな役者魂だ。

「カットがかかった途端、みんな一斉にウワーッと寄ってきて〈大丈夫ですかー!?〉って。俺が死んだと思ったんだね。そういうとき、まったく黒澤さんは非情ですよ。全部芝居が終わるまではカットかけないんだから。

でも、監督ってそういうもんだよね。馬に頭を蹴られたのになんで助かったかっていうと、当時はカツラに毛を植える土台、台金《だいがね》がアカ、赤銅だったの。今はもう銅は値が張るから、軽いアルミニウム製だけど。これがもしニウムだったら、今こんなふうに喋ってられないよ」

加藤武の役者生命は、赤銅のカツラに救われたのだった。

飛び散ったお守り

ところが撮影はまだ続く。今度は寄りのカットを撮るという。

「ヘンな話、コンドームに血のりを入れといて、それを突っつくと血が出るって仕掛けね。それを鎧の中に仕込むから、〈ハイ、鎧脱がして!〉ってみんなが寄ってきたんだけど、これが困った。体にお守りいっぱい巻いてるでしょ。えーって言ってるあいだに鎧をはがされたら、お守りがバラバラバラーッと散らばっちゃった。巣鴨のお地蔵さんとか、成田山とか、深川のお不動さんとか……。

俺が生まれた二四日は〈四《し》の日〉で、お地蔵さんのご縁日だから巣鴨のお地蔵さんでしょ、深川のお不動さんは魚河岸のご本尊でしょ。一枚や二枚じゃないんだ。みんな目を丸くしてた。いやぁ、恥ずかしかったぁ。黒澤さんもさすがに〈ん？〉って顔をしてたね。あとで聞いたら、〈あいつはそこまで思ってたのか〉と言ってたんだって。そりゃそうだよ、決死の覚悟ですよ。でもまぁなんとかやり遂げました。ところがあとで映画を観たら、寄りで槍に突かれるシーンなんてないんだ。編集でカットされちゃって、使われてなかったの」

墓場から甦った亡者のごとく凄まじい形相をした落武者が、体中にお守りを巻き付けて撮影に臨んでいたとは、大マジメなビビりっぷりが愛らしい。ともあれ、御殿場での撮影は午前中に無事終了。

「やれやれと思って〈お疲れさまでした！〉と脱兎のごとく駆け出したら、黒澤さんに〈あ、加藤君〉って呼び止められてね。〈水谷さんによろしくな〉って。実は水谷さんが黒澤さんに手紙を書いてくれてたんですよ。どんな内容かはわからないけど、黒澤さんは俺の事情を知ってたわけだ。それにはびっくりした。

飛ぶように東京に帰って水谷さんにお礼を言ったら、〈ちょっとね、黒澤さんに言っといたの。差し出がましいけど〉なんて。水谷さんは黒澤さんの映画には出たことがないし、お互いに面識はないはずですよ。ありがたいよねぇ。あとで黒澤組のスタッフに〈お守りまとめて取ってありますすけど〉って言われたけど、そんなのいらないって。お守りおっ放り出して、帰ってきちゃった」

骨身にこたえた杉村春子の言葉

こうして黒澤組で「体技」俳優として経験を重ねる一方で、文学座では徐々に大きな役を演じるようになった。中でも忘れられないのが、三島由紀夫が文学座創立二〇周年記念に書き下ろした『鹿鳴館』（五六年初演）だ。リアルなせりふを身上とする文学座にあって、三島は謳いあげるようにレトリックを駆使した華麗なるロマン劇を書き上げた。

結果的に文学座の十八番となり、主演した杉村春子にとっても『女の一生』に続く創作劇の代表作となったのである。加藤は一九五七年の地方公演から、飛田天骨《てんこつ》という殺し屋の役を演じている。初演では宮口精二が飄々と演じた役だが、加藤は明らかに力みまくりであった。

「中村伸郎さん演じる影山伯爵と天骨が茶室で密談しているところへ、影山夫人の杉村さんが入ってくるんです。驚いた天骨が〈奥方様！〉って言うんだけど、せりふも仕草も僕はやたらと大芝居で、どうやっても歌舞伎ふうになっちゃう。

で、稽古休みにざる蕎麦食べてたら、杉村さんに怒られたんですよ。〈ちょっとタケさん、

文学座『鹿鳴館』で殺し屋を演じた加藤武（左）。右は中村伸郎（1958年／写真提供：文学座）

こう言っちゃ何ですけどね、あんたの芝居はね、ぜんっぶ借り物〉。いやぁ、ショックだった。そばが喉へ詰まっちゃって。致命的なことをズバッと言われたんだもの。〈ヘタでも何でもいいから、自分のもんにしておやんなさい〉ってね。

まったくその通りなんだ。歌舞伎でも新派でも、何の主体性もなく観てただけ。それを引き出しから持ってきて芝居してた。悪いお手本ですよ。独創性ってものが何もない。全部まねごと。それをビシッと指摘するんだから、杉村さんは怖いですよ。でも、杉村さんの言葉が骨身にこたえてわかるようになったのは、もっとずっとあとになってからだよね」

黒澤映画でも「体技」から「演技」へと求められるものが変わっていくにつれ、大きな試練が待っていた。

黒澤明にコテンパン

柄にない「洒脱なディーラー」

役者になって五年余り。三〇歳もそろそろ見えてきたころ、肩に力を入れまくって臨んだ舞台『鹿鳴館』で、杉村春子から「あんたの芝居は全部借り物」という決定的なダメ出しを受けた加藤は、食べかけの蕎麦が喉を通らなくなるほど打ちのめされた。

「蕎麦を箸で持ち上げたまんま凍りついた」「肺腑《はいふ》をえぐられた」「骨身にこたえた」「頭をガツンと殴られた」と、そのときのショックを思い出すとあらゆる形容が次から次へと飛び出してくる。同時に杉村の言葉は、加藤武のその後の役者人生を支える指針ともなった。

その杉村が、あるときふと加藤にかけた言葉がある。

「あなたね、黒澤さんは一応、あなたを世に出してくれた人よ。だから黒澤さんのとこでしっかり勉強しなさいよ」

「一応」というあたりが杉村らしいが、三船敏郎演じる主人公の親友役を演じた『悪い奴ほどよく眠る』(六〇年)は、黒澤映画における加藤武の代表作となった。本作で黒澤組の常連俳優として世間にも認知されることになる。前作『隠し砦の三悪人』（五八年）での出番は冒頭三分、名もなき落武者役で、槍に突つかれ、馬に蹴られて九死に一生を得たことを思えば、まさに大抜擢であった。

「ところがこれがもう、大変だった。黒澤さんにコテンパンに叩かれたよ！」

『悪い奴ほどよく眠る』、加藤武の使用台本。
包装紙で自家製カバーをかけてある

これまで雲の上の存在だった大スター、三船と対等にわたり合うという荷の重さに加え、加藤演じる板倉という男は、当時の最先端を行く外車のディーラーという役どころだった。

「服装から立居振る舞いまでバリッとしてなきゃいけないんだけど、俺自身はバリッでも何でもないもん。貧乏で、昼メシっていえばかけ蕎麦にコロッケ入れて食べてたくらいでしょ。

黒澤さんが生地選びから立ち会って時間をかけて仕立ててもらった背広に、〈お前ちょっとなで肩だから〉と言われてパッド入れて、普段からそれ着て生活しろって言うんだね。カッコいいトレンチコートに、シガレットケースを持ち歩いて、ジッポーのライターでシュボッと火を点ける。だけども、やっぱりどうやってもサマにならない。テンで洒脱じゃないんだよ」

フランキーのサポート

黒澤の指令は、日常生活における洒落た身だしなみだけでなく、夜遊び指南にも及んだ。

「ナイトクラブくらい行ってこいって言われたけど、黒澤さんがお金出してくれるわけじゃないもんねぇ。それで世話になったのが、フランキー堺。そう、麻布の友達！『幕末太陽傳』だの『駅前シリーズ』だので、若いのにもうスターだったでしょ。

フランキーが、赤坂にできたてのニューラテンクォーターに連れてってくれたんですよ。ホテルニュージャパンの地下にあった高級ナイトクラブね。社交場ってのはこんな雰囲気なのか、すげぇやって眺めてた。海外からも大物歌手が来てショーをやってたんだ。それと映画で運転するシーンはないんだけど、フランキーが自分のベンツを〈試しに運転してみる？〉なんて運転させてくれたりして。持つべきものは友達だね。フランキーには本当に感謝してる」

こうして友のサポートは役のイメージをつかむために大いに役立ったものの、芝居に活かされるかどうかはまた別である。

「雰囲気つかんだからって芝居ができるわけじゃないからね。東宝のスタジオ内でリハーサルをやったんだけど、うまくできないんですよ。父親の復讐に燃える三船さん演じる西が、汚職事件の鍵を握る藤原釜足さんを誘拐して、友人の僕のとこへ連れてくる。僕がガチャッとドアを開けて〈お、どうした？〉って顔で入ってくるんだけど、ドア開けた瞬間に、もう顔が突っ張らかっちゃってんだから。階段をトントントンッて二、三段上がってドアを開ける設定だけど、その雰囲気も出ない。

建物の四階あたりでリハーサルやってたから、〈本当に階段上がってこい〉ってなって、どんどん下に降りていった。〈もっと下〉〈もっと下〉と言われて、とうとう一階の外まで出ちゃった。そこから駆け上がって〈どうした？〉だもん。さんざんやって、汗びっしょり。黒澤さんに〈ちっとも芝居がリラックスしてない〉〈どうして自由闊達に動けないんだ！〉って叱られたけど、リラックスなんてできるわけないよ！」

三船敏郎の度量

ガチガチ、汗だくでリハーサルを終え、いよいよ迎えた本番の日。

「まずライトが熱くて熱くてね。黒澤さんといえばパンフォーカスだから、とにかく強い照明を当てる。藤原さんにチャーハン勧めながら〈少しは食いなさいよ〉なんて言って自分も食うんだけど、緊張と熱さで口の中はカラカラになっちゃうし、俺も藤原さんもダメが出て何度も何度もやり直すから、気が遠くなりそうだった。あとで聞いたら、藤原さん、あんまり熱くて気持ち悪くなっちゃって、戻しちゃったんだって。こっちは相変わらず、トントンッ、ガチャッ、〈どうした？〉が、うまくいかない。黒澤さんに〈なんて動けない役者だ！〉ってまた怒られて、ますます顔も身体もこわばっちゃう。悪循環ですよ。

三船さんの出番はそのあとだから、こっちができないあいだ、ずーっと待ってくれてるわけ。で、ようやく三船さんが出てきてしゃべったかと思うと、また俺が怒られて、やり直しになる。それでも三船さん、イヤな顔ひとつしないんだ。何にも言わずに、きちっと芝居してくれる。普通だったら怒りますよ、あれだけ待たされて、何度もやり直しになれば。もう、心底ありがたかった。三船さんと藤原さんには、腹ん中で手を合わしました」

このときの三船への感謝を、ことあるごとに加藤は口にしている。

「三船さんには本当に足向けて寝らんないですよ。あとになって僕も、一緒に出てる新人がなかなかできなかったりすると、いつも三船さんを思うんだ。三船さんを見習って、イヤな顔は絶対にしないようにしよう、って。三船さんはスターだけど付き人もいないし、自分で折り畳み椅子なんか持ってね。我々は当然椅子なんてないから立ちっ放しが普通だけど、三船さんはスタジオのどっかから椅子を探してきて、〈ほら座って〉なんて勧めてくれる。そういう心遣いのある人だった。ホントにえらい人。お人柄だよね。あんなに教わった方はいません」

藤原釜足の味わい

せりふ覚えを含め、三船の入念な準備と、仕事に対する真摯な態度には、いつも感じ入るばかりだった。

「三船さんは現場に入るときにはせりふを全部覚えてきてる。現場で台本なんて一切広げないんだ。黒澤映画では豪快なイメージがあるけど、ご本人はいたって真面目でもの静かで、キチッとした人。せりふ覚えってことで言えば、藤原さんなんてこう言っちゃナンだけど、三船さんとは対極で有名でしょ。黒澤さんが藤原さんと俺のこと、〈しゃべれない役者と動けない役者ばっかりだ!〉って怒ってたもんね。

そうそう、『隠し砦～』の千秋実さんとの例のスター・ウォーズの場面も、藤原さんがせりふ覚えてなくてメチャクチャなこと言っちゃうから、アフレコが大変だったたって聞いた。せりふと口が合わなくてね。逆に千秋さんってのは割に落ち着いた人で、『どん底』のときには本番中に鼻緒が切れたんだけど、そのまま芝居止めずに、せりふ言いながら鼻緒すげちゃったって。すごい人でしょ。

でもね、藤原さん、せりふ覚えは悪かったかもしれないけど、あれほどうまい人はいない。黒澤さんが助監督時代の『馬』なんて、本当にいいもん。監督は山本嘉次郎さん。高峰（秀子）さんも潑剌としてよかったけど、お父さん役の藤原さん（当時は藤原鶏太）が絶品だったなぁ。僕は小学校のときに観た記憶があるけど、この間また久々に観て、実によかった。藤原さんみたいな役者は、今はいないよねぇ」

「道場」の試練

黒澤に叱咤され続け、三船を待たせることに恐縮しながらもなんとか撮影を乗り切り、『悪い奴〜』のクライマックス、板倉の独白シーンは比較的スムーズに撮り終えることができた。巨大権力に立ち向ったものの、いともあっけなくひねり潰された親友の無念の死に対する慟哭、悪者どもがのうのうと生き延びる腐った社会への怒り、無力感。すべてがない交ぜになった「これでいいのか！」という絶叫だ。

「割と順番通りに撮ってたから、やっぱり蓄積というか、やっと役が自分の中に入ってたんでしょうね。上にいる奴らがいい思いをして、下っ端がいつも損をする。現代にも通じる、映画全体の大きなテーマをぶつけるヤマ場でしょ。そういう気負いが自分にもあったし、それまで黒澤さんにコテンパンに怒られてたぶん、うっ積したものが爆発したっていうのもあるかもしれない。黒澤さんもそれを認めてくれたのかな、最後だけは怒られなかったんです」

江戸っ子の弱みで「西の必死の努力も」というせりふが「西のしっしの努力も」となってしまったが、板倉が乗り移った加藤の気迫勝ち。

「ハハハ、いまだに〈ひ〉と〈し〉は泣きどころだけど、あれもちゃんと言えてなかったんだよね。でもほとんど一発オッケーだった。この映画は黒澤さんの作品の中じゃ意外と当たんなかったけど、僕はやっぱりいい役をもらったし、一番勉強になりました。でもねぇ、そうは言っても、怒られるのはコタえるよ〜。要求されてもできないから当然なんだけど、怒られない人はまったく怒られないのに、こっちは怒られてばっかり。

黒澤さんはその人の芝居の本質を突いてくるんだ。俺の場合は柔軟性のなさってことだと思う。〈ラクに芝居しろ〉って徹底的に言われたけど、芯からほぐれた芝居ができない。でも、黒澤組の現場は、俺にとっちゃ〈道場〉だもの。大げさかもしれないけど、背筋がピーッと伸びる。道場に入っちゃったら、ラクにやれるわけないよ」

杉村春子が「黒澤さんのとこでしっかり勉強しなさい」と加藤に声をかけたのは、ちょうどこの頃のことだ。

「風の便りに、俺が黒澤さんに怒られてるって聞いたんじゃないかな。黒澤さんが芝居の本質をちゃんと言ってくれる人だとわかってたから、俺にそう言ったんだと思う。杉村さんも『わが青春に悔なし』とか『赤ひげ』に出てるでしょ。黒澤さんも杉村さんをうまく使ってたよね。杉村さんにかかっちゃ、全部お見通しなんだ」

杉村春子と黒澤明。共に芝居の何たるかを叩き込まれた恩人だ。「だけど今、叱ってくれる人がいなくなった。寂しいね」

今村昌平と仲間たち

モテまくりのダンディ川島

二〇代終わりから三〇代前半にかけて、黒澤明の「修験道場」でみっちりしぼられる一方、学生時代からの仲間が関わる映画となれば、いざと馳せ参じていた。早稲田以来の友人、今村昌平は松竹から日活に移籍、同じく松竹からの移籍組である川島雄三の助監督についている。

「イマヘイとしちゃ、松竹はかなり窮屈だったんでしょ。それが川島さんとは息がピッタリ！イマヘイが助監督だった引きで、川島さんの『愛のお荷物』(五五年)とか『幕末太陽傳』(五七年）のナレーションをやらしてもらった。フランキー堺も小沢昭一も出てるしね。本当は『幕末〜』には僕も出るはずだったんだけど、また何かが重なって出られなかったんですよ。それでナレーションだけでも、ってことになった。クレジットはされてないけど、どうしてもって言ってもらえるのはありがたいやね。文学座の芝居とダブルブッキングした黒澤さんの『どん底』も同じ年。芝居の本数も多かったから、めまぐるしい年だったな」

当初ナレーションのみでの参加だった川島作品には、その後『グラマ島の誘惑』『貸間あり』（五九年）、『青べか物語』（六二年）に出演。「黒澤道場」とは打って変わって、川島組は「ホッとする現場」だった。

「川島さんは融通無碍というかね。今村にもそういうとこあったけど、川島さんからかなり学んだんじゃないかな。落語でも何でもよく知ってて、実に洒落た人。粋でダンディで、まぁよくモテた！　青森の恐山出身で、身体にちょっとハンディを抱えていらしたり、屈折したところはもちろんあったと思うけども、とにかく現場は楽しかった。当時珍しかったポラロイドカメラを使ってたのにはびっくりしましたよ。女優さんがみんな惚れる、惚れる。『貸間あり』とかもヘンテコで面白かったなぁ。僕は柄にもなく大学教授かなんかで、最後に別府温泉にフランキーと一緒に入って、〽別府通いの汽船の上で、チラリ見交わす顔と顔、あなたもアベック私もアベック〜、なんて歌ったの覚えてる。

『別府行進曲』だったかな、川島さんが歌を教えてくれたんですよ。ロケは別府じゃなくて、宝塚温泉だったけども。宝塚に撮影所があったからね」

粘りのイマヘイ

川島の『幕末〜』では脚本にも参加した今村昌平は、『盗まれた欲情』(五八年)で監督一本立ち。加藤は『果しなき欲望』(五八年)、『豚と軍艦』(六一年)、『にっぽん昆虫記』(六三年)、『〝エロ事師たち〟より　人類学入門』(六六年)に出演している。

「早稲田の友達だもん、そりゃ出なくちゃ。『果しなき〜』は欲に目がくらんだ悪党どもがツブし合う話。今観ても面白い。俺はやたら凶暴な男の役で、小沢も一緒の悪党一味。クチャクチャ音立てて団子かなんか食ってる小沢が我慢ならなくて、殴るわ蹴るわの仲間割れ。しまいにゃ小沢に反撃されて俺は刺し殺されちゃう。

ところがこれがまた文学座の舞台と重なったんですよ。このときは芥川比呂志さんの『マクベス』に伝令役とかチャンバラのシーンで出てたんだけど、映画の撮影が延びて、舞台の旅公演と重なっちゃった。そしたらイマヘイは助監督の浦山桐郎を文学座まで出向かせて、〈加藤に舞台を降りさせて映画のほうに出るよう粘ってこい〉って命じたわけ。

俺も弱っちゃった。もちろん役としては映画のほうが面白いから映画に出たいに決まってるんだけど、そのために芝居を降りるなんてことは考えられないからね。ところが師匠が師匠なら弟子も弟子で、浦山が粘りに粘って、とうとう浦山の粘り勝ち。文学座を説得して、俺は映画のほうに参加できることになった。こういうときに便利なのが北村和夫で、俺の代わりに『マクベス』の旅公演に出てくれたの」

丸焼き豚のトラウマ

続いて出演した『豚と軍艦』は、米軍に寄生して生きるヤクザと女たちを描いた今村の初期代表作だ。米軍の残飯をエサに豚の飼育係にさせられたチンピラの長門裕之と、フラフラと腰の定まらない長門を堅気にさせようとする気丈な恋人の吉村実子。明日なき若いカップルを中心に、彼らの周りにうごめくヤクザや中国人には、丹波哲郎、小沢昭一、殿山泰司、西村晃など、例によって濃厚な面構えがズラリと揃い、脂ぎった画面をさらにギトギトに彩っている。

『豚と軍艦』の台本

加藤はそのいかつい風貌を十二分に活かしたヤクザ仲間で、何かと言うとやたらにすごみ、西村晃に頭突きを食らわせたりと、やりたい放題。エキセントリックな凶暴さは『果しなき〜』を上回り、もはや狂犬並みだ。

「横須賀が舞台で、本当はラストシーンで米軍の空母が港に入ってくるとか、イマヘイは壮大なことを考えてたの。でもアメリカの圧力があったんじゃないかな、一時は製作中止に追い込まれた。それでもそこはイマヘイの粘り腰で、完成させたからね。クライマックスでは実際にロケでドブ板横丁に豚をぶっ放すつもりだったんだけど、さすがにそれもできねぇやな。結局、撮影所で豚を放したんです。西部劇のバッファローみたいに豚の大群が暴走してヤクザが踏みつぶされるって想定だったんだけど、それがぜんっぜんダメ。豚がまったくおとなしいんだ。だからスタッフが苦労して豚のケツ叩いて追っかけたりしてさ。イマヘイはもっとたくさんの豚が欲しかったみたいだけど、そんなには集められなかったんだね。それでも十分多かったと思うけど。しかし豚の匂いたるや猛烈で、しばらくトンカツ食えなかったもん」

加藤にとっては思い出すもおぞましい記憶もある。人肉をエサに混ぜこんだ豚の丸焼きをみんなで食らうシーンだ。

「だって、豚の丸焼きから人間の入れ歯が出てくるんだよ！　そんな豚を食うなんて、俺は一番苦手なんだよ、そういうの！　もう、たまんなかった。そいでニカーッと笑わなくちゃいけないんだから、勘弁してほしかったね。

俺はね、おっかない顔してるけど、よく見りゃ人がいいんだよ。それが非常に残虐で横暴で乱暴なヤクザだもの。イマヘイは友達だから俺の性格をよくわかってて、そうやって俺と正反対の役をわざとやらせるんだ。これが今村の意地悪というか、ヘンなとこ」

『豚と軍艦』の今村組。一番手前が今村昌平、撮影の姫田真佐久を挟み、南田洋子と長門裕之。加藤武は右から4人目。左に吉村実子、右に小沢昭一と、その隣が浦山桐郎（当時助監督）。『キネマ旬報』1961年1月上旬号掲載

イマヘイの遺伝子

このときヒロイン役に抜擢された吉村実子は当時一七歳。

「公募だったか、イマヘイが見つけてきたのか、とにかく彼女はすごくよかった。親戚が築地の小田原町でウチの近所だったこともあって、話が合ってね。ナイーブさと逞しさと、両方の良さがあった。お姉さんの芳村真理もテレビでよく一緒になったけど、いい子

だったよ。二人とも元気にしてんの？」

今村作品への出演は『〝エロ事師たち〟より　人類学入門』が最後となったが、入れ替わるように、川島と今村の助監督を務めた浦山桐郎作品に参加する。

「今平は後半になると、エロに対する執着がどんどん強くなったでしょ。俺もたいがい助平だけども、さすがにちょっとしつこくなって、『〜人類学入門』が最後になった。でもね、『豚と軍艦』はいろんなことがあったけど、イマヘイはよく撮ったとつくづく思う。絶対に諦めないという迫力、最後までやり遂げるという気骨！　それは浦山も同じで、今村組に共通する今村精神だね。自分がやりたいことはとことん突き詰めて、妥協しない。

まぁそれはいいんだけど、この浦山が飲んべぇでね。飲むと絡んでくるわけ。俺はウラ、ウラ公って呼んでたけど、確か『豚と軍艦』の打ち上げのとき、こっちは酒を飲まないから吸い物飲んでるでしょ。そしたらウラ公が俺の吸い物にタバコの灰を落としやがって、〈このヤローっ！〉って大ゲンカしたことある。それをまたイマヘイとか小沢たちが〈ヘッヘッヘッ〉って面白がって見てるんだ。飲むとしょっちゅうケンカしてた。そのくせ、ウラ公の作品に俺は割とよく出てるんだけどね。寡作だったけど、とにかく粘る監督でした」

寡作で粘る浦山桐郎

加藤は浦山の監督デビュー作『キューポラのある街』（六二年）から、『私が棄てた女』（六九年）、『青春の門』（七五年）を経て、最後の作品となった『夢千代日記』（八五年）まで出演している。

「『キューポラ〜』はやっぱりいい作品だねぇ。（吉永）小百合も明るくて屈託なくてよかった。このあいだ、衛星放送でやってたみたいで、〈久々にまた観てよかった〉って言ってくれた人がいましたよ。僕は小百合を励ます先生役。あ、『青春の門』も先生だ。こっちのは田中健にアレコレ性のめざめについて指南する役だから、まったく違うけどね。

ヘンな役だったのは『私が棄てた女』。浦山は浅丘ルリ子をすっぴんで使ったの。例のメイクをさせないで。そういうとこもすごいんだよね。河原崎長一郎がさんざん遊んだ地味な小林トシエ（後にトシ江）を捨てて、キレイなルリ子と結婚しちゃうんだ。俺は大ベテラン、岸輝子さんの乱暴者の息子役で、おふくろさんと取っ組み合いのケンカしたり、小林トシエにいきなり地下道でブチューッとキスしたりすんの。何だかよくわかんない役。

この作品がまた撮影が中断したりして大変だった。撮影が延びすぎて予算オーバー、とても会社が面倒みきれねぇってわけだ。でも浦山は粘りに粘って撮りましたよ。そこはイマヘイゆずりの粘りだね。細かいことは忘れちゃったけど、とにかく小林トシエが、浦山に相当叩かれてたのは覚えてる。すごいんだよ、その叩き方が。彼女はまだまったくの無名で、小沢がいた俳優小劇場から発掘されたんだ。彼女が窓から落ちる場面があって、その落ち方がヘタだってんで、ウラ公にコテンパンに叩かれてた。そこは何だかすごくよく覚えてる。でも彼女はよく頑張ってましたよ」

悪役稼業も板に付き

一九五九年には本拠地の文学座で正式に座員となるが、六〇年代に入ると映画出演がぐんと多くなる。『豚と軍艦』に出演した六一年は、黒澤明監督『用心棒』のほか、松山善三監督『名もなく貧しく美しく』、宍戸錠主演の日活アクション『海の勝負師』『ノサップの銃《ガン》』、鈴木清順監督のボクシング映画『百万弗《ドル》を叩き出せ』など、公開作が目白押し。

「確かにこの頃から映画が増えるんだけど、ワンシーンとか悪役が多かったからね。日活のアクションものはほとんど悪役。小沢も殿山泰ちゃんも西村晃も、芦田伸介だってみんな悪役だった。当時のデタラメな無国籍ものなんて、今のご時世じゃ作れないでしょ。くだらないけど、今観るとバカバカしすぎて楽しいかもしれないね」

朋友・今村昌平監督『豚と軍艦』を皮切りに、加藤武が日活映画にたびたび登場し始めたのが一九六一年。この年だけでも八本に参加している。

とりわけ〈早撃ちエースのジョー〉こと宍戸錠主演のアクション活劇にはすっかりおなじみの顔となり、麻薬密売組織のボスだの、中国人マフィアだの、土地の乗っ取りをたくらむヤクザだのと、そのコワモテと胴間声《どうまごえ》を存分に活かした、にっくき悪役に次々と扮していた。もちろんどんなにスゴんでみせたところで、結局はあっけなくジョーに倒されるのがお約束。時にはジョーと荒っぽい友情を交わし合うような役どころもなくはないけれども。

「やっぱり前の年に出た黒澤さんの『悪い奴ほどよく眠る』の影響だったのかな、なんだか急に映画からお呼びがかかるようになったんですよ。ま、でもこのツラでしょ、日活アクションものはどんなのが来たってほとんど悪役なんだから。ハハハハ！　悪だくみばっかりのうえに、まず毎回、かわいい娘と見りゃ力ずくでヤッちまおうって寸法だ。

で、だいたい錠さんはじめカッコいい主役にノされて終わり。錠さんとはその後もテレビシリーズ『警部マクロード』の吹き替えなんかも一緒にやってたけど、明るくって周りに気配りしてくれる人だから、現場は楽しかった。それにあのアクション、身体のキレは見事でしょ。ぬかりなく鍛えてたからね。ああいうのを〈ゼニのとれる身体〉って言うんですよ」

悪役続きのおかげで、町を歩けばそのスジのお兄さんたちから声援?を送られることもしばしばだった。

「仲間うちみたいな気分になるんだろうね。荒っぽそうな輩と、あ、目が合っちゃったな、なんて思うと、意外や〈よう、頑張れよ〉なんて励まされたりして。逆に映画で二枚目やってた人たちは、町でホンモノのおっかない連中に因縁つけられたりしたらしい。役の設定だとしても、女にモテまくる二枚目なんて癪《しやく》だもんね。そういうときはこのツラでよかったと思うけど、たまにはモテる色敵《いろがたき》だってやりたかったよ！」

出演映画の役どころがそこまで町を行く人々にも浸透していたのだから、映画という娯楽が日常生活に占める影響力は、現代とは比べものにならなかったことがよくわかる。

日本映画を支えた新劇俳優たち

当時の五社協定の縛りを受けない新劇俳優たちは、映画会社を横断してさまざまな監督の作品に出演し、娯楽映画から文芸大作まで、日本映画の屋台骨を支えていた。早くから映画界でも活躍していたのは、文学座の杉村春子、宮口精二、三津田健、中村伸郎、俳優座の東野英治郎、小沢栄太郎、東山千栄子、民藝の滝沢修、宇野重吉、北林谷栄、森雅之（はじめは文学座、後に新派に移籍）といった名優たちだ。

「文学座では杉村さんだけが映画で早々に売れたの。中村さんはもともといいとこのお坊っちゃんだから生活に困ることはなかっただろうけど、三津田さんや宮口さんだって、映画で売れるまでは食うや食わずで、いつも一張羅でね。

映画はギャラがよかったから、文学座のアトリエ（五〇年完成。稽古場兼実験的小劇場で、現在も公演が行われている文学座の拠点）は、杉村さんのギャラの何割かで建ったようなもんですよ。俳優座劇場（五四年開場）は東野さんと小沢さんが悪役で稼いだお金を惜しみなく注ぎ込んで建てたって評判だったし、当時の新劇の人たちはすごいよね。芝居のためなら文句も言わず、どんな映画にも出まくってた」


杉村がハンセン病患者を演じた豊田四郎監督『小島の春』（四〇年）は、少女時代の高峰秀子が杉村の芝居に感動し、演技開眼した作品として知られる。その高峰が、作家林芙美子の自伝的映画に主演したのが、成瀬巳喜男監督の『放浪記』（六二年）だ。

これに先立つ菊田一夫の脚本・演出による舞台版（六一年初演）は森光子の生涯の当たり役となったが、貪欲な懸命さで観客の共感を呼ぶ芙美子像をつくり上げた森とは異なり、高峰は人間の醜さもあざとさもむき出しのまま、貧乏のどん底から流行作家にのし上がる〝嫌な女〟として演じた。おそらく実際の芙美子はこちらに近かったのでは、と思わせる迫力だ。森との芙美子像の違いが実に興味深い。

加藤はこの『放浪記』で成瀬映画に初出演。伊藤雄之助らと共に、芙美子を取り巻く文学仲間の一人を演じた。ちなみに麻布時代の同輩で知的な二枚目で鳴らした仲谷昇も映画出演が多いが、本作では芙美子が最初に惚れるインテリの優男役。芙美子と二人で暮らす部屋にぬけぬけと美女の草笛光子を連れ込むという、しょうもない二股男である。

高峰秀子がボソッとひと言

高峰が主演し、夫の松山善三が監督した『名もなく貧しく美しく』にも加藤は出演していたが、高峰と現場で顔を合わせるのは『放浪記』が初めてだった。

「このときは宝塚映画でね。宝塚の撮影所って、劇場と温泉と遊園地くらいで、周りには何にもないんですよ。初めて成瀬さんのセットに大緊張で入っていって〈よろしくお願いします〉って言ったら、キャメラの横に座ってた高峰さんがじーっと俺のこと見て、〈あ、日活の悪役が来た〉って。ボソッとひと言だけ。ひゃー、参った。よく観てんだね。あとはもう全然、口もきかない。黙ってスッと行っちゃった。余計なことは何も言わないけど、鋭くて面白い人だよね、高峰さんは。

中村メイコから聞いたのはね、やっぱり成瀬さんの映画だったかな、撮影が長引いて、天下の二枚目の上原謙さんが、さすがにくたびれてしゃがんでたんだって。そしたら高峰さんが〈しゃがみ上原〜、しゃがみ上原〜〉って。ニコリともしないで小声で呟いたんだって。もう大ウケ。あと仲代達矢から聞いたのは、成瀬さんの映画で仲代が高峰さんを殴らなきゃいけないシーンがあって、高峰さんが〈ぶっていいよ〉って言うから本当にピシャーッと引っぱたいたら、ぶたれたまんま〈……芝居はヘタだけど力あるんだねぇ〉って。そのままスーッと行っちゃったんだってさ。おっかしいよねぇ。

高峰さんは書くものもすごく面白かった。自伝の『わたしの渡世日記』も、週刊誌の連載から読んでましたよ。本当は女優業が嫌いだったんだよね。でも養母から親戚からみんなを養うために、イヤイヤやってた。幼い頃から稼いだ金を寄ってたかってむしり取られても、なんだかんだ言いながら養母のことは最後まで面倒みたんだから、偉いと思うよ。とにかく芝居がうまくて、文才もあって、頭がいい人だった」

カトウ違いの人格者・加東大介

高峰秀子のひと言がしっかり聞き取れるほどに水を打ったような成瀬組の現場の静けさは、黒澤組にも相通じるものがあった。

「本当に監督によって現場の空気はまるっきり違うからね。黒澤さんは前も言ったように〈道場〉だから、シーンとしていて背筋が伸びる。市川崑さんは、やんわりとして和気あいあい、冗談の飛ばし合い。川島雄三さんはもちろん、面白おかしくてね。浦山桐郎や中平康は、ちょっと破滅的。二人とも飲んだくれでしょ。浦山はいいヤツだけど、俺とはしょっちゅうケンカ。

中平は破滅型の最たるもん。でも面白い映画を撮ってたね。『月曜日のユカ』（六四年）じゃ、俺はあの跳ねっ返り女優、加賀まりこの〈パパ〉だもん。な～にが〈パパァ～〉だよ、へへへ、我ながら笑っちゃうよ」

『用心棒』での加藤は、眉毛がつながった加東大介の手下で、見るからに単細胞そうな乱暴者の小悪党として登場。相方の西村晃とつるんで、東野英治郎の居酒屋で飲んだくれてはクダを巻く。

「加東さんはもう、ホントにい～い人でねぇ。このときの加東さんは山茶花究《さざんかきゅう》さんがやった丑寅の弟で、ものすごく残忍な役だったけど、ご本人は残忍でも何でもない、とにかくいい人なんだから。俺のほうは相変わらず、黒澤さんに怒られっぱなし。

あるとき、黒澤さんがイントレの高いとこから〈加藤――――っ！〉って俺のこと怒鳴るんだ。そしたら加東さんが、〈すいませ～んっ！〉って謝ってくれちゃった。〈違うんです、私です！〉って加東さんに平謝り。カトウ違いもいいとこだよ。それくらい、いい人だった。

しかも芝居も踊りも、唸るぐらいうまくてね。僕は前進座も大好きで、加東さんが市川莚司《えんし》と名乗ってた、戦前の前進座時代から観てるんですよ。加東さんは赤紙が来て応召したんだけど、そのときの軍隊経験をご自分で書いたのが『南の島に雪が降る』。私もテレビ版に出ましたけどね。南国の戦地なんて何の楽しみもないわけだから、部隊の中で即席劇団を作って芝居

『用心棒』のオフショット（加藤武個人蔵）

をやったら大評判。芝居で紙の雪を降らせると、雪国出身の兵隊が〈ああ、雪だ！〉って懐かしがった……っていうね。加東さんらしい、とってもいい話。

そいで戦後は前進座には戻らないで、映画に行っちゃったの。黒澤さんの『七人の侍』ももちろんいいけど、成瀬さんの、クリーニング屋のおっさんなんて実によかった。田中絹代さんが出た『おかあさん』ね！　加東さんの人柄がにじみ出て、味わいがあったなぁ。お姉さんの沢村貞子さんも、姉弟そろってうまくて、人がよくて。二人のお兄さんが沢村国太郎さんで、その息子たち、つまりは甥っ子が長門裕之と津川雅彦だ。だけど加東さん、病気で早くに亡くなられてね……。本当に残念だったねぇ」

加東の遺作は、倉本聰脚本による初期の名

作テレビドラマ『6羽のかもめ』(七四〜七五年)。淡島千景、高橋英樹、長門裕之ら芸達者が弱小劇団の役者を演じる業界もので、加東は役者たちのためにテレビ局を奔走する劇団のマネージャー役。体調不良をおして最後まで出演を続け、回を追うごとに明らかに病みやつれていく様子は、胸を衝かれるものがある。とことん気遣いの人であったというその人柄を知れば、なおさらだ。

映画と舞台の狭間で

こうして六〇年代に入ると映画の仕事が急増したものの、加藤は年に数本の舞台には必ず出演していた。一一本の映画に出演した六一年も、文学座でテネシー・ウィリアムズの『地獄のオルフェウス』、シェイクスピアの『ジュリアス・シーザー』などの舞台に出演。もっとも、せりふや出番の多い役どころは時間的にもやはりなかなか難しく、文学座で杉村の相手役をばんばん任されるようになっていた早稲田の同級生、北村和夫にはかなり水をあけられる格好となった。

黒澤映画の傑作と文学座の激震

現実の事件を誘引？

加藤の映画出演がぐんと増えた一九六〇年代。硬軟とりまぜ多彩な映画に呼ばれたなかでも、とりわけ社会的にも大きな話題を呼んだ出演作が、黒澤明の『天国と地獄』（六三年）である。エド・マクベインの小説『キングの身代金』に触発された黒澤が、「誰がさらわれても脅迫が成立する」ことに着目して作り上げたサスペンス映画の傑作だ。

前半は室内のみで展開される完全な舞台劇、後半は一転、犯人と捜査班との攻防が描かれる構成の鮮やかさ。勘違いから誘拐された運転手の息子のために巨額の身代金を支払う三船敏郎の覚悟に、刑事の仲代達矢でなくとも胸熱くなってしまう。丘の上にそびえ立つ豪邸に筋違いの憎悪をたぎらせる犯人（山﨑努）の、格差社会の被害者ヅラした稚拙な言い草が虚しい。

加藤武のお手製カバーつき『天国と地獄』台本

映画公開直後には、戦後最大の誘拐事件と言われた「吉展《よしのぶ》ちゃん事件」が発生。警察の失態からまんまと身代金を奪われ、犯人も取り逃がす。残念ながら吉展ちゃんは誘拐直後に殺害されており、後に逮捕された犯人が『天国と地獄』の予告篇を観て犯行を思いついたと供述したことから、フィクションが現実社会に与える影響力の大きさが物議を醸した。

加藤は、仲代率いる捜査チームの中心メンバーとして、〝ボースン〟（水夫長）こと入道頭の石山健二郎（坊主頭ゆえに〝ボウズ〟と呼んでいるのかと聞き違えていたが、舞台である港町横浜にちなんだ呼び名だった）、若手の木村功と共に事件を根気よく追う刑事を演じた。

もちろん本作の白眉として語り草となっているのは、実際に走行中の特急〈こだま〉を舞台にした、手に汗握る身代金受け渡しシーンだ。事前に地理、車両の設計図を調べ上げ、国鉄の全面協力も取り付けたうえでの大がかりな撮影だった。

「品川の操車場で入念にリハーサルをしましたよ。停まってる〈こだま〉の中でね。で、当日は臨時ダイヤを組んで、熱海まで貸し切り走行の一発勝負。東宝の撮影所じゅうのキャメラマンを総動員ですよ」

一発勝負の撮り直し

身代金が入ったカバンを抱えた車中の三船に、犯人から呼び出し電話が入る。国府津《こうづ》を過ぎ、小田原の手前にある酒匂《さかわ》川の土手で子供の姿を確認したら、鉄橋を渡り切ったところでトイレの窓からカバンを投げろという指示だ。

当時の最先端を行く冷暖房完備の〈こだま〉は客車の窓は開閉しないが、トイレの窓だけはわずかな隙間が開けられる仕組みになっていた。犯人がカバンの厚さを指定したのは、車両の構造を熟知していたからだ。浮き足立つ捜査チーム。三船も仲代も顔はこわばり、目が血走っている。石山は先頭車両、加藤は最後尾車両からそれぞれ8ミリを回して録画、木村は車窓から写真を撮る役割を担った。

「そりゃもう大緊張よ！　ただでさえ緊張する黒澤組なのに、一発勝負だから、段取りは一切間違えられない。役者一人に二台ずつキャメラがついてね。最後尾車両の俺のチーフについたのは成瀬さんのキャメラマンだって言ってた。黒澤さんは三船さんと仲代のところに張り付いてましたよ。あの緊張感ったらなかった。

でもどうにか無事終わって、みんなで〈ああ終わった、よかったよかった〉って言い合ってたわけ。そしたら助監督のご注進で、なんと私についてたキャメラが回らなかったたって言うんだ。サブキャメラは回ってたんだけど。黒澤さん、〈エーッ!?〉って、すげぇ顔してた。そりゃそうだよね。

で、後で俺だけまた撮り直し。最後尾から8ミリ回すシーンだけだけど、おんなじ緊張感を二度味わった。だけども画面が繋がってみたら、どこをどう繋げたのか全然わからない。あれにゃあ驚いた。それにしても、臨時ダイヤを組んじゃったっていうのがすごいよねぇ。エキストラもみんな乗っかって。今の新幹線だったらあり得ないいんじゃない？」

この一発勝負の撮影時には、先頭車両の〝ボースン〟石山も緊張のあまり芝居の段取りを間違えていたが、そちらは編集処理することでギリギリセーフとなった。

まことしやかな黒澤伝説

もうひとつ『天国と地獄』の身代金受け渡しシーンで〈都市伝説〉と化しているのが、鉄橋のたもとに建っていた民家がどうしても邪魔で、黒澤の命令で家ごとツブしたという逸話だ。実際には家の二階部分を一時的に取り壊し、後に大工が復元しているのだが、一時的にせよ「お宅の二階を撮影のために壊させてください」とは普通は言わない。

「まぁ、黒澤さんなら家まるごとでも壊しかねないもんね。よく衛星チャンネルとかで黒澤さんの映画を特集してるでしょ。自分が出てる、出てないにかかわらず、つい観入っちゃうんだけど、観るたんびに感動するんだ。だいたい今、あんな映画づくりを誰もしてないし、出来ないですよ。何度も言うように、兵隊1だろうがどんな端役だろうが、絶対に手を抜かない。ほぼ黒澤さんが描いた絵コンテのイメージ通りになるし、またその通りにしないと気が済まないんだね。あの人のイメージを再現させるために、脚本家とも音楽家とも徹底的にやり合う。

早くに亡くなった音楽の早坂文雄さんとか、後で別れちゃった脚本の小國英雄さんは残念だったよね。キャメラマンのコンビもいろいろだけど、『羅生門』や『用心棒』の宮川一夫さんといえば、名キャメラマンでしょ。黒澤さんはあの長い脚をパーッと開いてキャメラを覗くのがまた格好よくて、普段はしょっちゅう覗いてたけど、『用心棒』ではさすがに宮川さんのキャメラは覗かなかったですよ。少なくとも俺は見たことない。ただし、実際に使ったフィルムはほとんどサブでついてた斎藤孝雄さんのキャメラだったらしくて、宮川さんがちょっとおかんむりになったって聞いたことある。我々素人が観てもわからないけども」

三尺下がって師の影を踏まず

加藤も『天国と地獄』で黒澤作品には六本目の参加となった。もはや立派な黒澤組メンバーである。黒澤組では撮影後などに監督と食事をする機会も多かったようだが、加藤はどうしていたのか。

「いやいや、仕事以外はなるべくそういう場に行きたくないね。だってコワいんだもん！　最後に出た『乱』（八五年）のときになると、監督と会食の日があってね。いいホテルでご馳走が出るんだけど、食べても飲んでも、とてもじゃないけど酔っぱらえないですよ。もともと俺は飲めないタチだけども、延々と監督のお話を拝聴するわけ。ま、つまんない話じゃないんだけど、三時間くらいしてやっと解放されると、みんな宿屋に帰ってもういっぺん飲み直し。

仲代は黒澤さんと麻雀したりしたらしいけど、大変だなぁ、よく付き合うなぁと思ってましたよ。俺は会食だけでくたびれちゃう。今日は会食って日は憂うつになってね。迎えのバスに乗ると、屠所《としょ》にひかれる羊みたい。普段の付き合いはまったくありません。三船さんとか皆さんは正月に黒澤さんのお家に行ったりしてたみたいだけど、そんなこと、私にゃとてもできなかった。三尺下がって師の影を踏まず、だ」

加藤が『乱』で久々に黒澤作品に出演したのは、『天国と地獄』以来、二〇年以上ぶりのこと。武将の畠山小彌太として常に馬上で過ごした。

「一日中、馬に乗りっ放し。兜も被りっ放しで、馬の上でお弁当食べさせられたりね。おしっこ行くときは降ろしてくれたけど。撮影は九州の久住高原と、いつもの御殿場。馬に乗るのは好きだったけど、このときに馬から落ちて骨折して、いまだに手が回り切らないんですよ。

まぁでもねぇ、やっぱり僕は黒澤さんの娯楽劇が好きなんだよね。『七人の侍』とか『用心棒』とか。三船さんが主役で、理屈なしの面白さ。ああいうのはたまんないよ！　三船さんと黒澤さんが別れちゃったのは不幸だったけど、きっと両方で寂しがってたんじゃないかな。両雄並び立たずなのか……本当に残念ですよ。でも、そんな黄金時代にかろうじて間に合ったのは、嬉しいことでしたねぇ」

演劇界を揺るがす大事件

『天国と地獄』が公開された一九六三年、一方の演劇界は歴史に残る大事件に見舞われた。加藤が所属する新劇の老舗、文学座の二度にわたる分裂騒動だ。

『乱』畠山小彌太役の加藤武（加藤武個人蔵）

現代では演劇の上演形態も様々で、小劇場演劇から企画ごとに俳優やスタッフを集めるプロデュース公演、歌舞伎や狂言などの伝統芸能系、女性だけの宝塚歌劇団、自前の劇場を日本全国に持つ劇団四季、人気アニメやゲームから誕生したユニットなど、まさに群雄割拠状態。

ゆえに、一劇団の分裂騒動がそこまで大事件に発展したという事態は想像しにくいかもしれないが、当時は文学座（三七年結成）、俳優座（四四年結成）、劇団民藝（五〇年結成）を代表とする新劇団が、演劇界において一大潮流を占めていた。わけても、最も古い四半世紀の歴史を誇る文学座から大量の脱退者が出たことは、新聞でも大きく扱われる大ニュースとなったのだ（というよりも、新聞のすっぱ抜きから脱退→新劇団結成の計画が一気に明るみに出た）。

ちなみに、アングラの旗手となる唐十郎が状況劇場の前身となる劇団を旗揚げし、本邦初のブロードウェイ・ミュージカル『マイ・フェア・レディ』が江利チエミと高島忠夫の共演で翻訳上演されたのも、ちょうど同じ六三年。日本の演劇界は、確実に新たな胎動が始まっていた。

この事件は文学座の創設メンバーで、劇団を背負って立っていた看板女優・杉村春子にとって最大の試練であり、もちろん加藤にとっても忘れようにも忘れられない出来事となった。

「あれは忘れもしない、『天国と地獄』の撮影中だった。（分裂の）一年くらい前から造反の計画はあったんですよ。俺は何となく動きでわかっていた。可哀想なのは杉村さんだよ。まるっきり劇団の人たちを信じてたからね。よっぽど杉村さんに駆け込みをしようかとも思ったけど、ご注進なんてしたら、今度はこっちが末代までの恥辱ですよ。

わかってたけど、口が裂けても言えなかった。もっとひどい裏切り者になっちゃうもの。だから俺は黙って、腹ん中に納めてたの。逆に杉村さんに言えないってことがもうね……、本当に辛かったですよ」

第三章

杉村春子と文学座の分裂

文学座分裂騒動

大量脱退計画のすっぱ抜き

一九六三年一月一四日、月曜日の毎日新聞朝刊社会面トップに、大見出しが躍った。

〈文学座が分裂／芥川比呂志　岸田今日子ら脱退／きょう発表／劇団「雲」結成へ〉

毎日のスクープだ。文学座に一時期所属し、芥川主演の『ハムレット』など、シェイクスピアの翻訳・演出でも華々しく活躍した文芸評論家の福田恆存《つねあり》の主導によって、文学座の中堅・若手二九名が正式脱退。〈より大きな構想をもった芸術上の動き〉を目指す福田のもと、新たな劇団を立ち上げるというものだった。

杉村春子にとっては、まさに寝耳に水。掲載前日に記者の直撃を受けて初めて事態を知るありさまで、ひどく取り乱したものの、記事には一見冷静な杉村のコメントも載った。

〈世帯が大きくなると不満をもつ人たちが出てくるのも当然です。脱退した人たちは福田さんのお仕事に魅力を感じたのでしょうから仕方がないと思います。体質改善は長いことかかるも

のです。私たちもこれを機会に逆の体質改善ができるわけですから、そんなに心配していません〉

脱退メンバーは芥川、岸田のほか、小池朝雄、内田稔、神山繁、高橋昌也、三谷昇、加藤治子、文野朋子、名古屋章、山﨑努といった面々だ。加藤武の麻布時代の同級生・仲谷昇は、脱退を計画した中心メンバーの一人だった。新聞の見出しに名前が載ったこともあって芥川が一連の主導役を果たしたかのように受け止められたが、実際のところ病気入院中だった芥川は直前に計画を知らされ、急きょ参加を決めたという。

「一年くらい前から、計画は着々と進められていたわけ。文学座ではほとんど杉村さんが芝居の中心だったから、配役とか演目とか、処遇に不満があった人たちもいたんだろうね。福田さんは芥川さんと組んで次々にヒットを飛ばしたけど、杉村さんと意見が合わなくて、分裂事件の五年くらい前に文学座を辞めたんですよ。でも切れ味鋭いインテリだし、新劇のあるべき姿は、なんてことを盛んに役者たちに説いていて、影響力は大きかった。

俺はうすうす動きに気づいてたけど、北村和夫はかなり初期のころから、造反グループに誘われてたんです。北村がまた優柔不断な男でね、あちら立てればこちら立たずで、右顧左眄《うこさべん》。ちっとも態度が定まらない。それで苦しくなって、俺にだけは打ち明けたんですよ。そうなるとこっちは責任重大だ、杉村さんに言いたくたって、タレコミなんてできないもの。あいつも俺に言わなきゃいいのに、と恨めしかった」

それだけ北村から頼りにされていたのだろう。加藤には脱退組から誘いはなかったのか。

「直前に声をかけられたよ。すっぱ抜きの一週間くらい前だったかな、〈来る？〉って。だけど冗談じゃない、俺は最初っから行くつもりはなかった。だって杉村さんのこと好きだもの」

可愛がった後輩の裏切り

毎日のスクープによって、同日、急きょ脱退組は会見を開き、文学座理事の中村伸郎には正式な脱退届が提出された。ところが当時、東京の第一生命ホールでは文学座の『クレランバール』が上演中で（毎日新聞本社にも近かったため、スクープの裏取りには好都合だった）、幹部の杉村、中村のほか、数人の脱退メンバーも出演者に入っていた。

「そんな芝居、あり得ないよね。昨日の友は今日の敵なんだから。しょうがないから造反組とは楽屋を別にして、公演を続けたんです」

この舞台にも出演していた北村は、迷いに迷った挙げ句、残留を決めた。だが、同期で座内結婚していた当時の妻・佐野タダエは脱退組に。夫婦で別々の道を行くことになったのだ。そのほかにも脱退者二九名中には岸田今日子・仲谷昇をはじめ、夫婦が七組含まれていたが、夫婦で足並みが揃わなかったのは北村・佐野夫妻だけだった。

「結局、北村はそのあと奥さんとは別れちゃった。やっぱり杉村さんを裏切れなかったんですよ。だけど、残るにしたって決然としたものがないんだよねぇ。北村がビシッとしてりゃ、奥さんを引き留めることだってできたかもしれない。まぁ、それがあいつの人の好さっていえば人の好さなんだけどね。

辞めてった人たちへの杉村さんの怒りは、それは凄まじいものがあった。新聞にはああいう落ち着いた談話が載ったけど、実際は、はらわたが煮えくり返ってたわけでしょ。落ち込むなんてもんじゃない、生涯、辞めた人たちを許しませんでしたね。それはそうだと思う。何の前触れもなく、後ろから袈裟《けさ》懸《が》けされたようなもんだもの。志はともかく、やり方が卑怯ですよ。俺も仲谷とは中学からの友達だけど、その後は口もきかなかった。いわんや、あとの連中となんてね。俺も頑固にこだわるほうだから、融通が利かないんだ」

杉村が文学座内で自分の後継者とも目して可愛がっていたのが、文野《ふみの》朋子だ。だが文野は夫の神山繁と共に脱退、劇団雲の設立に参加した。

「文野さんは、とってもいい女優さんだったの。僕は好きだったね。『欲望という名の電車』

でも、杉村さんのブランチ、北村のスタンレーに、文野さんのステラが一番良かった。杉村さんもとりわけ目をかけてね。それが後足《あとあし》で砂かけるようなことになっちゃったわけでしょ。杉村さんはものすごいショックを受けてた。

でも、文野さんも辛かったと思うよ。ほかの脱退した連中はどう思ってたか知らないけど、彼女自身は本当に杉村さんを尊敬してたし、辞めたくなかったんだと思う。だけど、旦那の神山についていった。神山は技術研究生で文学座に入った僕の同期。文野さんは正直で真面目な人だったから、それからずっと杉村さんに負い目を感じてたんじゃないかな。

分裂事件のあと、大船かどこかの撮影所で杉村さんと鉢合わせしちゃったことがあって、文野さん、真っ青になっちゃったんだって。杉村さんは文野さんから挨拶されても目も合わさず、ひと言も返さなかったそうだしね。後に文野さんは、『ガラスの動物園』の舞台中に倒れて、わりと早くに亡くなったの。杉村さんの気持ちもわかるけども、文野さんも辛いよねぇ」

杉村春子の人間不信

同じ年には後述する文学座第二の分裂事件が持ち上がるが、杉村春子の人間不信は、この最初の分裂時に決定的なものとなった。

「そう、まさしく人間不信。杉村さんはあれ以来、劇団内のどんな女優にも、目をかけることは絶対になかったと思う。たとえ太地喜和子《たいちきわこ》が出てきたときでもね。自分は自分、生きているかぎりは自分がやりたいことだけをやる、と決めたんじゃないかな。心の中は〈自分一代〉というつもりだったと思いますよ。

うちの女優はね、ある時期になると、みんな杉村さんに似てくるんです。せりふまわしから何から。あるときインタビューで杉村さんが訊かれたの。〈文学座の女優さんたちは全員杉村さんに似てるって言われてますが、ご当人はどう思いますか〉って。そしたら〈いいんじゃない？　ま、あたしが言うのもあれですけど、一生懸命、憧れてる人のマネをして似るのは、そりゃいいでしょ〉って。〈ただし、〉と、ここからなんだよ。〈あるときまで来たら、自分のものを作んなきゃ〉って。

俺が『鹿鳴館』のときに〈あんたの芝居は全部借りもん〉と言われたこととまったくおんなじ。いつまでもマネだけじゃだめなんだ」

文学座の女優たちに対する一線の引き方とは裏腹に、杉村は外部公演や映像で共演した女優たちには優しく接したようで、芝居について乞われれば惜しみなく教えていた。

「森光子さんとか、民藝の奈良岡朋子さんとかね。〈先生、先生〉って杉村さんを慕う女優さんたちはたくさんいましたよ。水谷良重《よしえ》（現・二代目八重子）なんかもそう。その点、文学座では……、分裂事件のあと、杉村さんにはそもそも〈文学座のために〉という思いがあったのかどうか。自分を最後までまっとうする〈場〉として考えていたような気もする。これは言い過ぎかもしれないし、あくまで僕の推論だけれども」

キーパーソン・三島由紀夫の登場

この文学座の危機に発奮したのが、一九五六年から福田恆存の退座と入れ替わるようにして文学座に加わった三島由紀夫だった。座付作者として『鹿鳴館』『薔薇と海賊』『十日の菊』などの戯曲を次々に書き下ろしていた三島は、小説家としてのみならず、劇作家としても確固たる評価を築いていた。同年代や若い文学座の俳優たちとも親しく付き合っていたが、造反の動きについては知らされていなかったらしい。

大量脱退者が出たあと、即座に文学座再建のためのスローガンをぶち上げるなど、ピンチをチャンスにとばかりに意気軒昂だった。そこには福田への対抗心も潜んでいたのではないかと見る向きもある。

「三島さんは、最初は本当にひ弱な青年だったんだよ。それが途中からボディービルやら剣道やらやり出して、どんどん変貌していった。ガキ大将みたいな人だから、なんでも三島さんが号令かけて、俺たちも座内のボクシング部に入らされたりしてね。だから三島さんの変貌ぶりはよく見てる。劇作家としては『鹿鳴館』を代表として、芸術の香りふくよかなイメージでしたね。第一次分裂のときにはかなりバックアップしてくれて、文学座側に立って、脱退組とやり合ったりもしてくれたんです」

三島由紀夫による華麗なせりふに彩られた文学座『鹿鳴館』。
左から北村和夫、杉村春子、長岡輝子、丹阿弥谷津子、中村伸郎（1956年／写真提供：文学座）

〈劇の確立〉〈西欧演劇の伝統の再確認〉〈歌舞伎に於ける写実的台本の再評価〉を旗印に文学座の再出発を図ろうとした三島は、早速、分裂後の新作としてプッチーニのオペラで有名な『トスカ』を芝居として取り上げる。

三島いわく、〈どうしてこんな骨董品を引つぱり出して来たかといえば（略）西洋の芝居というものを日本人の目に神聖化し神秘化して来た、新劇の変な伝統をぶちこわしたいからである。西洋にだつて日本の「お芝居」に当るものがちやんとあつて、こういうものに反抗して、写実劇や、心理劇が出て来たという筋道を、はつきりさせたいからである〉（東京労演機関紙）。杉村がタイトルロールを演じるこの芝居には、加藤も悪役スカルピアにキャスティングされた。

ところが『トスカ』の開幕を一カ月後に控えた五月初旬、凶事が続く。文学座創設以来の三幹事の一人、久保田万太郎が急逝したのだ。『女の一生』の地方公演中に届いた突然の訃報だった。画家・梅原龍三郎邸の食事会に招かれ、普段口にしない赤貝を喉に詰まらせたという。

さらにこの年、文学座は第二の激震に襲われる。その震源は、第一次分裂で文学座のために奔走した、三島由紀夫その人であった。

三島由紀夫と文学座の蜜月

文学座のアトリエ公演で『近代能楽集』の一作『邯鄲《かんたん》』が初めて取り上げられた一九五〇年以降、三島が文学座に提供した戯曲は一〇作を超える。特に杉村主演で五六年に初演された『鹿鳴館』は空前の大ヒットとなり、森本薫作『女の一生』と並ぶ文学座の代表作として、繰り返し上演される大切なレパートリーとなっていた。『卒塔婆小町《そとばこまち》』や『葵上《あおいのうえ》』などの『近代能楽集』も、今なお海外でも評価が高い人気演目だ。

自作『鹿鳴館』には職人役で登場、修辞を担当したラシーヌ作『ブリタニキュス』では千秋楽だけ衛兵に扮したりと、役者稼業にも興味しんしん。岸田今日子主演『サロメ』では演出を手がけ、三島は文学座での演劇活動に、かなり前のめりにかかわっていたと言っていい。

分裂騒動の混乱が続く三月、文学座気鋭の演出家・木村光一によって新人を中心に上演されたウェスカー作のアトリエ公演『調理場』が評判を呼び、四〜五月には杉村を中心とする『女の一生』全国公演も各地で盛況となり、さらに三島の肝煎りで六月に翻案上演された『トス

文学座『トスカ』。左から加藤武、川辺久造、杉村春子（1963年／写真提供：文学座）

カ』は、「オペラの芝居化なんてバカバカしい」という下馬評を覆して、公演日程を延長するほどの大入りとなった。加藤にも待ちかねた出番が。

「分裂でみんないなくなっちゃったから、俺にもいい役が回ってきたんですよ。杉村さんのトスカに迫るスカルピア男爵！　それまで文学座ではほとんどがチョイとした脇役ばっかりでしょ。それがトスカの色敵役だもん、大抜擢ですよ。これはもう張り切りました」

コテンパンにされた「いつか来た道」

ところがこの芝居は、『悪い奴ほどよく眠る』で黒澤明からぎゅうぎゅうに絞られたときと同じように、加藤にとって「杉村さんにコテンパンに叩かれた」忘れられない作品となった。

「色敵だってんで、歌舞伎のメイクみたいな化粧して出てっちゃったの。もうその時点で思い違いだよ。そしたら杉村さん、びっくりしちゃって、〈なァ〜に、それは？　やり直してらっしゃい！〉って怒られて、先輩の女優さんに全部メイク直してもらったの。あらいわんや、芝居も正面切ったり、大げさにせりふを言ってみたり、まったく歌舞伎ふうなんだ。『鹿鳴館』で杉村さんに怒られたことがテンで身になってない。〈なァに、そんなに力入っちゃって。ヘンなとこで見得切ってるみたい〉って、全部芝居を直された。
いやぁ恥ずかしかった。今まで脇役の中でもちょいと小器用な芝居をしたり、そんなことばっかりやってたんだよ。翻訳物でも和物でも、自分が知ってる芝居を妄信して、猿まねしてただけなんだ。自分じゃ気づかないよ、いいと思ってんだもん。それを全部、杉村さんに削ぎ落とされた。さんざん叩かれて、いい勉強になりました。あのときあそこまで言ってくれなかったら、いまだにおんなじことやってたかもしんない。『トスカ』は非常に大きなポイントになった芝居です」

この公演で江守徹が初舞台を踏んでいる。大評判だった『調理場』は早くも再演が決定。分裂騒動から半年、創立者である三幹事の一人、久保田万太郎の急逝という訃報はあったものの、新しい息吹も着実に感じられ、文学座は心機一転、新たなスタートを切ったかに見えた。

第二の激震、『喜びの琴』事件

一九六三年秋、杉村春子は長岡輝子らと共に、ソビエト・ヨーロッパへの観劇旅行に出かけた。中国に立ち寄ってから二人が帰国したのが、一一月一八日。このとき文学座では、杉村は出演しない翌年一月の公演に向けて稽古が始まっていた。ところが三島の書き下ろしによるその新作『喜びの琴』について座内では大論争が巻き起こっていたのだ。

「俺も配役されてたと思うけど、稽古が始まるときに、みんなびっくりしちゃったんだ。それまで三島さんといえば『鹿鳴館』とか『十日の菊』とか、芸術的な〝芝居らしい芝居〟を書く人だと思ってたでしょ。でもあの作品はとっても思想的な匂いが強かったの」

『喜びの琴』の舞台は近未来の警察署。内閣が制定しようとしている「言論統制法」を巡って日に日にデモが激化、「ひょっとすると安保以上の騒ぎになるかも」という状況は、現代でも生々しく感じられる設定だ。反共思想を刷り込まれた若き公安巡査が、信頼していた上司に裏切られる。実はその上司は左翼政党の秘密党員で、純真な主人公は人間も思想も信じられなくなり、絶望の底で幻聴の琴の音が聞こえてくる——という物語だ。

主人公を裏切る上司が暗躍する事件が、一九四九年に起きた列車転覆事件「松川事件」を彷彿とさせるという点が、大きな議論の的となった。この事件で犯人として大量に逮捕された共産党系の労組員たちは、長い裁判の末、六三年九月に無罪判決が確定したばかりというタイミングだったのである。

「つまり、三島さんは暗に左翼的な思想を誹謗した芝居を書いたんじゃないか、ってね。稽古場は喧々囂々《けんけんごうごう》。僕自身はそもそも思想的に偏ってないところが気に入って文学座に入ったんだから、右も左もないんだ。それでもさすがに〈三島さん、どうしちゃったんだ?〉と思ったよ。出演者も男ばっかりで味も素っ気もないし、女は掃除のおばさんの役だけだもん。可哀想なのが杉村さんでね。この芝居とは関係ないんだけど、帰国したとたんに矢面に立たされた」

座員たちから意見を求められた杉村は、そこで初めて台本を読み、一一月二〇日に開かれた緊急総会で、文学座にはふさわしくないのではないかと「意見」を述べる。最悪の場合は三島との決別もやむなし、との姿勢だ。

この作品で唯一の女性役としてキャスティングされていた賀原《かはら》夏子は、〈杉村さんの帰朝を待って一挙に中止に持っていこうというやり方は実に卑怯千万〉(『新劇』六四年二月号)と憤ったが、文学座の創立メンバーで理事の戌井市郎は、〈結果はそうなってしまった〉(戌井著『芝居の道』)と認めざるを得ない状況となった。久保田万太郎亡き後、文学座三幹事で唯一残る岩田豊雄(獅子文六)は顧問に退いていたため、戌井は文学座を代表して「正月公演にはふさわしくないため上演を保留したい」と、三島に申し入れる任を負うことになる。

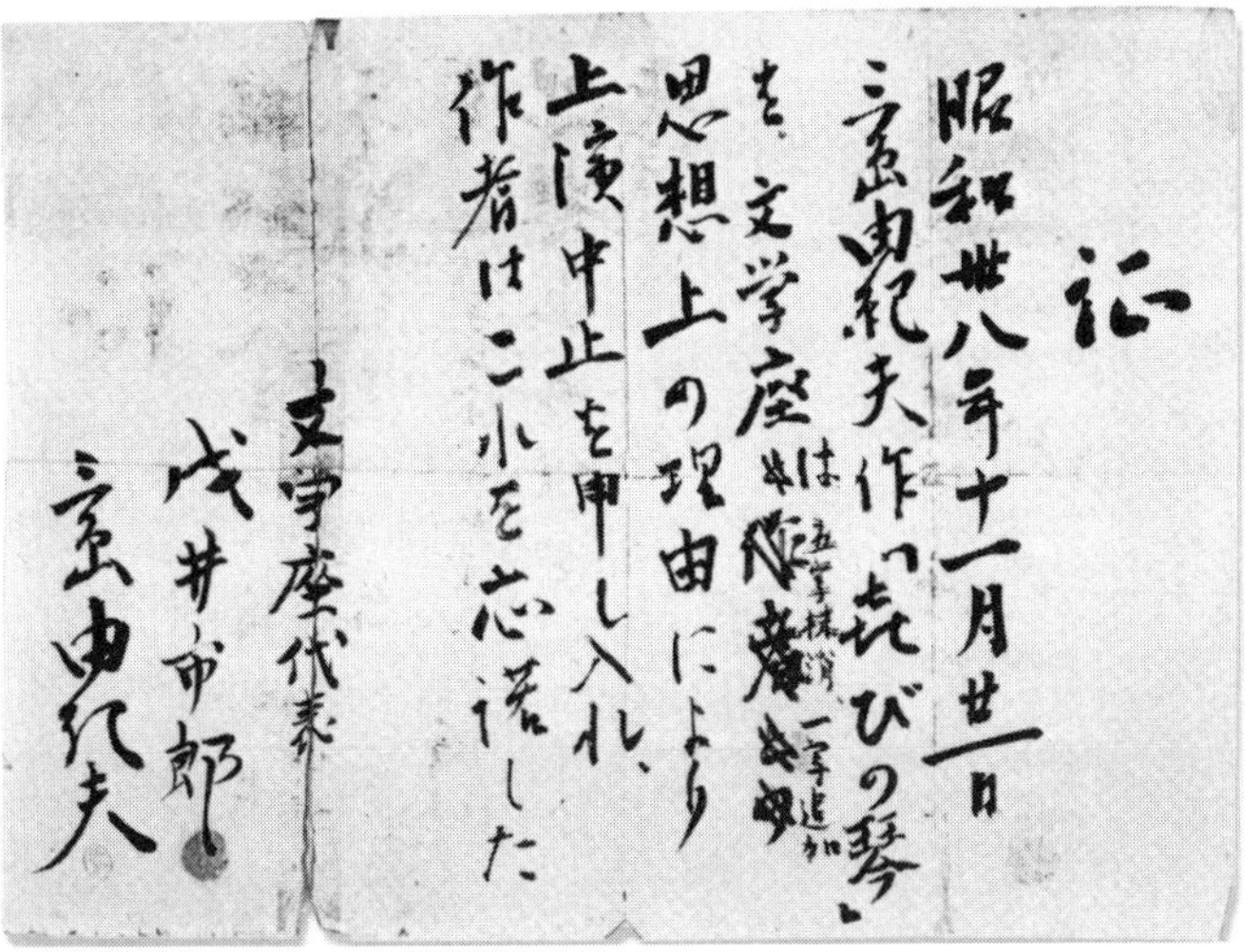
証
昭和卅八年十一月廿一日
三島由紀夫作「喜びの琴」を、文学座は思想上の理由により上演中止を申し入れ、作者はこれを応諾した
文学座代表
戊井市郎
三島由紀夫

三島由紀夫が文学座に突きつけた証書。戊井市郎の「戊」の字に注目（提供：文学座）

三島が用意した証書の一文

文学座の企画委員メンバーと共に三島邸を訪れた戊井の申し出を三島は了承するが、上演は「保留」ではなく「中止」とすること、そして三島が用意した証書に署名することを戊井に迫った。文面はこうだ。

〈昭和三十八年十一月二十一日　三島由紀夫作『喜びの琴』を、文学座は思想上の理由により上演中止を申し入れ、作者はこれを応諾した〉

戊井は三島に〈〝思想上〟の理由ではないと抗弁したが、三島氏は、物事の考え方という解釈もあるとして、訂正を拒んだ〉（『芝居の道』）という。そこで戊井は、とっさに署名の「戊」の字をわざと間違えて「戌」と記したものの、焼け石に水。加藤は戊井の心中を慮る。

「あのとき戌井さんは、三島さんから〈芸術上の理由〉〈興行上の理由〉〈思想上の理由〉の中から選べと言われて、〈興行上の理由〉だと言ったにもかかわらず、結局は〈思想上の理由〉にさせられちゃったんだ。戌井さんは大変だったと思うよ。ぐっとこらえてね……」

三島はすぐさま新聞に「文学座への公開状」を叩きつけた。

〈なるほど『喜びの琴』は今までの私の作風と全くちがった作品で、危険を内包した戯曲であろう。しかしこの程度の作品におどろくくらいなら、諸君は今まで私を何と思ってゐたのか。思想的に無害な、客の入りのいい芝居だけを書く座付作者だとナメていたのか。(中略)芸術には必ず針がある。毒がある。この毒をのまずに、ミツだけを吸うことはできない〉

(『朝日新聞』六三年一一月二七日朝刊)

戌井はこの公開状に対して、中止の理由は三島自身から提示されたものであり、〈この字句(「思想上の理由」)を理由に文学座の思想的偏向を指摘されるのは、偏見と曲解に過ぎはしないでしょうか〉(同一二月七日朝刊)と反論を寄せたが、もはや虚しい抵抗であった。

櫛の歯がこぼれるように再び分裂

今、客観的に『喜びの琴』の戯曲を読むと、前面に感じられるのは戌井も認める通り「人間の信頼と裏切り」という三島らしいテーマだ。そのうえで「どんな思想であれその有効性は認められない」と結論づけており、思想の正当性を問う内容とはいえない。

ただし、劇中の列車転覆事件については、現実に起きた事件の記憶も鮮やかな当時の受け止め方とは自ずと感覚が異なるため、一部の過敏反応だとも決めつけられない。六〇年安保闘争後の時代性もある。戌井の苦渋も無理からぬところだ。

「その翌年、浅利慶太が日生劇場で『喜びの琴』を上演したんですよ。パンフレットに、戌井さんが署名した例の証書が載せられちゃってね。あれには腹が立った。文句を言ってもしょうがないけども。でも三島さんの〈芸術には毒がある〉って言葉には、グサッと来たね」

結局この事件は何だったのか。座内の左傾ムードを危惧した三島が、芸術至上主義を掲げる文学座に突きつけた〝踏み絵〟だったのではないかという見方が強いが、後に長岡輝子にそう問われた三島は「見破られたか」と返したというから、おそらく見立ては近かったのだろう。

この騒動で三島は文学座を退座し、三島と親しかった劇作家の矢代静一、演出家の松浦竹夫も後に続いた。賀原夏子、南美江、丹阿弥谷津子、村松英子らの俳優もあわせ、最終的には一七名が脱退。その中には、創立メンバーの中村伸郎も含まれていた。

「徹夜の総会にはマスコミも押しかけて、異様な雰囲気だった。怒号が飛び交う中で、南さんが〈あー、これでもうダメだッ！〉って言った声を聞きましたよ。賀原さんもやめる決心をした。『忠臣蔵』の城明け渡しの評定じゃないけど、みんな決断を迫られてね。中村さんは少し経ってからやめると聞いて、俺も泣いて止めたけども、心は変わらなかった。出てく人は自由だし、後になればその気持ちもわかる。ただ、あのときに耐えたがために今日の文学座があるんですよ。そういう歴史も今はみんな知らないけど、僕は渦中にあったからよく憶えてる」

応接室の引っかき傷

分裂で始まり、分裂で終わった文学座の一九六三年。年に二度の分裂騒動というまさかの事態で、四半世紀の歴史を持つ新劇の老舗も形無しである。特に三島由紀夫にまんまとしてやられた第二次分裂では、幹部の中村伸郎までもが脱退した衝撃は大きかった。

翌年中村は、三島、賀原夏子、南美江、丹阿弥谷津子ら、第二次脱退組と共に「劇団ＮＬＴ」を設立。〈新文学座〉を意味するラテン語の頭文字を取った劇団名は、文学座の幹事だった岩田豊雄が名付け親になったのだからややこしい。つまりこの時期の文学座周辺は、解体と再編を繰り返していたわけだ。

「やっぱり役者っていうのは個々のもんなのかなぁ。劇団といったって、結束とか絆ではないんだよね。意見の違いはどうしようもない。それでも中村さんが辞めると聞いたときには本当にびっくりした。堅固な一枚岩だと思ってたからね。文学座の応接室に押しかけて、涙ながらに中村さんをかき口説いたんだ。〈辞めないでください、俺たち壊れちゃいます！〉って。ソファに座ったまんま詰め寄ったもんだから、ずれたソファの裏に釘が出てたみたいで、壁に引っかき傷がついちゃった。応接室には、ずいぶん長いこと三本筋の傷跡が残ってましたよ」

中村といえば名エッセイストでもあり、演劇界きっての知性派として知られる。数々の小津安二郎監督映画や、田宮二郎主演のテレビ版『白い巨塔』の東教授役など、映像も印象深い。医者、弁護士、会社重役といった、社会的地位と老獪さを併せ持つ役どころがぴったりだ。杉村春子、宮口精二、三津田健らと共に文学座を創成期から支えた幹部だが、重鎮というよりは、ひょうひょうとした軽みが真骨頂。ちょっと高めのハスキーな声で吐く皮肉の利いたせりふにシビレてしまう。

「中村さんは別役実さんの芝居のような、ちょっと不思議な作品に味わいがあってね。晩年は渋谷のジァン・ジァンで、イヨネスコの『授業』をライフワークにしてらした。ウィットがある人で、挨拶なんかとってもうまいの。

中村さんが文学座を辞めたあとに三津田さんと外部の別役作品で共演して、三津田さんが演技賞をとったことがあるんですよ。座内でやったお祝いの会に中村さんも来て、いつもの調子でお祝いの挨拶をしてくれた。みんな大ウケ。ところが、杉村さんだけは中村さんと目を合わせようともしないし、ニコリともしない。ひと言もしゃべらないんだ。すごいでしょ？　無視よ、無視！　杉村さんも徹底してるよね。長年の付き合いでもそういうものか、と思ったよ」

どんな理由があるにせよ、裏切り者は末代まで許さんと言わんばかりの頑なさ。杉村の辞書に〈恩讐の彼方〉という言葉はないに違いない。

「でも俺も杉村さんの気持ちはわかる。妙に御破算になっちゃうのがイヤなんだ。戌井（市郎）さんなんかは優しいから、辞めた連中にも寛容で、一緒に芝居もしてたけど。杉村さんは違う。わりと俺も似てるんだよ、そういうとこ。今はさすがにそんな意地は張らないから、辞めてった人たちとだって普通に話はするけどね」

その名を聞けば身体が凍る

師と仰ぐ名優は中村や宮口などあまた存在すれど、やはり芝居の師匠は杉村にとどめを刺すと、ことあるごとに加藤は語る。

「指針となる言葉をたくさんもらったし、急所急所で腹をえぐられてきましたよ。俺がまた、懲りずに何度も怒られるんだね。例えば芝居の幕が開いて、〈今日は新聞記者が観に来る日です〉〈誰某が来ます〉と言われても、全然気にならない。でも〈今日は杉村さんが観てます〉、これには身体の芯から震えた！

〈こんなことやったら怒られる〉って意識すればするほど、身体がこわばっちゃう。中には図々しく、〈先生、どうだった？〉なんて聞くのがいたけど、俺にはとてもできません。ただ、そうやって聞けるほどの親しみも杉村さんは感じさせたんだよね。厳しいことは厳しいけれど、優しかった。だけど俺はとにかく恐ろしくて。黒澤さんと同じで、近寄りがたくてね。いつも畏まって接してたから、杉村さんから見りゃ、ちょっと水臭かったんじゃないかな」

そのコワモテから豪放磊落に見える加藤は、ズバッと相手の懐に飛び込むタイプだと思われがちだが、さにあらず。礼節をわきまえ、師を敬う。二言目には「恐い」と言いつつ、杉村の思い出は尽きることがない。

稽古場の便所でバカヤローと叫ぶ

文学座で杉村の相手役を多くつとめた北村和夫ともなれば、杉村の厳しさは容赦なかった。

「北村は文学座に入ってすぐに大役に抜擢されて、『欲望という名の電車』の初演でも、いきなり杉村さんのブランチでスタンレーをやった。その分、みんなの前で杉村さんに怒られることが多かったんですよ。

三島さんの『鹿鳴館』でも、北村は杉村さんの元恋人役。二人のやり取りの場面で、北村も器用な役者じゃないから、立ったら立ちっ放しで動けない。それが杉村さんはじれったくてしょうがないんだ。〈あたしがこのせりふを言ったらこっちを向く！〉〈今度はあっち！〉なんて、もう振り付けみたい。あんまり言われ過ぎて頭がボーッとなっちゃうから、北村は俺に稽古を見ててくれ、って頼むわけ。杉村さんに、なんて怒られたかあとで教えてくれ、ってね。そこは友達だから、俺はちゃんと見てますよ。

全体の稽古が終わってからの居残り稽古でもさんざん杉村さんに言われて、北村は汗びっしょり。〈ちょっとトイレ行ってきます〉って便所に行って、〈杉村春子のバカヤローッ!!〉って便所で叫ぶ。それが唯一のうっぷん晴らしなんだ。ハハハ、いじらしいでしょ？　で、涙をふいて〈すみません、お願いします〉って稽古に戻ると、杉村さんは上から下までスーッと見て、〈あんたね、泣いたってうまくなんないのよ〉。もうダメ押しだよ！

で、杉村さん、最後にまたスゴいこと言った。〈何もあんたのためにこれだけやってんじゃないの。あんたがしっかりやってくんないと、あたしもダメになっちゃう〉。それもすごい言葉でしたね。自分まで共倒れになっちゃうってことを隠さずに言う。杉村さんは正直なんだ。

それで北村は、どんどん力をつけたんですよ」

広島時代の蓄積

一九〇六年、広島に生まれた杉村春子は、幼少時代から地元の芝居小屋であらゆる芝居を観て育ったという。

文学座『欲望という名の電車』。
杉村春子と北村和夫はブランチとスタンレーで
500回以上共演した（1969年／写真提供：文学座）

「当時はどの地方でも、花道や廻り舞台があるような芝居小屋がいくつもあったんですよ。広島には寿座って大きな劇場があって、歌舞伎でも新劇でも奇術でも、なんでも来てたんです。杉村さんはそこで新劇の滝沢修さんや山本安英さん、歌舞伎なら音羽屋（六代目尾上菊五郎）も（一五代目市村）羽左衛門も、（三代目中村）梅玉《ばいぎょく》も観てた。特に上方（関西）歌舞伎の名女方だった梅玉には憧れてたそうだよ。
杉村さんはもともと声楽家志望で当時は女優になろうとは思ってなかっただろうけど、あとには梅玉のいいところをちゃんと自分なりに消化して、芸に活かしてたからね。観たものが全部蓄積されてた。無節操に芝居を観まくってた俺とは、月とスッポンだ」

田村秋子と〈上京劇場〉

声楽家を目指して芸大を受験するも二年連続で失敗、一九二七年に再び上京して築地小劇場の研究生となった杉村は、そこで女優人生をスタートさせる。一九三七年には文学座の創立に参加。その杉村が尊敬していた先輩女優が、田村秋子だ。文学座の前身は、田村が夫の友田恭助と共に立ち上げた築地座で、杉村もこの築地座時代から参加している。

「築地座は久保田万太郎とか岸田國士とか、純文学的な創作芝居をやってたの。築地小劇場みたいに、警察の尾行がつくような政治色の強いものじゃなくてね。その築地座のメンバーが集まって文学座を作ることになった。ところが文学座を結成しようという矢先に、友田さんに召集が来ちゃったんだ。しかも一カ月もしないうちに中国で戦死。いよいよこれからってときに！　田村さんはがっくり来ちゃってね。芝居もうまくて当時のスターだったけど、スパッとやめちゃった。

戦後しばらくして舞台にカムバックしたけど、結成時に田村さんが抜けたから、杉村さんは

久保田万太郎作『釣堀にて』。
築地座時代の杉村春子(左)と田村秋子(1935年/写真提供:文学座)

文学座でスターになれたんですよ。田村さんはちゃきちゃきした江戸っ子でね。俺は好きだったなぁ。もちろん杉村さんも田村さんを大尊敬してたけど、杉村さんみたいに上京してきた人たちは強いんだ。俺は〈上京劇場〉って呼んでるけどね。故郷から言わば脱落してきて、何が何でも成功してやる、という執念はすごかった。

初期の新劇界はそういう〈上京劇場〉組が中心だったんですよ。そこへ行くと田村さんとか俺とか、江戸っ子なんかダメなんだ、根性ねぇから。諦めがよすぎちゃってね。そういう違いが田村さんと杉村さんには如実に現れてましたね」

一九四九年に文学座に名誉座員として迎えられ、一三年ぶりに舞台復帰した田村は、以後『ヘッダ・ガブラー』などの舞台に主演、

『にごりえ』などの映画でも滋味あふれる演技を見せている。だがもし友田が戦死せず、田村が文学座結成に参加していたら、間違いなく文学座の中心は友田・田村夫妻だっただろう。運命の女神をも味方につける強力な磁力が、杉村には備わっていたに違いない。

名女優の泣きどころ

杉村を特徴づける早口のせりふまわしは田村譲りだった。日常的な芝居を得意とする文学座の伝統は、加藤いわく「写実のしゃべり」である。

「あまり翻訳物ばっかりやってると、せりふが一本調子になっちゃう。自然な掛け合いの細やかな芝居が、文学座が突き詰めてきた伝統ですよ。でもこれが難しい。杉村さんは舞台でも映画でも本当に自然だった。相手が北村だろうが歌舞伎俳優だろうが、自分のベースは変わらないんだ。

昔、〈アテレコなんてやってちゃダメよ〉って杉村さんに怒られたことがある。俺は海外ドラマの吹き替えもけっこうやってるけど、外人の口に合わせてしゃべる技術がうまくなったってしょうがないんだよね。〈ナマの、自分のせりふがうまくなんなきゃ〉って言われましたよ」

ただ一点、杉村にも弱点があった。広島訛《なま》りが抜けなかったことだ。

「訛りはすごく気にしてました。俺なんかに〈直してね〉って言うんだ。いっぺん直すけど、聞いてっと、必ずまたそこでトチるの。気にしてるからトチるんだね。でも俺は別にいいと思うんだよ。ひとつやふたつ訛ったって、芝居には影響しない。しまいに俺はもう何も言わなかった。言うと杉村さん、気にするもの。あんな名優がね」

ハワイのシナトラ親分

スイートルームで大物に遭遇

本拠地である文学座の分裂騒動という大激震に翻弄されつつも、加藤武の一九六〇年代は、映画のみならずラジオにテレビにと大忙し。異色だったのは初の海外ロケに参加した日米合作映画『勇者のみ』（六五年）だ。監督はあのフランク・シナトラ。太平洋戦争末期、南海の孤島を舞台に日米兵士たちの交流を描いた戦争映画である。

「撮影はハワイでひと月、ロスでひと月。当時は外国へ行くだけでも大変なことでしょ。千載一遇のチャンスだもん、やっぱり出たいやね」

東宝系の東京映画とシナトラ・エンタープライズの共同製作で、撮影前に来日したシナトラとの簡単な面会が設定された。

「確か赤坂のプリンスホテルだったけど、文学座のマネージャーと行ったんですよ。もちろんスイートルームなんて初めてだから、もうドキドキ。部屋に入ってみたらシナトラと一緒にいたのが何と、ユル・ブリンナーだったの。二人は仲が良くて、しょっちゅう日本に遊びに来てたんだ。いやぁびっくりした。面通し自体は簡単なもんで、〈ひとつよろしく〉なんて感じでなごやかに終わりましたよ。それをユル・ブリンナーがニコニコしながら見てた。カッコよかったねぇ、色気があって」

加藤はこのとき、文学座の舞台『三人姉妹』のクルイギン役で出演中だったが、地方公演からは代役を立ててもらうことで一件落着。

「ちょっと苦しかったけど、そこは曲げてお願いした。後で聞いたら、どうもおふくろが杉村（春子）さんに手紙を書いたらしいんだ。〈出してやってくれ〉って。当時の文学座は運営委員会方式で民主的に運営されてたんだけど、おふくろは何たって杉村さんが一番エラいと思ってるから、そうやって出しゃばってくるんだよ。息子のためを思っての親心だけど、あれはちょっと恥ずかしかったね」

録音テープ輸送大作戦

撮影があった一九六四年は、ＮＨＫ大河ドラマの第二作『赤穂浪士』にも堀部安兵衛役で出演していた。大石内蔵助を長谷川一夫、吉良上野介を滝沢修、ほかに志村喬、山田五十鈴、宇野重吉、淡島千景といった錚々たるオールスターキャストで、「忠臣蔵といえばあの曲」とすぐ頭に浮かぶ芥川也寸志の重厚なテーマ曲も話題を呼んだ作品だ。

『勇者のみ』オフショット（加藤武個人蔵）

「当時はまぁちょこちょこ売れてたからいろいろ出てたんだけど、みんな理解があってね。『赤穂浪士』のほうも〈二カ月くらいいいでしょ、行ってらっしゃい〉と送り出してくれた。ラジオも全部オッケーだったけど、唯一、岡田茉莉子主演でナレーターをやってた文化放送のラジオドラマだけ、プロデューサーがダメだって言うんだ。いまだに名前覚えてるけど、ロシア・中国万歳って左寄りの人だったから、アメリカ映画に出るなんてけしからんとカチンと来たんだね。仕方ないから脚本の西川清之さんに早めに台本を書いてもらって、ハワイまで送ってもらうことになった。

今と違ってインターネットもメールもない時代だもの、航空便だから時間がかかって大変ですよ。で、撮影休みの土日にハワイ島の日本語放送局でナレーションを録音させてもらって、そのテープを今度は東京に帰る団体の誰かに頼むの。バスケットボールのチームとかね。それをマネージャーが羽田で受け取って、文化放送まで届ける。もう大変だった！　あのプロデューサーめ、どうしてやがるかな……」

空港で見ず知らずの人間から得体の知れないブツを日本に運ぶように預けられる……。今なら税関でアウトだが大らかな時代であった。

小道具の武器は本物

紆余曲折はあったものの、「みんなにご祝儀もらって」羽田から意気揚々とロケへ出発。日本側キャストは将校役の三橋達也を筆頭に、加藤、春風亭柳朝《りゅうちょう》、太宰久雄、谷村昌彦、勝呂誉といった面々だ。

「三橋達也はインテリの役だから、唯一英語をしゃべる。現地に行ってからも英語を大特訓してたけど、アメリカ版では流暢な英語に吹き替えになってたね。あとの兵隊どもは日本語でいいから気楽なもんだよ。俺は一番の鬼軍曹役で、お仲間は〈寅さん〉のタコ社長（太宰）でしょ、（春風亭）小朝の師匠の柳朝に、金語楼劇団に出てた軽演劇の谷村昌彦とか、面白い顔ぶれだった。柳朝なんてサメに食われて死んじゃう役だもんね。

ハワイに着いたら、ビートルズが初めてアメリカに上陸した年で大変な騒ぎ。俺なんかそっちはまったく知らねぇから、〈何が♪イェイイイェイイイェイ〜だよ?〉って思ってた。カツラとか、ビートルズグッズも売ってましたよ。柳朝がまた、すぐそういうの被るんだよね。柳朝とはホテルの部屋も一緒で、酒は飲むわ大飯かっ食らうわ、おまけにイビキがヒドイのなんの。で、土日は現地の日本人会でお座敷がかかって出かけてた。何だか忙しくしてましたよ」

ハワイでの撮影はカウアイ島。スタッフはほとんどがアメリカ人だ。

「それが贅沢なんだ。小道具から衣裳から、向こうはスタッフ全員家族連れ。仕事してるあいだは家族はビーチで遊んでんだもん。〈おめえたちはどうしてカアちゃん連れて来ねぇんだ?〉って聞いてくる。余裕だねぇ。家族主義なんだね。〈日本にはそういう習慣はねぇんだ〉って言うしかないよ。日本側スタッフは監督の補助で行った井上和男さんと、小道具とメイク係くらいの、小所帯もいいとこ。でもこの小道具のおじさんが軍隊あがりで、俺たちは学校で軍事教練はやったけどドンパチの戦場には行ったことないから、おじさんに軍隊式教練を習ったんですよ。
何より驚いたのは、向こうの小道具係が揃えてた装備だね。日本の銃から何から、武器を全部持ってるんだ。これが日本軍から没収したホンモノ。日本の映画で使う兵隊の銃なんて全部作りものでしょ。向こうの小道具の倉庫を見せてもらったら、世界中の武器が国、時代別に全部揃ってた。もちろん軍服も。いやぁ驚いたね」

楽しみは日替わり定食？

さて肝心のシナトラはどんな監督ぶりだったのか。

「だいたいの段取り決めるくらいで、俳優には自由にやらせてましたね。そんなにあれこれ注文もなかった。シナトラ自身は飲んだくれの軍医役。若い日本兵の勝呂がケガして手術なんかするうちに日本兵とアメリカ兵がちょっと仲良くなるんだけど、最後は結局、日米で戦わざるを得なくなる。俺も派手な死に方したら、シナトラに気に入られてね」

なるほど黒澤映画で培った〈死に技〉をいかんなく発揮したわけだ。加藤演じる田村軍曹、米兵に追い詰められ銃を放り出して抜き身で突進するも、ズドンと一発。両手を広げて直立のまま真後ろへバッタリ倒れて絶命する。いわゆる歌舞伎の〈仏倒れ〉である。

「Mr. SINATRA」と「TAKESHI KATO」の貴重なツーショット(加藤武個人蔵)

「ハハハハ、そうそう! カーッと目を剝いてね。だけど向こうはなんでもスタンドインが入るから、キャメラの位置決めのときも本人は休めるんだ。アルバイトを雇うんだろうけど、ずいぶん日本と違うもんだと思ったよ。倉庫に用意されたトレーラーの中で休めるし、役者を大事にしてくれる。うれしかったのが役者の名前が入った椅子。そんなの日本じゃスターしか座れないけど、俺たちみんなに用意してくれたんですよ」

スター監督は現場への登場の仕方も破格であった。

「シナトラだけはハワイの別の高級ホテルに泊まってるわけだ。で、自家用ヘリコプターで毎日ご出勤。海岸に板っきれを置いた即席ヘリポートがあってね。我々はシャレで整列して出迎える。三橋が〈シナトラ閣下に敬礼！　捧げ〜銃！〉って号令かけて、閲兵式だ。そうすっとシナトラ親分、ご機嫌でヘリから降りてくる。と、あとからもう一人コレ、（と小指を立てる）が出てくるんだよ。それが日替わり定食！　みんないい女なの。ブロンドから黒髪までタイプもいろいろ。今日はどんな女か？って見てるだけで面白かったよ。ニクいねぇ。それから撮影開始だ。

ところが向こう式だと、どでかいカチンコで〈ＳＨＯＯＴ！〉って声はかかるけど、いつ本番が回ったかわからない。湯水のようにフィルムを使うんだ。日本はフィルムを大事にするから、〈ヨーイ、スタート！〉でカチンコ鳴らして、〈カット！〉ですぐにスイッチ切るでしょ。どうも調子が狂っちゃうから、我々の方式でやってくれって監督に頼んだの。そしたらシナトラも乗っててね。ちゃんと〈ヨーイ〉って日本語で言ってくれましたよ。それればかりか〈カット〉と言わずに〈ハイッ！〉って言うのが流行っちゃって。朝会うとみんなで〈ハイッ！〉が大流行り。

で、ハワイでも映画館なんかを借りて今日撮った分のラッシュを見るんだけど、わずかばかりのシーンなのに、方々から撮ってるからまぁ長いこと長いこと。どれだけフィルムを使ってるんだ？って。物量の違いをつくづく感じた。小道具の銃しかり、あぁ、日本はえれぇ国と戦争しちゃったんだと思ったね。古い話だけど、小津安二郎さんが戦時中に『風と共に去りぬ』をシンガポールで観て〈こりゃダメだ〉って思ったんでしょ。〈こんな映画作る国に勝てない〉って。その気持ち、よくわかる」

後学のために見つめる先は

戦後二〇年にして国力の違いをまざまざと見せつけられたとはいえ、初の海外ロケはやはり楽しい思い出であった。ハワイに続いてロスへ。

「やっぱりハリウッドだもの。柳朝とか途中で死んじゃう役の人たちも、みんな〈本土〉に来たよ。死んじゃった奴はひと月遊んでた。撮影の合間に我々をメジャーリーグの球場にも招待してくれてね。〈今日は『勇者のみ』の日本人一行が来てます〉みたいなアナウンスしてくれたのも面白かったな。しかもロスでは、サミー・デイヴィスJr.が撮影を見に来たんだよ！　さすがシナトラ一家。日本ではユル・ブリンナー、ロスではサミー・デイヴィスに会えるなんて驚きですよ。こっちはミーハーだからたまらなかったねぇ。握手くらいはしてもらったかな。

最高だったのは、シナトラが新曲の録音をスタジオで見せてくれたの。速いよ、グズグズやってないんだ、あっという間に録っちゃった。残念ながら何の歌かは覚えてないけども。ロスでは一日だけディズニーランドにも連れてってもらった。いい経験しました。なんだか遊んでばっかりいたみたいだけど、撮影もちゃんとしてたからね！

俺が注目してたのはシナトラ親分のアタマ。専属の美容師がいてね。ホラ、どうやって増やしてんのかなと思ってさ。ちょっと毛の量が多めのやつとか、わりにリアルなやつとか、いろんなバリエーションがあるんだ。そんなことも関心があるから、ずっと観察してたの」

エッヘッヘッと悪ガキ顔で「大きな声じゃ言えないけど」と言いながら、それは楽しそうに教えてくれる加藤武八五歳であった。

西洋人からババァまで

ツケ鼻＋赤毛で西洋人

『勇者のみ』は日米合作映画だったが、加藤の役は日本軍の鬼軍曹なので、そのまま日本人として演じればよかった。ところが舞台の場合は〈翻訳劇〉のジャンルがあって、海外戯曲の設定を日本に置き換えたりしないかぎり、日本人が日本語で外国人の役柄を演じる。どう見ても日本人顔をしたトムやロミオやノーマンたち。

芝居を見慣れた者にとっては「それが何か？」という〈芝居の嘘〉の大前提なのだが、そもそもこの〈日本人が外国人を演じる〉不自然さが、舞台を観る際に気になって仕方がない、恥ずかしいという意見は根強い。今でこそ翻訳劇であっても髪の色もメイクも日本人のままナチュラルに演じるスタイルが一般的になっているものの（ミュージカルはさにあらず）、黎明期の新劇界ではまず見た目から西洋人化しようと、涙ぐましい努力を重ねていたのだった。

文学座『シラノ・ド・ベルジュラック』の三津田健（1967年／写真提供：文学座）

「昔は翻訳劇っていうと〈赤毛もの〉って呼び名の通り、赤毛や金髪のカツラを被ってたわけ。鼻を高くするためにノーズ・パテっていう粘土みたいなツケ鼻をつけてね。俺ももちろんつけてた。それと真っ青なアイシャドーなんか塗って、メーキャップはまるでタヌキみたい。それで外人になれたんです。もっとヒドいのは、上げ底の靴履いて、背を高く見せたりね。

今思えばナンセンスだけど、それが築地小劇場からの伝統だったの。昔の舞台写真なんて見ると、みんな冗談みたいに高い鼻してんだから、可笑しいよね。シェイクスピアだの、西洋の古典ものは特に当然のようにやってました。ある芝居の食事のシーンで、スープをすすってるうちにツケ鼻がスープの中へ落っこっちゃった人がいましたよ。本当は毎回パテをちゃんとこねて細工し直さなきゃいけないんだけど、その人、無精でね。おんなじ鼻を使い回してくっつけてたから、しまいに汗と重みでスープへ落下！　それじゃ危ない病気だよ。

いや、でも笑えない。実を言うと俺も似たようなことはやりかけました。ただ、『シラノ・ド・ベルジュラック』なんかは文学座では三津田健さんの当たり役で（五一年初演）、あれはもともと鼻が大きい男の話だから、ツケ鼻も当然だけども。本当はシラノ以外はつける必要ないんだよね。今は『ハムレット』でもなんでも、翻訳もので鼻をつけることなんてありませんよ。メーキャップも自然で、ほとんど塗りたくらない。昔とは相当意識が変わりました。それでいいと思うんだ。生地のまんま、目先を変えないでどうやるか。これが問題だ」

ボウリングとはなんぞや

古典だけでなく、海外の現代劇をいち早く日本で翻訳上演する際には、戯曲に描かれた風俗・文化になじみがないことも多かった。一九四七年にニューヨーク・ブロードウェイで初演されたテネシー・ウィリアムズ作『欲望という名の電車』が、日本で初演されたのは一九五三年の文学座。たびたび取り上げているようにブランチ役・杉村春子の代表作のひとつである。

「僕は再演（五五年）に出ましたけど、初演のときはみんな苦労して創り上げたんですよ。例えば〈ボウリング〉って言葉が出てきても、当時はほとんど実物を知らないんだから。ブランチの妹のステラが、旦那のスタンレーに〈どこ行くの?〉って聞くと〈ボウリング〉って答える。〈行かないで!〉〈おい、ボウリングシャツが破れるじゃないか〉ってやり取りがあるんです。この〈ボウリングシャツ〉がわからない。

まぁ普通のシャツでいいんだけどね。ボウリングについては訳者の注釈も多少ついてたけど、どんなゲームかわからずにやってたわけです」

東京・青山に民間のボウリング場ができたのは一九五二年一二月。月給一万円時代に入会費三万円の会員制で、一部セレブの社交場だった。

「あとアーサー・ミラーの『セールスマンの死』(四九年ブロードウェイ初演)といえば、滝沢修さんの大当たり役(日本初演は五四年、劇団民藝)。これも当時は〈月賦〉って言葉がまず浸透してなかった。向こうは家でも冷蔵庫でもなんでも月賦、つまりローンでしょ。今じゃ日本でも当たり前だけど、家のローンのために一家がバラバラになる話なんて、観てるほうもなかなか実感はつかめなかったんじゃないかな。

昔は滝沢さんみたいに、役によって痩せたり太ったり、肉(襦袢)を着たり、扮装によってガラッと変身することがお手本だと思ってたの。でもそれは人によってできる、できないがあって、滝沢さんは名優中の名優だけど、俺とはまったく違う人間だってことがわかってなかったんだね。自分の身ひとつがキャンバスであって、外面上変えることがうまく出来たところで、そこに〈何か〉がなきゃ。『シラノ～』の演出もした長岡輝子さんや、杉村さんに言われ続けた通りですよ」

ナチュラルなオカマと心得よ

日本人にしろ外国人にしろ、ツラも声もこれだけ強烈な特徴の持ち主だとカメレオン俳優のように七変化というわけにはいかないだろうし、オファーされるキャラクターも固定されがちではある。だが本人が「前代未聞」「空前絶後」だったと振り返るのが、映画『〝経営学入門〟より ネオン太平記』（六八年）のオカマ役であった。

「監督は磯見忠彦といって、今村（昌平）のセカンドについてた人なの。チーフ助監督が浦山桐郎の時代だね。一本立ちするんで、今村が共同脚本書いたんだ。ただ監督はこのあと数本くらいで、その後はあんまり聞かないね。どうなったのかなぁ。主演は小沢昭一で、俺の出番はワンシーン。それがよりにもよってオカマなんだよ」

大阪千日前のアルサロ、アルバイトサロンを舞台に、目端の利く支配人の小沢昭一の奮闘ぶりを描いた風俗喜劇だ。西村晃、三國連太郎、北村和夫などいかにもクセモノ揃いのめんめんのほか、店の客には桂米朝と小松左京、テレビ討論会の司会者に野坂昭如など、カメオ出演も無駄に豪華で楽しい。中でも強烈なインパクトを与えているのが、あの顔のまんま着物姿のゲイボーイに扮した渥美清と、店のご用聞きで登場する加藤という両オカマ役であった。

「いやぁ、これは自分でどんな芝居してるかと思うと、コワくて見らんないですね。撮影の細かいことは忘れちゃったけど、本当に千日前のキャバレーで昼間にロケしたんですよ。本物のホステスさんたちがたくさん出てくれて。

当時、オカマバーとかはあっても、今みたいにオネエとかニューハーフとかが堂々と市民権を得てるような時代とは違うからね。身体クネらせて〈あら、いやだわァ〉なんて真似するだけでウケたんです。なんだかそんな演技をしてそうな気がする……。毒々しくって見てらんないよ」

実際に映画では筋骨隆々の加藤が黒電話の受話器のコードに立てた小指をからませながら、嬉々として演じている（ように見える）。

「ひゃー、やっぱりね。ヤダヤダ！　今だったらオカマは普通にやります。あんまり大仰にやると演技的にリアリティーがなくなっちゃう。なんでそう思うかというとね、ウチの戌井市郎さん（演出家、元文学座代表）が、九〇歳過ぎてから芝居に出て、オカマの役やったんですよ。オカマバーのママ役で、和服を着て、ごく普通にサラッとやってたの。あの戌井さんを見てヒントを得た。普通にやるのが一番いいんだね。

でも、普通にやることほど難しいんだ。戌井さんの本職は演出家だけど、逆に勉強になりました。今度お声がかかったら、心してやりますよ」

カタブツ議員の女装の喜び

舞台でもゲイではないが女装する役は演じている。ナイトクラブを舞台にゲイカップルの愛を描くミュージカル・コメディ『ラ・カージュ・オ・フォール』（八三年ブロードウェイ初演、日本初演は八五年。原作舞台の映画化邦題は『Mr.レディMr.マダム』）。

加藤は九〇年代に、ガチガチに頭の固い保守派の議員役で出演していた。娘の結婚相手として紹介された青年の両親がゲイのカップルであることに仰天し猛反対するも、いつのまにやら丸め込まれ、気付いたら自分もハデハデな衣裳を着て歌い踊っていた——というやたら大らかな展開で、実は性別を超えた家族の愛のありようが胸を打つ感動作である。

「面白い話だよね。最初は偏見だらけの男だったのが、自分も女装させられちゃって。でもまんざらでもないんだ。何年かやったけど楽しかったですよ。ミュージカルなんて柄じゃないんだけども、そんなに本格的に歌うわけじゃないから、何本かやってんです。（九代目松本）幸四郎（現白鸚）の『王様と私』とか『ラ・マンチャの男』とかね。

ただ『ラ・カージュ〜』みたいな役でも、やっぱりやり過ぎないように、ってのは気を付けてたかな。コメディではあるんだけど真面目なテーマの作品だし、ゲイだとかオカマのダンサーを茶化すような芝居をしちゃうと、ちょっと違うからね。今思えば、かなり時代を先取りした作品だったんじゃない？」

無口な怪力ババァ

さらにはゲイでも女装でもなく性別を飛び越えて、女役を演じたこともある。加藤が文学座で初主演を務めた『還魂記』の作者、飯沢匡によるコメディ『無害な毒薬』（六五年）だ。

文学座『無害な毒薬』。怪力ババァ役の加藤武と北城真記子（1965年／写真提供：文学座）

「事前に〈加藤さんは女方です〉って飯沢さんから言われて、イヤでイヤで逃げまわってたの。でもできあがった台本を見たら、俺の役は〈リキ〉ってババアの役で、しゃべらないんだ。着物着たバァさんが、舞台の上を右から左へスーッと横切るだけだったり、登場の仕方が面白い。やたらと怪力の持ち主で、車イスの奥さんを抱え上げてそのまま引っ込んだりね。

非常に面白い芝居でした。

樹木希林（当時は悠木千帆）、江守徹、細川俊之、小川真由美なんかが若手のころで、杉村さん演じる未亡人の豪邸に若手が大勢出入りしたりして。その中にいたのが笈田《おいだ》勝弘。今、ピーター・ブルックのところで活躍してるヨシ笈田です。これも義太夫やったり狂言やったり、大した男でね。ブルックのオーディションを受けるってときに、飯沢さんのヒントで紋付袴で行って仕舞を舞ったら、一発オッケー。それでフランスに行っちゃったの。

変わった役もいろいろやったけど、この頃は日本人の書き下ろしも外国の作品も、公演がたくさんあってね。飽きなかったですよ」

第四章

生き残り組のつとめ

生きていればこそ。西村晃

怪奇大好きの悪役仲間

二〇一二年の初夏、ラピュタ阿佐ヶ谷で西村晃《こう》の大特集上映が行われていた。ギョロリと目を光らせたあのご面相のアップがド迫力のチラシを持参すると、加藤武は素っ頓狂な大声をあげて驚き、喫茶店中の注目を一身に浴びつつ大喜び。

「西村晃の特集!?　これはおもしれぇや。俺ね、晃ちゃんとは仲が良かったんだ。年は向こうのほうが上だけどね。しょっちゅういろんな悪役で一緒だったから。やっぱり映画は映画館で観なきゃ。DVDは記録だもの。偲ぶよすがだよ。映画館ではお客がウケるとこがナマでわかる。役者もお客の反応が楽しいから、みんな自分が出た映画を映画館まで観に行ったんですよ。俺ももちろん行きました。

映画館が満員だった時代、知ってる？　大入りの映画だと立ち見の客で劇場の扉が膨れ上がっちゃって、扉が締まらなくなっちゃう。そいで前の上映が終わると、席の争奪戦ね。〈おせんにキャラメル、ラムネにあんパン〉って売りにくると、ラムネをプシュッとあけて飲むでしょ。ガラガラにすいてる映画館だと、床に置いといたラムネの空き瓶がゴロゴロゴロゴロゴロって転がってくの。その音が寂しかったね。
今は名画座もすっかり少なくなっちゃったけど、ああいうとこでリバイバルで観るのはいいよね。俺は〝生き残り組〟になっちゃったから、名画座で黒澤映画なんかやるときにはトークだとかで呼ばれたりするけども。で、晃ちゃん特集か。いいねぇ。どれどれ……」

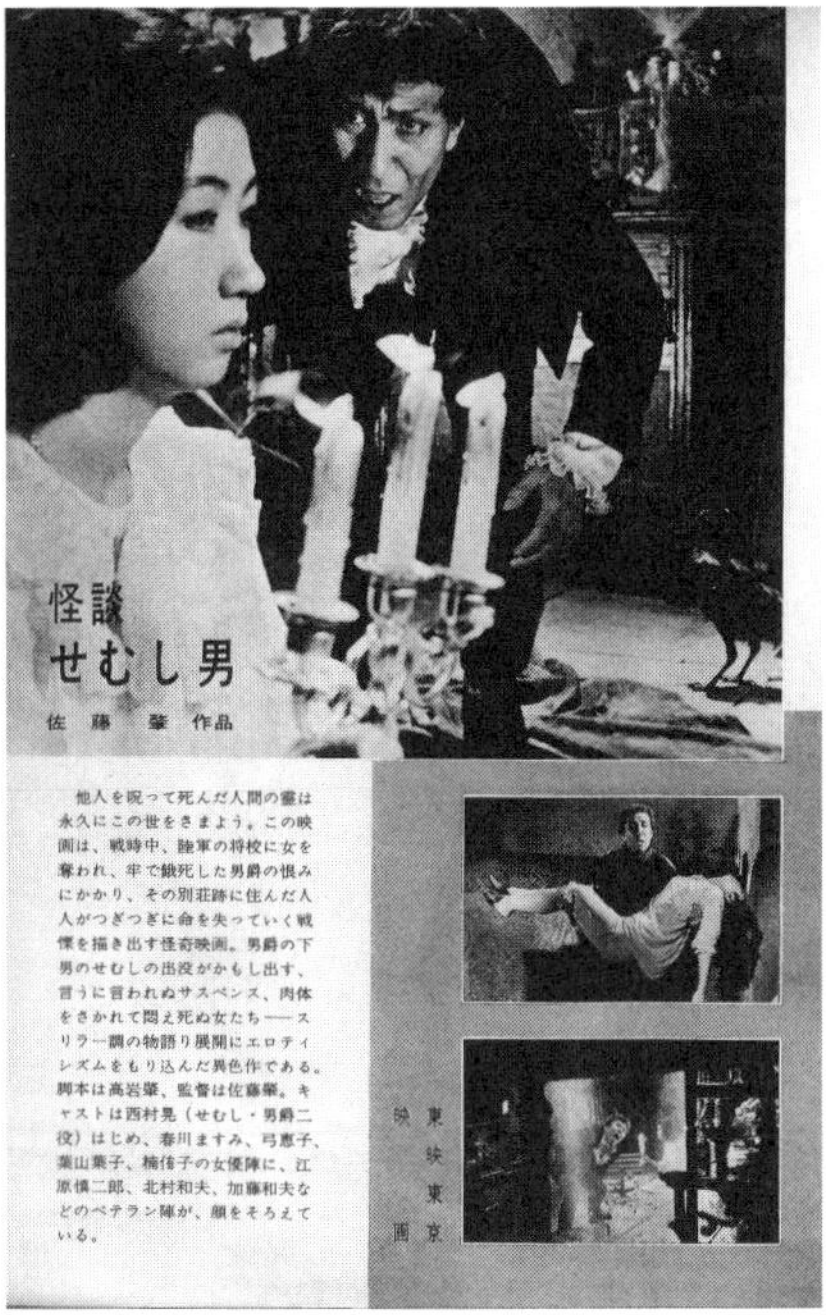
怪談
せむし男
佐藤肇作品

他人を呪って死んだ人間の霊は永久にこの世をさまよう。この映画は、戦時中、陸軍の将校に女を奪われ、牢で餓死した男爵の恨みにかかり、その別荘跡に住んだ人人がつぎつぎに命を失っていく戦慄を描き出す怪奇映画。男爵の下男のせむしの出没がかもし出す、言うに言われぬサスペンス、肉体をさかれて悶え死ぬ女たち――スリラー調の物語り展開にエロティシズムをもり込んだ異色作である。脚本は高岩肇、監督は佐藤肇。キャストは西村晃（せむし・男爵二役）はじめ、春川ますみ、弓恵子、葉山葉子、楠侑子の女優陣に、江原慎二郎、北村和夫、加藤和夫などのベテラン陣が、顔をそろえている。

東映東京
映画

『怪談 せむし男』『キネマ旬報』1965年8月上旬号の記事

加藤が小指を立てたオカマ役で出演した『〝経営学入門〟より ネオン太平記』（六八年）では、西村は身のこなしも鮮やかに、ストリップ劇場の振付師役である。

「そっか、これも晃ちゃん出てたんだっけ？ じゃあオススメだ。ハハハ。俺のオカマは見たくないけどさ。今村昌平なら『赤い殺意』（六四年）ね。春川ますみ！ 春川ちゃん、よかったよねぇ。あれはいい映画だ。俺が一緒に出たのは今村なら『果しなき欲望』

（五八年）。みんながみんな欲の塊でね。あとさ、あれ入ってないの？　せむし男のやつ」

ありますとも、ありますとも。西村が幽霊屋敷の怪人に扮したゴシック・ホラー『怪談　せむし男』（六五年）。加藤もちょろりと出演している。

「それそれ！　（声が裏返って）これがもう〜ね、くだらないの！　ぜひ観て！　相当、くだらないから。今、こんなタイトルつけらんないよね。また晃ちゃんがこういうの、ものすごく好きなんだよ。怪奇ものとか、凶悪犯とか。嬉々としてやってんだから」

本篇・予告篇全てで犯す！

脇の甘い誘拐犯、小心者のサラリーマン、利権まみれの役人、気弱だが小ずるい夫、あの手この手で女をモノにする色事師、奥様の秘め事をその指先で察する指圧師……等々、確かに五〇〜六〇年代の映画で西村晃が扮してきたアクの強い人物たちは、ドラマ『水戸黄門』での二代目〝黄門様〟とは、にわかに結びつかないキャラクターのオンパレードである。

「黄門様は初代の東野英治郎さんがよかったよね。西村晃も面白かったんだけど、どうしても助けた娘をまたどっかへ連れ込みそうな気がしちゃうんだよ。〈ほっほっほっ、よかったのぅ〉なんて言ってるあの目が、〈今度は俺の言うこと聞けよ〉って目つきに見えるもん。娘がかえって心配になっちゃうよ。〈ヘンな目ェ剝いて娘を見んなよ！〉って、しょっちゅう晃ちゃんを冷やかしてたの。晃ちゃんとはそういう仲。黄門様のイメージ壊しちゃいけないから、あんまり大っぴらにこの話はしなかったけど。今の人たちが昔の晃ちゃんの映画観たら、きっとひっくり返るよね」

温厚篤実、悪には毅然と立ち向うご老公にも、歴史があった。

「一時期なんてホントに犯し役ばっかりだったんだ。ほら、昔の映画は二本立てでしょ。あるとき映画館に行ったら、一本は現代もの、もう一本は時代もの。両方で晃ちゃんが〈言うこと聞かねぇか〉って犯してんの。で、今度は予告篇も現代ものと時代もので、これまた両方とも犯してんだよ。そしたらお客が失笑して、〈いい加減にしろ〜！〉だって。

そりゃ本篇と予告篇と二本ずつ、四本とも全部犯してんだもん。可笑しかったよ〜。また晃ちゃんは段取りがうまいんだ。服をサーッと脱がしたり、帯をシュルシュルッと解いたりね。しかも飛んだり跳ねたり、身が軽いの」

その身の軽さを生かして、忍者役もお手のもの。

「雷蔵の『忍びの者』（六二年）にも出てるでしょ。雷蔵のライバル忍者で、面白かったよね。俺も出たのだと『くノ一化粧』（六四年）とか。お色気女忍者もの。あんなのは晃ちゃんの得意中の得意よ。例の目をひん剝いて、くノ一に迫るんだもの。まぁスケベな忍者！」

「忍びの者」の原作者・村山知義が戦後に結成した東京芸術座に参加していた西村晃は、村山演出による舞台版『忍びの者』にも主演、天井から軽々と飛び降りるような身軽さで客席を沸かせたとか。舞台では村山作・演出『国定忠治』が当たり役だ。

特攻隊の生き残り

一九二三年、北海道は札幌生まれの西村晃は、加藤武の六歳年上。「お父さんは日本で初めてロボットを造った人なんですよ」と加藤が教えてくれたとおり、父は北海道帝国大学教授だった生物学者の西村真琴。二八年の京都博覧会で東洋初の人間型ロボット「學天則《がくてんそく》」を発表した人物である。荒俣宏原作の映画『帝都物語』（八八年）では、次男である晃が実父・真琴役を演じた。その父に買い与えられて始めたローラースケートも特技のひとつだ。

「お父さんはあんなにえらい人なのに、息子は犯し役だもんねぇ。笑っちゃう。晃ちゃんはスケートもダンスもすごく上手かったの。特にジルバなんか上手くて、女をクルクル回してね。もう、キザで見てらんなかったけどさ。しかもまたあの目で相手をジトーッて見つめながら踊るんだから、実にイヤらしいんだ。だけど踊りは上手い。ハハハハ。

テレビ番組で、晃ちゃんと金子信雄と歌舞伎の（一七代目市村）羽左衛門、三人それぞれのお父さんの物語を取り上げたことがあんの。そのとき、晃ちゃんが番組のタイトルバックで、ジジイのくせにすいすいローラースケートで滑ってたんだ。あれは面白かったよ〜」

と、エロくてワルくて軽くて怪しくて……という役どころを自家薬籠中のものとしていた西村晃だが、戦時には特攻隊員として出撃した経験を持つ。戦争を肌で知る俳優のひとりだ。

「なんたって特攻隊の生き残りだもの。もちろん特攻の話も聞きましたよ。裏千家の（一五代家元）千宗室（現・玄室）さんと晃ちゃんは、同じ部隊だったんだよね。いっぺん、晃ちゃんと京都で撮影が一緒になったとき、小沢昭一と三人で千さんの家に行ったことがあるの。千さんはあんなにえらい人だけど、特攻隊時代に戻って、嬉しそうに晃ちゃんと話してましたね。

二人は海軍予備学校から同期で、確か一四期だったかな。晃ちゃんが舞台に出ると、必ず一四期が揃って観にきてたんです。総見のあとは、食事会。俺もときどき呼ばれたけどね。さすが海軍だなと思ったのは、みんなしきりに〈KA《ケーエー》〉って言うんだ。何かと思ったら、〈カアちゃん〉のことなの。〈うちのKAが〉なんて。みんなKA連れで来るんだよ」

悪天候で九死に一生

同い年の西村と千が学徒出陣で召集されたのは一九四三年、二〇歳のとき。そして戦争末期、四五年に揃って特攻隊に〝志願〟する。特攻隊に対する上官からの選択肢は「熱望」「望む」「拒否」の三択だったが、拒否などできるはずもない。

既婚者の西村は妻と生まれたばかりの娘を徳島の海軍航空基地に呼び寄せており、「絶対に死にたくない」と千に本音を打ち明けたという。だが「拒否とは書けないなら、一人で死ぬのはいやだから一緒に死のう」と、共に特攻隊に〝志願〟することになった。

徳島から特攻隊の出撃地、鹿児島県鹿屋の基地に移動するその日、飛行機の下で千が点《た》てた茶を西村や仲間たちが羊羹《ようかん》と共に味わった〈末期《まつご》の茶会〉は、後に千と西村が度々語っているエピソードだ。これを最期と思ったとたんに母が恋しくなった千は、京都に向かって「お母さーん！」と叫び、つられるように西村たちも故郷に向かって口々に「お母さーん！」と泣きながら叫んだという。その光景を思うと言葉もない。

敗戦直前に千は松山に転属となり、二人は別れ別れに。西村はついに沖縄に向けて特攻隊として出撃するが、悪天候で作戦中止となる。


「片道燃料積んで、晃ちゃんはもちろん死ぬつもりで飛び立ったけど、九死に一生を得て引き返したわけだ。で、次の出撃を待つあいだに終戦になった。中には飛行機の故障でやむなく戻って生き延びた人もいるんだよね。無駄死にするよりもいいに決まってますよ。結局、千さんも出撃しないまま終戦を迎えて、戦後、東京で晃ちゃんと奇跡的に再会したんだ。

でも、特攻隊が帰ってくるなんて、当時はあり得ないことだった。同じ部隊の仲間たちはみんな死んじゃったのに、自分だけが生き残ってしまった後ろめたさは、晃ちゃんの中にずっとあったみたいだね。千さんもきっと同じ気持ちだったと思う。まだ二〇歳やそこらの若者たちがそんな思いを……。本当にひどい。そういう時代だったんだ。これはいくらしゃべっても今の人には通じないだろうな。当時の逼迫感は、口では語り尽くせないよ。

晃ちゃんは生きて帰れたけど、前に話した文学座の結成直前に中国で戦死した友田恭助さんや、『人情紙風船』（三七年）の山中貞雄監督も戦地で病死でしょ。生きてればどんな名作を残せたか。本当に戦争はダメだ。名優を殺し、名監督を殺し。これだけは言っとかないと」

前線で出撃命令を待つ特攻隊員たちの胸中を描いた家城巳代治《いえきみよじ》監督・鶴田浩二主演『雲ながるる果てに』（五三年）で、西村晃は女好きでお調子者の下士官パイロットを演じている。出撃直前、なじみの女に電話をかけて〈今度の出撃はウソじゃねぇぞ。早く堅気になれよな。じゃ、あばよ〉。飄々としたおかしみと諦念漂う小柄な背中が、なまじ戦争の理不尽を声高に叫ぶよりも、使い捨てられる命の虚しさをリアルに語っていた。

「晃ちゃんは芝居に命かけてましたよ。副業なんかやってる役者は大っ嫌いでね。根っから芝居好きだったんだろうけど、生きたくても生きられなかった仲間のためにも、芝居に打ち込んだんじゃないのかな」

無法松と丸山定夫

文学座版『無法松の一生』に主演

特攻隊の生き残りから天下無双の〈犯し役〉を経て、二代目黄門様に収まった年上の親友・西村晃について話し出すと、加藤武は止まらなくなる。ただでさえ辺りに響き渡る大音声が一段と声高になり、おもしろエピソードの数々を思い出しては「ウヒャヒャヒャヒャ」と自分でウケつつ、それはそれは愉快そうに話してくれた。そろそろまた自分の話もしていただこうか。

一九六〇年代、社会派の大作からお色気娯楽作まで何でもござれとあまたの映画に出演する一方で、二度にわたる分裂危機を乗り越えた本拠地の文学座で、いよいよ加藤にも主役が回ってくる。思えば初舞台の翌年にアトリエ公演『還魂記』（五三年）で主役に抜擢されて以来、一五年以上の月日が流れていた。

「今にして思うとね、僕自身の役柄っていうのは、とっても難しいんだね。北村和夫は何て言っても、早くから主演役者の地位を得てたでしょ。芝居が素直で大らかなんだよね。それにひきかえ自分自身の反省として言うと、小器用なとこが逆に足引っ張っちゃうんだよ。それが全

文学座『富島松五郎傳』。豪快な暴れ太鼓を披露する加藤武（1969年／写真提供：文学座）

部災いしてたと思う。キャンバスの大きさ、小ささっていうのかな。ずいぶん後になって北村が、〈アンタもね、やっぱりちょっと大きい役やんないとね〉ってポロッと言ったことあった。モロに言いやがったね。これはズシーッと堪えた。だって自分もそう思ってたんだから」

一九六九年暮れから翌七〇年夏にかけて、半年以上にわたって文学座で加藤が演じたのは、『富島松五郎傳——無法松の一生』のタイトルロールだった。北九州・小倉に生きる車夫・松五郎の生涯を描いた岩下俊作の小説を、後に『女の一生』で名を馳せる森本薫が脚色、文学座で初演（四二年）された舞台の再演だ。文学座での舞台化は、戦時中に作られた稲垣浩監督、伊丹万作脚本、阪東妻三郎主演の映画『無法松～』（四三年）よりひと足早かった。

森本薫の名脚色

「『無法松〜』といったら、阪妻《バンツマ》や戦後に稲垣監督が自分でリメイクした三船敏郎さんはもちろん、三國連太郎も映画でやってるでしょ。確かそのあと勝新（太郎）のもあったな。大衆演劇とか新国劇とかでも盛んにやってたし、村田英雄の歌なんかでも、大衆的なイメージがあるよね。だけど文学座の舞台はもっと渋くて、森本薫の脚色が実にいいの。最初が木賃宿、次に吉岡大尉の家、真ん中が祇園祭、それから吉岡大尉の家。それで最後は、松五郎が死んじゃう木賃宿にまた戻る。いわゆる〈行って来い〉って作りだね。

映画は最初の阪妻のを封切りで観てますよ。阪妻がいい！　そいで、松五郎がほのかに想いを寄せる吉岡未亡人の園井恵子さんがまた、きれいでねぇ。素敵だった！　ところがあの映画、戦争中の検閲でズタズタなんだよね。〈最下層の車夫ごときが戦争未亡人に惚れるとは何事であるか〉ってんで、カットされちゃった。戦後は戦後で、今度はＧＨＱの検閲で軍国主義の色が濃いところはカットでしょ。二度にわたって切り刻まれちゃうんだから、たまったもんじゃないよね。稲垣監督が三船さんで撮り直したのは意地ですよ。そうそう、最初の阪妻のほうに子役で出てたのが長門裕之（当時は沢村アキヲ）ね」

杉村パンチに再び沈む

文学座における『富島松五郎傳』の初演で松五郎を演じたのが、築地小劇場の一期生だった丸山定夫。映画では成瀬巳喜男監督『妻よ薔薇のやうに』（三五年）で演じた二人の妻を持つ男が印象深い。客演の丸山、吉岡未亡人を杉村春子、吉岡大尉には森雅之という布陣であった。

「文学座の本公演では初めてもらったタイトルロールだもん、そりゃ一生懸命やりましたよ。杉村さんは忙しいから、未亡人役には荒木道子さんが出てくれてね。七〇年安保の年は、ずーっと全国を回ったの。

ところがあるとき、松五郎の扮装して出番を待ってたら、杉村さんが〈今日、観るからね〉って楽屋にやってきた。〈はぁ、よろしくお願いします〉と言ったら、〈だけどアンタねぇ、ガンさんはほんっっっっとに良かったわよ〜！〉だって。〈ガン〉は丸山さ

文学座『富島松五郎傳』（1942年）に客演した丸山定夫。
サイン入り（写真提供：文学座）

んの〈丸〉ね。俺、これから舞台に出るんだよ？　松五郎が奥さんに求愛するとこがあるんだけど、〈奥さんッ〉って、思わず手を握っちゃう。〈その手の握り方がね、毎日違ってドキッとすんの！〉。もう〜、杉村さん、ニュアンスないなぁ〜。あんなにイヤなことなかった！
意地悪で言うわけじゃなくて、無邪気なの。だけど、察してくれって。励ましにも発奮にもならないよ〜。何たる人かと思った。もう少し役者の気持ちわかってもらいたかったなぁ。これから出るってのに、すっかり滅入っちゃった。あれはいまだにお恨み申し上げてます」

そのうっぷんを晴らすのは、松五郎が叩く祇園太鼓のクライマックスだ。

「もともと小倉の祇園太鼓っていうのは、非常に単調なものだったんですよ。それを脚色して、あの乱れ打ちの暴れ太鼓が生まれたんだよね。これはかなり練習しました。戦後、三津田健さんが松五郎をやったときには、俺が太鼓を覚えて三津田さんに教えたんです。奥さんに後妻の話があるって聞かされた松五郎が、サーッと櫓《やぐら》に登って、太鼓を打つ。杉村さんが来たあのときばかりは、俺もそのうっぷんを全部太鼓にぶつけたね」

出番前に思いっきり凹ましてくれた無邪気な杉村は、舞台を観たあとに加藤松五郎に声をかけたのだろうか。

「いえいえ、何も言いません。というか、先に楽屋で言われたあの印象があんまり強烈でね。芝居の感想を何か言われたかもしれないけど、まったく覚えてない。杉村さんが尊敬してた田村秋子さんは江戸っ子だから、〈ま、いろいろやり方あんだから、思い切ってやんなさい〉って。シャキシャキッとそれだけ言ってくれたけど。

あと、太鼓のほかに博多節を唄うところがあるんですよ。地元の芸者さんにすごい名人がいて、そのテープを何回も聴いて練習したの。一生懸命やったけど、俺がやると清元みたいになっちゃうんだよね。〽博多ぁ〜、帯ぃ締ぃめぇ〜、ちくぅ〜ぜ〜ぇ〜ん（筑前）絞ぉ〜りぃ〜、って。ハハハハ。俺の欠点はね、土くさくないんだ。俳句も植物が詠めないのとおんなじ。ガンさんは土くさいんだよ。もっと泥くさい唄い方があるんだよね」

名優・丸山定夫と園井恵子

舞台における丸山定夫の名優ぶりは、加藤も噂に聞くばかりだった。

「本当にガンさんってのはうまかったんだってね。杉村さんだけじゃなくて丸山さんの舞台を観たことある人に聞いたら、作品が違うと、本当に人が変わったようにすごい芝居をしたらしい。僕は舞台は観てないんだけど、丸山さんの映画は観てますよ。

長谷川一夫の芸道もので、『男の花道』（四一年）ってのがあんの。長谷川一夫の歌右衛門が眼病を患うんだけど、土生玄碩《はぶげんせき》って名医のおかげで治る。ところがそれを聞いた意地悪な殿様が、土生玄碩に〈今をときめく歌右衛門をここへ呼べ〉っていじめるんだよ。恩人が困ってるのを知った歌右衛門が駆けつけて、玄碩の面目も立つ。土生玄碩をやったのが古川ロッパで、意地悪な殿様を丸山さんがやってた。これは小学校のころに観て、印象に残ってるんだ。丸山さんは長谷川一夫の映画にもよく出てましたよ。『伊那の勘太郎』（四三年）とかね」

その丸山定夫が、藤原釜足（当時は鶏太）、徳川夢声らと一九四二年に結成したのが「苦楽座」だ。この一座には阪妻版『無法松の一生』で相手役をつとめた園井恵子も参加している。だが戦局の悪化にともない戦争末期に苦楽座は解散。それでもなお芝居をしたい丸山や園井たちは、移動演劇隊「櫻隊」として活動することになる。

「文学座ももちろん、戦時中はどこの劇団も国策のために移動演劇をやってたんですよ。三好十郎だとか自分たちがやりたい芝居をやるために、まずは戦意高揚ものをやんなきゃいけない。もちろん情報局の目があるからね。築地小劇場でアカとして目を付けられてた滝沢修さんや宇野重吉さんなんかの左翼系の演劇人たちは、軍隊に行かされて。移動隊の名前も自分たちで名乗ったわけじゃなくて、大政翼賛会がつけたんだ。で、丸山さんたちは〈櫻隊〉として巡演することになって……」

広島で全滅した移動演劇隊「櫻隊」

一九四五年八月六日、広島県内を巡演中だった丸山率いる櫻隊一行は、爆心地から七五〇メートルの宿舎で被爆する。座員九名のうち五名は即死、一命をとりとめ宮島の寺に移された丸山は終戦翌日の八月一六日に、神戸の知人を頼った園井も、共に避難した高山象三に続いて二一日に死亡。唯一、自力で避難列車に乗って東京に帰った仲みどりも、東大病院で二四日に息を引き取る。座員九名全員が八月中に命を奪われた。

「目黒の五百羅漢寺に櫻隊の碑があってね。毎年八月六日に、新劇人が集まって偲ぶ会をやってるんですよ。以前は滝沢さんや杉村さんが招かれて話をしたり、僕もなるべく行くようにしてて、ちょっとしゃべったこともある。

そのとき一緒になった佐野浅夫さん、西村晃の次の〝黄門様〟ね、佐野さんは丸山さんの苦楽座にいた人で、東大病院に入院した仲みどりさんに会いに行ったんだって。佐野さん、そのときのことを思い出して、言葉を詰まらせてましたよ。丸山定夫さんは愛媛県松山の出身で、僕も巡業に行ったときに丸山さんの寄金に一口応募しました。松山には丸山さんの胸像があるんだけど、今はもうみんな知らないみたいだねぇ。

あと園井恵子さんは盛岡の人で、これも巡業で盛岡に行ったときにお寺を聞いて、お参りしてきました。立派なお墓でね。由来も書いてありましたよ。園井さんは本名が袴田だから、〈はかまさん、はかまさん〉って言われてたんだってね。丸山さんも、園井さんも、本当に惜しかったねぇ……」

奇しくも八月六日は園井恵子の誕生日だった。園井は享年三二、丸山は享年四四。今年も五百羅漢寺では櫻隊の原爆追悼忌が開かれる。

生き残り組の使命

歴史の断定権を持つ責任

広島、長崎、そして終戦と、夏は何かと「日本人と戦争」を考える季節である。特攻隊の生き残りだった親友の西村晃、広島で原爆に遭い、無念の最期を遂げた丸山定夫や園井恵子。直接、間接に知る彼らが戦争にいかに翻弄されたかを、加藤武はことあるごとに口にする。自分がドジを踏んだ数々の失敗談の合間に。西村晃の見事なエロ事師ぶりを、お腹を抱えてヒィヒィ笑いながら盛りに盛って面白おかしく披露するその隙間に。

戦前・戦中は「お国のために」潔く命を捨てるのが当然だと曇りなく信じる少国民だった加藤にとって、それまでの価値観や大人たちの言うことが天地がひっくり返って一八〇度変わったことは、「世の中ってものを斜に構えて見るようになった」決定的出来事だった。

「今の人たちにはそんな話をしても感覚としてわかんないだろうなぁ、とは思ってますよ。でも、そんな話ができる人はみんな死んじゃってるからね。俺は直接戦争には行ってないけど、あの時代の空気はイヤってほど知ってる。そういうのは話せる人が話せるときに話しとかないと、後から振り返って何もなかったことになっちゃうからさ」

今は亡き映画人、演劇人たちの思い出話をするのも同じ理由からだ。

「黒澤さんの映画でもなんでも、俺なんか数少ない生き残りだからね。元気な生き物のところに、何かっていうとみんな訊きに来るわけ。ただね、生き残りとしてとっても大切なことがあんの。ジジイがしゃべるときに気を付けなきゃいけないのは、やっぱりある歴史の断定権を持ってるでしょ？　誰も知らないんだもの。

たとえばの話、もし〈三船（敏郎）さんはヒドい人だった〉と言ったら、みんなそう思っちゃう。実際はまったく正反対で、あんなにいい人はいなかったけど。それは語り伝える側としての責任があるよね。あんまり私情を交えて〈イヤなヤローだ、アイツは〉なんて言ったら、ホントに〈イヤなヤロー〉になっちゃう。なんたって生き残ったもんが勝ちだもの。俺は非常に良心的だから、そういう責任を感じるわけ。いい加減なことはしゃべれないよ。冗談ひとつにしても、ギャグとして言うならいいけど、それを歴史にしちゃあ、ね」

「単なるスケベ」じゃ堪らない

麻布や早稲田時代から付き合いの長い加藤の悪友たちも、多くが芸能の世界に入った。作曲家の内藤法美《つねみ》、フランキー堺など、五〇、六〇代で早世した友人たちもいる中で、小沢昭一や北村和夫、そして加藤などの役者陣は、七〇代になってもますます意気軒昂。とはいえそれぞれいい年になってくると、「弔辞を誰が読むか」は何かと話のネタになる。麻布時代からの無二の親友、小沢とは互いに弔辞を読み合おうと決めた仲だが、二人の共通認識は「北村にだけは弔辞を読まれたくない」であった。

「それこそ、冗談でよくそんな話をしてたんですよ。北村和夫はすごくタフで、丈夫なヤツでね。小沢は、〈とにかく最後まで生き残るのは北村だから、タケさんが死んだら劇団の若い研究生とかに《北村さん、昔活躍した加藤武さんって役者さんがいたんですね?》《あ〜、なんかそんなのもいたかなぁ》なんて、言われちゃいます!〉って言うわけ。《じゃ、小沢昭一さんは?》《あ、あれはね、単なるスケベ》。北村に断定されちゃう、って。ハハハハ!

だから俺は生きてる証拠を残したい、猛然と本を書いてんのはそういう理由だ、って小沢は言ってましたよ。そんなこと言ったら、俺なんかは存在がなくなっちゃう。〈こんな役者知らないよ〉って言われりゃそれまでだもの。ところがその北村が一番先に死んじゃってね。だから生き残った者の責任ってありますよ」

はからずも、二〇〇七年に北村、二〇一二年に小沢を見送り、二人の弔辞を読んだのは加藤であった。

玉音放送のキーマン

二〇一五年夏、原田眞人監督で再映画化された『日本のいちばん長い日』。加藤は岡本喜八監督版（六七年）に、内閣書記官長、迫水久常《さこみずひさつね》役で出演している。北村和夫や川辺久造など文学座の仲間たちも、官邸の人間として緊迫した場面を担っていた。三船敏郎、笠智衆、志村喬、山村聰など錚々たる顔ぶれが醸す重量感、画面から感じる「圧」たるや、尋常ではない。

リメイク版公開時には、それこそオリジナル版を知る〈生き残り組〉として加藤にも取材依頼があったが、ちょうど自身の「語りの会」を間近に控えていたために、応えられなかった。

「あれは大変だったけど、いい役でしたよ。御前会議の場面なんてオールスターメンバーでね。迫水さんは玉音放送の原稿を書いた人。論語とか和漢の書に通じてた。まぁ当時の高官には当然の教養だったんだろうけども。おかげであの玉音放送、難しすぎて一般人には何言ってんだかサッパリわかんなかった。このときたしか東宝のセッティングで、迫水さん本人と対談したんじゃなかったかな。渋谷の料理屋かなんかで一席設けて。戦後は自民党の議員になった人だけど、さすがにきちんとした人でしたよ。

こんなこと言っちゃアレだけどさ、今の政治家たちのなんたる悪相《あくそう》！　時代劇の悪代官のほうがよっぽどいい顔してる。そこへいくと迫水さんはどっしりと落ち着いた、立派な顔でね。顔で判断するわけじゃないけど、やっぱり〈相〉ってあると思うんだ。眉毛がとっても太い印象があったから、俺も撮影で眉を太くした気がするな。しかしあの終戦直前は、本当に大変な苦労だったらしい。天皇が吹き込んだ玉音放送の録音盤を、日本の敗戦を認めたくない将校たちが目を血走らせて奪いに来て、みんなで必死に隠したんだから。そういう歴史の現場に居合わせた人と実際に会うってのも、なかなかない体験だよね」

後ろ姿の昭和天皇

印象的だったのは、昭和天皇を後ろ姿だけで演じた八代目松本幸四郎、後の初代白鸚だ。リメイク版では本木雅弘が顔も出し、会話もし、重大な決断を自ら下す〈人間〉天皇を演じた。

「御前会議の場で、白鸚さん、当時の幸四郎さんが天皇陛下をやったんだよね。アラカン（嵐寛寿郎）さんは新東宝で顔をハッキリ出して明治天皇をやって大当たりをとったけども（五七年『明治天皇と日露大戦争』ほか）、さすがに当時、天皇陛下を顔出しでやるってのはできなかったんじゃない？　だけど、いくらチラッと見えるだけの出演ったって、滅多な役者にやらせるわけにいかないからね。

そこで歌舞伎界から高麗屋（幸四郎）にお出まし願ったってわけ。映画には顔が写ってない

『日本のいちばん長い日』スナップ。中央右、笠智衆の後ろが加藤武（1967年／加藤武個人蔵）

から、〈ホントに幸四郎がやってんの?〉って疑った人もいたらしいけど、ちゃんと撮影現場に来てましたよ。いつものように泰然自若としてね。ホラ、前に話したでしょ？　俺の好きな〈高麗屋ごっこ〉。楽屋で付き人のおじさんにかしずかれる高麗屋の、あの感じですよ」

三船敏郎と石原裕次郎の気概

『日本のいちばん長い日』の翌年、一九六八年に加藤武が出演したのが、熊井啓監督『黒部の太陽』だ。ご存じ、黒部ダムを造った男たちの奮闘を破格のスケールで描いた物語で、三船敏郎と石原裕次郎というスターの顔合わせも話題となった。独立して個人プロダクションを立ち上げた三船プロと石原プロの共同製作でもあり、構想四年の歳月と巨費を投じた渾身の一作だ。公開時には約七三〇万人動員という大ヒット。

大スクリーンにこだわった裕次郎の遺志もあってこれまでソフト化はされず、上映機会も限られていたが、二〇一三年にノーカット版が全国で順次公開され、ソフト化も実現した。「封切り時に一回しか観てない」という加藤だが、そこはやはり貴重な〈生き残り組〉である。

「三船プロと石原プロの合作だから、当然二人とも真剣ですよ。三船さんはホンットに裏方に徹してね。あんな大スターが、率先してロケ弁運んだり。いつも黙々として、カッコいいんだ。男の悲壮感というか、哀しみが漂ってるんですよ。裕次郎もよくやってたなぁ。あれもいい男！　普段は大らかなナイスガイでね。日活の食堂じゃ、昼メシにビール飲んでんだから。裕次郎だけ公認なんだ。ほかの撮影所じゃ聞いたことないよ。現場でもたまに飲んでたもん。

そういうとこがあったけど、『黒部〜』はもう、真剣そのもの。裕次郎は建築家のインテリの役で、フォッサマグナがどうとかとか、黒部のダム工事がいかに大変かをバーッて説明するとこがあんの。俺は現場の工事監督の役でそれを聞いてんだけど、裕次郎はあんな小難しいせりふも必死で覚えて、ＮＧ出した記憶ないもんね。すげぇなぁ、と思ったのを覚えてるよ」

宇野重吉、意気に感ず

トンネル工事のシーンは熊谷組の工場敷地内に再現セットを組んで撮影が行われた。熊谷組をはじめ、関西電力、大成建設など、実際に黒部ダムの建設に関わった企業名は、映画でも実

『黒部の太陽』スナップ。間組の親方を演じた（1968年／加藤武個人蔵）

名で登場している。加藤は現場でたたき上げた間組《はざま》の国木田という男を演じた。

「俺は現場作業員の親方みたいな役ね。娘がこのあいだ映画を観て、儲け役だったって言ってた。トンネルをこっちからと向こうからと、両方から掘り進めていくんだけど、こっちは手作業、向こうは機械作業。

で、ついに俺の目の前で向こうからドリルがガーッと出てきて、トンネルが繋がるんだ。ロケはずいぶん長期間にわたってたけど、途中で水の事故もあってね。大量の水が大放出される見せ場で、水量を間違えたとかで、裕次郎が水に流されてあわやの負傷。犠牲者が出なくてよかったけど、相当な大ごとだったよ。俺たちは宿屋で寝てたからびっくりして。

それとあの映画は劇団民藝の宇野重吉さん

が裕次郎に頼まれて劇団をあげて協力したんだよね。宇野さんに滝沢修さん、女優陣も民藝で揃えて。大滝秀治さんとは宿屋で同じ部屋だった。あと裕次郎のお父さん役は、新国劇の辰巳柳太郎さん！　俺は新国劇も大好きだったから、たっぷりいろんな話を聞かせてもらいましたよ。豪快なイメージだけど、意外や酒が飲めないの。でもあっけらかんとして、実にいい人でね。辰巳さんとああして話ができたのは嬉しかったなぁ。今はもうあの映画の〈生き残り組〉も、大滝さんと俺ぐらいだけどね」

と、そう話していた直後に大滝も世を去ってしまった（二〇一二年没）のは寂しいかぎり。〈生き残り組〉の証言はますます貴重なものとなる。

愛すべき後輩・太地喜和子

出会いは「伝説」

『黒部の太陽』でたたき上げの現場監督を演じた加藤武は、公開時に映画を観たっきりだった。二〇一二年秋、三五年近くを経て、映画撮影時に工場敷地内にトンネルセットを組むなど、撮影に全面協力した熊谷組に招かれ、社員研修の一環として久々にこの映画を観たという。

「とにかく情熱が詰まってる映画だったね。三船さんも裕次郎も、ありったけの力を注いでるのがよくわかった。だけど大滝秀治さんも亡くなっちゃったし、あぁ、みんないなくなっちゃったなぁって思いながら観てました。

出演者があんまり多くて、クレジットが全部アイウエオ順だったのにはビックリしたな。前代未聞だったんじゃない？　自分の役はね、そんなに出番は多くないけど、トンネル工事の一番の難所を突破する美味しいとこで出てたりして、なるほど儲け役だった。ハハハハ！」

この年、本拠地の文学座で初演された舞台が、宮本研による書き下ろし作品『美しきものの伝説』だった。幸徳秋水らが処刑された明治末期の大逆事件以降、社会主義運動と新しい芸術運動に身を投じた若き革命家や芸術家たちの青春を描く群像劇だ。

一九六八年の初演以来、現在もさまざまな劇団やプロダクションで繰り返し上演されている人気作である。伊藤野枝、大杉栄、辻潤、平塚らいてう、神近市子、島村抱月、沢田正二郎といった歴史上の人物たちが、野枝、クロポトキン、幽然坊、モナリザ、サロメ、先生、早稲田といった、あだ名の役名として登場する。加藤は、活動家たちを支えた代筆業会社、売文社を創立した四分六《しぶろく》こと堺利彦役を持ち役とした。この初演時に初めて共演したのが、文学座に入って二年目だった太地喜和子だ。

ライオンの檻に飛び込む女

一九四三年生まれ。高校時代に東映ニューフェイスとして〈志村妙子〉の名でデビューしていた太地は、その後、俳優座養成所に入所する。原田芳雄、村井國夫、林隆三、前田吟、地井武男、小野武彦、夏八木勲、栗原小巻らを輩出した〈花の一五期〉出身だ。

「当時の俳優座養成所はね、映画会社のニューフェイスなんかを預かる特別コースがあったの。喜和子は文学座の舞台で杉村春子の『欲望という名の電車』を観て、惚れ込んじゃった。蛇《じゃ》の道は蛇でね。俳優座の養成所にいたのに、どうしても文学座に入りたい、って」

文学座にも当時さまざまな特待生制度があり、俳優座養成所の出身者は、面接を経て研究生Bクラスに入所できた。いわば飛び級だ。

「俺は面接は立ち会わなかったから、喜和子が入ったときのことは知らないんだ。だから『美しきものの伝説』の初演のときに初めて会ったわけ。喜和子は突然坊といって、演歌師の役。演歌といっても今の演歌じゃないよ。明治、大正時代はヴァイオリン弾きながら盛り場で歌を歌って、歌詞本を売ったんだってね。

文学座の舞台は木村光一の演出で、開場前から細川俊之と喜和子たちが、楽器鳴らしながら客入れの歌を歌うんだ。細川俊之は音楽センスがあるから、歌もヴァイオリンもうまくてね。喜和子は網タイツに縦じまの半纏着て、大きなリボンつけた格好で、タンバリン叩きながらロビーから歌ってるわけ。喜和子の役には、〈まずはずずずずいーと〉っていうような、ちょっと歌舞伎がかった紋切型の口上みたいなのがあったの。木村に〈加藤さんとこ行って教わってこい〉って言われた喜和子が、〈初めまして〜〉って、俺んとこへ来たのが初顔合わせですよ。

なんだかしょこまかしょこまかして、落ち着かねぇ女だと思ったね。でもまぁ手本ってことで、俺が〈ナントカカントカでございまするぅ〜！〉と一気にやったら、ボケーッと口開けて見てるんだ。で、〈へぇ〜っ、面白いですねぇ！　もういっぺんやってください〉だってさ。〈もういっぺんじゃないよ、オマエさんがやんだよ！〉〈えええっ⁇　アタシがやんのっ⁉〉なんてケラケラケラケラケラ〜って笑うわけ。ホント、へ〜ンな女！　でも憎めないんだね。いっぺんにこっちの懐に飛び込んできちゃった。

俺は顔がこうだから、普通はおっかながって、みんな寄りつかないんですよ。ライオンの檻みたいなもんだね。噺家の（鈴々舎《れいれいしゃ》）馬風《ばふう》さんだったかな、あの人もゴツい顔してるでしょ。〈そんなに怖がらないで！　エサでよく馴らしてあるから、そばへ来ても大丈夫〉なんてギャグがあったけど、俺もそう言いたいくらいだ。そこへ喜和子が飛び込んできたってわけ。おもしれぇ野郎だなぁと思ったね。あいつ、大オンチだから歌はダメなんだけど、突然坊の役は苦労してよくやってましたよ」

ボロボロの台本

加藤も太地も、お互いに腹の中を隠すのが苦手で、思ったことはポンポン口に出してしまう。それでいて照れ屋で、おっちょこちょい。つまりは似た者同士なのであった。

「俺としては芝居でも喜和子とはピタークッと息が合うんだね。喜和子はどんどん頭角を現して、『美しきものの伝説』の再演（七一年）では、ダブルキャストだけどメインの野枝役をやった。俺も四分六役でずっと出てたから、とっても思い出ぶかい芝居ですね。喜和子は天才肌でもなんでもない、ぶきっちょなんだ。ケロッとして見えるけど、大変な努力家なの。台本はいっつもボロボロになるまで読み込んでましたよ。〈オマエね、そんなに目をらんらんとさせて眺めてたらホンに穴が開いちゃうよ！〉って言ったくらい。喜和子が憧れてた杉村さんは、台本にきちんとカバーを掛けて、いつもきれいなまんまだったの。杉村さんはきっと家で何百回、何千回と稽古していて、ボロボロのホンは家に置いてきてるんじゃないかと、俺は勝手に妄想してるんだけどね」

その杉村が太地を認めていたことは確かだが、例の二度にわたる分裂事件で杉村が負った深い痛手は癒えることなく、太地についても真に自分の〈後継者〉とする意志はなかっただろうと加藤は見ている。

文学座『美しきものの伝説』太地喜和子、加藤武、稲野和子（1971年／写真提供：文学座）

「華も実力も、ハッキリ言って喜和子は座内で飛び抜けた存在だった。でもやっぱり杉村さんは分裂以降、〈女優は自分一代〉と決めてたと思うんだ。杉村さんって酔っ払いのあしらいがうまくて、北村和夫とか喜和子とかがベロベロになって〈杉村さぁ～ん〉なんて絡んできても、ちゃんと相手をするから偉いんだよ。イヤな顔ひとつしないで、全部受け入れてね。

だけどそれとこれとは話が別。自分の当たり役を喜和子に継がせるとか、看板を託すというつもりはなかっただろうね」

勝新も淡谷のり子も

太地が加藤と同じ芝居に出るときには、稽古も本番も有無を言わせず加藤に「全部見ててね！」と厳命（？）し、気付いたことは逐一言ってほしいと懇願した。忌憚なくズバッと意見する加藤を太地は文学座の頑固オヤジとして慕い、跳ねっ返り娘と時にはケンカもしながら、加藤も見守る。そんな名コンビではあったが、決定的な違いは酒量であった。

「一応ね、俺も喜和子に仕込まれてちょっとは付き合ったけど、本当に飲めないもんは無理だよ。〈飲まなきゃダメー！〉〈飲むのっ！〉なんて言われたけど、付き合い切れないもん。

そこへいくと、勝新、勝新太郎なんかは映画で喜和子と共演して、すっかり意気投合してね。気が合うの、わかるでしょ？　喜和子は自分も飲むけど飲ませ上手で、陽気にパーッと騒ぐんだ。勝新のことだから京都で飲むと、先斗町だとかのお座敷をハシゴしたりして。で、へベレケになった勝新が最後に喜和子をホテルに送ってったら、喜和子が〈ちょっとアタシんとこ、来る？〉〈大丈夫、大丈夫、何にもしないから〉だってさ。〈逆だよバカ、そりゃ男のせりふだよ〉って俺言ったよ。ハハハ、ほんと、バカだねぇ！」

伝説化している三國連太郎との恋愛をはじめ、流した浮き名も数知れず。

「でもね、喜和子は男関係もいろいろ取りざたされてたけど、実はそんなでもないんだよ。惚れっぽいだけで。面白いことに、喜和子は淡谷のり子さんにも可愛がられてたの。なぜかっていうと、淡谷さんと似てたんだって。最初にカーッと燃え上がって、追っかけてつかまえるでしょ。そしたら、もうイヤんなっちゃう。そんなとこがソックリで気が合ったんだってさ。喜和子は正直だから、淡谷さんに、とっても可愛がられたんだね。

いっぺん試しに結婚もしてたけど、それも三カ月くらいだもんねぇ。だけど本当に〈これだ〉と思い決めた相手については、表沙汰にしたくないの。妙にそういうとこあるんだ。そのくせ普段は楽屋でネグリジェみたいなの着て、〈イェ〜イ〉なんてすぐペロンと人前でまくるんだよ。これがまたペチャパイなの！　おかしいったらない。まぁそんなだから、共演する相手を惚れさしちゃうんだろうね」

芝居に懸ける思い

太地喜和子のパブリックイメージとして一人歩きしているのがこの「酒豪伝説」と「魔性の女伝説」なのは、彼女の本領が舞台にあったことが大きいだろう。映像作品も多く残ってはいるが、文学座での『飢餓海峡』『雁《がん》の寺』『五番町夕霧楼』などの水上勉作品や、最後の出演作となった『唐人《とうじん》お吉《きち》ものがたり』、平幹二朗とのコンビで評判を呼んだ蜷川幸雄演出『近松心中物語』といった舞台での代表作を、実際に目にした者は年々少なくなるばかり。俳優としての正しい評価が伝わりにくくなる。

『女の一生』『欲望という名の電車』という絶対的な舞台の代表作をもつ一方で、小津安二郎、黒澤明、成瀬巳喜男ら名匠たちの映画にも数多く出演した杉村春子が、質・量ともに舞台と映像のバランスが拮抗していたのとは事情が異なる。

「喜和子は本当に芝居に関しては真剣だった。だから結婚して子供ができた文学座の女優が、杉村さんに赤ん坊を見せにきたりすると、喜和子は烈火の如く怒ったの。〈杉村さんに無礼だ〉って。杉村さんは〈あら〜、かわいい〉とか言うけど、杉村さんだって本当は子供を作りたかったたかもしれない。杉村さんは二度結婚して二人の旦那さんにとってもよく尽くした人だけど、子供を生んであげられなかったことをいつも悔いてた。それを喜和子も知ってたからね。

〈杉村さんだって神様じゃないんだから、子育ても女優もなんて二つはできない。それくらい女優業って大変なものなの。だから赤ん坊を見せにくるヤツははり倒したくなる〉ってよく言ってたよ。〈なんにもわかってない！〉ってね。それが喜和子を語ってる。芝居が喜和子のアイデンティティーなんだ。何も知らないヤツが喜和子の取材に来て、〈酒が〉〈男が〉なんて、冗談じゃねぇんだよ」

愛すべき後輩の芝居に懸ける思いを知るからこそ、加藤もまた「喜和子のことをなんにもわかってない！」と、語気を荒げるのだ。

文学座『飢餓海峡』高橋悦史、太地喜和子（1977年／写真提供：文学座）

太地喜和子の死

仁義なき戦いもビックリ

「タケさん、タケさん」と後輩の太地喜和子に慕われていた加藤武によれば、太地は「人の好き嫌いが相当激しかった」そうだ。

「ま、俺も喜和子のことは言えないんだけどさ。ハハハハ。あるときなんか外の舞台で共演した俳優座時代の先輩とケンカしちゃったらしいんだ。先輩だってことも忘れて、つい思ったことを言っちゃうんだね。いくら芝居が気に入らないったって、大先輩だよ？　それで喜和子を怒ったんだよ、俺は。そのかわり、気の合う連中とはしょっちゅう飲み歩いてたけどね」

特に旅公演となれば、連夜のごとく公演先の町なかに繰り出した。

「こっちは飲めないから早く寝ちまおうと思ってんのに、夜中に宿屋に帰ってきてまたギャーギャーギャーギャー騒いでうるさいんだ。何の公演のときだったか、〈いいかげんにしろっ!!〉って怒鳴ったら、翌日の移動のとき、喜和子が駅のベンチで妙にシュンとしてんだよ。朝メシも食わないで、小さい牛乳パックあるでしょ？　あれにストロー突っ込んで、ちゅぅぅぅぅぅぅ〜って吸ってんの。

で、〈大将《てえしょう》、悪いことしちゃった……〉ってしおれ切って、牛乳がなくなるまで握りしめてたよ。あのサマが忘れらんない。純粋っていや純粋なんだね。妙にかわいいとこがあんの」

あるとき、加藤は映画『仁義なき戦い』のロケで、太地は文学座の旅公演で、同じ時期に京都に滞在していたことがあった。

「俺はいつもおんなじ旅館に泊まってた。ちっぽけだけどいい旅館でね。（菅原）文太も定宿なんだよ。で、喜和子の呼び出しで、俺は飲めない酒に付き合ったわけ。喜和子が泊まってた旅館は山の上かなんかで帰るのが遠いから、〈タケさんとこ、泊まれる？〉って言うんだ。〈なんにもしないから〉とは言わなかったけどね。ハハハ！

旅館に〈空いてるかい?〉って訊いたら〈空いてる〉っていうんで、〈じゃ、一間ちょっと〉って頼んだ。あ、もちろん部屋は別々だよ! そしたら喜和子が黙って寝るわけねぇんだよね。俺んとこへ遊びにこようとしたけど、どこの部屋に泊まってるかわかんない。そいで、そこいらの襖《ふすま》をバーッと開けて〈ターケさんっ!〉って飛び込んだら、文太が寝てたんだって! そりゃビックリするだろうよ、いきなり飛び込んでこられりゃ。喜和子がまた〈仁義なき戦いが驚いてた〜!〉って、面白おかしく俺に報告すんの。おっかしいよ〜」

こらこら、修学旅行の中学生か。楽しそうだなぁ。

念願の『唐人お吉ものがたり』

破天荒を地でいく太地の〝素〟が活かされたのは映画で、気っ風のいい芸者やストリッパーをあっけらかんと演じてみせた。映画『男はつらいよ 寅次郎夕焼け小焼け』(七六年)のマドンナ、芸者ぼたんも人気が高い。「寅さんの喜和子はよかったねぇ。ケラケラ笑って、喜和子そのまんま」

一方の舞台では、烈しく命を燃やす情念の女を次々と演じ、芝居に対する妥協のなさは年を追うごとに鬼気迫るものとなっていく。

一九九二年、太地は文学座の舞台『唐人お吉ものがたり』に主演した。幕末、アメリカ総領事ハリスのもとへ世話係として送られた伊豆下田の芸者、お吉の実話は、昭和初期からたびたび小説、映画、舞台になっている。

山本有三の戯曲『女人哀詞――唐人お吉ものがたり』もまた、戦前から歌舞伎や築地小劇場で上演されてきたが、文学座の戌井市郎演出、初代水谷八重子主演により劇団新派で上演されたのが一九七八年のこと。以後、戌井演出では坂東玉三郎主演で何度か上演するうち、文学座で取り上げたくなった戌井は、「お吉は太地喜和子以外に考えられない」と思い決めた。

「喜和子もやりたかった役だもん、戌井さんに声をかけられて、トントン拍子で話が進んだわけ。お吉はハリスのとこを御役御免になってから恋人と所帯を持つんだけど、結局その男に裏切られるんだ。で、酒乱になって、三味線弾きながら新内を語る。喜和子はその新内を、公演の一年以上も前から、ちゃんと師匠について稽古してたんだよ。本番じゃ見事にやってのけたね。後半は髪結いになるから、髪結いの手さばきも身につけた」

この文学座公演に、加藤はハリス（ハルリス）役で出演した。

「俺の出番は序幕だけ。せりふは全部英語だ。アッパッパーっていうか、ネグリジェみたいのを着て、俺が〈ミルクがほしい〉なんて言うわけ。そうすっと喜和子のお吉がオロオロする。喜和子と絡むのはその場面だけなんだよ。そのあと彼女は出ずっぱり。

俺は序幕が終われば帰れるんだけど、例によって喜和子が〈見てろ〉って言うから、全体稽

文学座『唐人お吉ものがたり』太地喜和子、加藤武、八木昌子(1992年/写真提供:文学座)

古のあとの抜き稽古にも全部付き合ったんだ。戌井さんは非常にあっさりした方だから、けっこう俳優に任せちゃうんだよね。稽古も本番も付き合って、ちょっと気になるとこを指摘すると、喜和子は〈あぁ、そうかそうか〉なんて言って台本に書き込むの。台本は書き込みで真っ黒。言ったとこはすぐに直ってる。俺の欲目かもしれないけど、日に日に芝居が良くなっていったよ」

ご当地公演前夜の事故

一九九二年八月、『唐人お吉ものがたり』は三越劇場で幕を開け、続いて地方巡演が始まった。一〇月一二日、一行は静岡県伊東市へ。翌日の一三日には唐人お吉の地元、下田での公演を控えていた。

「伊東の公演が終わって、俺はホテルで先に寝てたわけ。いつものごとく喜和子は気の合う役者たちと飲みに出てた。そしたら真夜中に突然、見知らぬ女の人からホテルに電話がかかってきたんだ。まだ携帯電話はない時代だし、どうやって俺たちのホテルを調べたのかわからないけど、〈海で太地さんが事故に遭いました！〉って。たまたま事故を目撃した人で、消防に通報したあとにホテルまでわざわざ電話してくれたんですよ。

息せき切って海岸まで駆けてったら、前からピーポーピーポーって救急車が来た。これだ！と逆回りして追っかけたけど、とても追いつけない。ヘトヘトになって、さぁ困ったと思ってふと見ると、ある医院の前に救急車が停まってる。救急医院でも何でもないけど飛び込んでみたら、これが当たりだった。

廊下に、びっしょり濡れてブルブル震えてる文学座の男の役者二人がいたの。〈どうした？〉って訊いたら、喜和子が奥の救急室にストレッチャーで運ばれた、って言うんだ。ちょうど救急室から出てきた看護婦に訊くと、洋服と和服の女性が運ばれた、と。〈洋服の人が、息を引き取られました〉。それが喜和子だった」

遺体はそのまま検死のため伊東警察署に運ばれ、加藤は目の前で起きている事態が信じられないまま、太地の親族に連絡を取り、遺体安置の手配をしと、駆けずり回る。

「やっと少し落ち着いてから、あらためて男二人に話を訊いたら、〈明日はいよいよ下田だね〉ってことで、いつもの仲間と飲みに行くことになったと。昼間、どっかのスナックのママが町なかでたまたま喜和子に声をかけてきて、その店で飲むことにしたんだね。で、飲んでるうちに喜和子が、なぜだか〈海が見たい〉って言い出したらしいんだ。〈じゃ、ご案内しましょう〉ってママが車を運転して、助手席に喜和子、後ろに男二人が乗った。伊東の公会堂って今もあるんだけど、その目の前が波止場なんだ。そこでちょっと海を見て、帰ろうとしてUターンしたら、バックのまま車ごと海に落っこちた。後部座席の男二人と、運転席のママは何とか脱出できたけど、喜和子は逃げらんなかったんだ。洗面器に顔もつけらんないくらい水を怖がってたから、じーっとして動けなかったらしい。すぐ近くが消防署で、すぐにレスキューが来たけど、喜和子だけがダメだった」

救いは、もの言わぬその顔がきれいなままだったことだ。「実に安らかな顔で、まったく傷もない。そのまんまの喜和子だったよ」

勝新の送り三味線

夜が明けて伊東警察署内からふと外を見ると、なんとそこにはもう某有名女性芸能レポーターが歩いていた。

「やっぱり商売だねぇ。情報収集してるんだ。ヘタにインタビュー受けちゃいけねぇってんで、喜和子の遺体をお棺に入れて、すぐに文学座へ運び込んだ。霊柩車じゃ目立つから、普通の黒い車でね。朝九時ごろだったかな、もう皆さん駆けつけてて、大変な騒ぎになってた。

通夜は昔あった稽古場の二階。元旅館を改装した狭い座敷の部屋であんまり立派なことはできなかったけど、みんなよく来てくれました。忘れもしない、（坂東）八十助、今の三津五郎（二〇一五年没）も喜和子と共演してたし、親しくてね。曲がりくねった階段の下で、身じろぎひとつせずに、じっと焼香の順番を待ってた姿をいまだによく覚えてる。

びっくりしたのは、勝新、勝新太郎。『唐人お吉ものがたり』では喜和子が三味線を弾いて新内を語るんだけど、柩の前に、本番で使う本物の三味線じゃなくて、小道具のボンボコ三味線を置いといたの。それを通夜に来た勝新がふっと手に取って、調子を合わして弾き出したんだ。〈喜和子を送る〉って言ってね。いやぁ、あれは見事だった。ボロボロの三味線なのに、みんな聞き惚れた。それくらい勝新も思い出があったんだね」

ちょうど映画『釣りバカ日誌』の撮影にも入っていた加藤は、現場で三國連太郎から、それとなく様子を探られたという。

「喜和子っていや三國、ってくらい有名なわけだから、通夜でも葬式でも来りゃいいじゃないかと思ったよ。喜和子が東映のニューフェイス時代に、三國さんに惚れて惚れて惚れ込んだ。喜和子も惚れるとなったら命がけだからね。そのくせ、パッと冷めるのも早いけど」

太地喜和子最後の舞台『唐人お吉ものがたり』（1992年／写真提供：文学座）

それにしても早すぎる。享年四八。『唐人お吉ものがたり』の次には、代表作のひとつ『好色一代女』（八木柊一郎作）の再演が決まっていた。

「悔しいなんてもんじゃないよ。喜和子は緑内障と糖尿も患ってて、失明の恐怖にも怯えてたけど、まだまだやりたい役がたくさんあった。杉村さんがいるあいだは無理にしても、いつかは（『欲望という名の電車』の）ブランチもやりたかったんだろうね。ただ、もしかしたらどこかで〈盛りのうちに自分で幕引きを……〉って思いもなくはなかったかもしれない。こればっかりはわかんないけども。

あけっぴろげで人間的で、ところが芝居になるととにかく色っぽい。目の前で芝居しててもそう思ったもん。あれが不思議でしょうがなかった。まぁかわいいやつでした。雑司ヶ谷に喜和子の墓があって、ふと思い出しちゃ、お線香あげに行ってる。いまだに喜和子のファンが墓をきれいにしてくれてるみたいだよ」

第五章
役者の引き際

小沢昭一に誘われて

幽霊よりも怖い人間

太地喜和子があまりにも呆気なく世を去ったのは一九九二年。入座したての素っ頓狂な新人時代からウマが合い、太地の稽古にもたびたび付き合ってきた加藤だが、実は太地が在籍していたあいだ、文学座を離れていた時期があった。

一九七四年、麻布中学時代からの親友、小沢昭一が旗揚げする芸能座に参加することになったのだ。文学座はいったん退座し、〈座友〉扱いに。二度にわたる大きな分裂騒動の際にも微動だにせず杉村のもとにとどまっただけに、文学座に対する思い入れはひとしおのはずだが、どんな心境の変化があったのだろうか。

「まぁ、ひとことで言えば若気の至りですよ。っていうほど若くもなかったけどね。一度外に出てみたいっていう役者の欲みたいなものもあったんだな。もちろん一番は、小沢に誘われたからだけど。最初から五年間だけの期間限定劇団ってことだったし、小沢のやる気に触発されてね。〈おぅ、一緒にやってやろうじゃねぇか〉って意気で飛び込んだ」

文学座『怪談 牡丹燈籠』三遊亭円朝を演じる（1986年／写真提供：文学座）

退座する直前には、文学座で『怪談 牡丹《ぼたん》燈籠《どうろう》』の原作者にして語り部でもある三遊亭円朝を演じた。脚本を手がけたのは、小沢と同じく麻布時代からの友人で劇作家の大西信行だ。加藤、小沢、大西は、三人揃って寄席演芸研究で知られる作家の正岡容《いるる》門下。カランコロンと下駄の音を響かせて夜ごと愛しい男に逢いにくる美女の幽霊（もれなく乳母の幽霊もついてくる）の怪談噺は、幕末から明治にかけて活躍した伝説の落語家、円朝の十八番として知られる。

学生時代から寄席に入り浸っていた大西と加藤にとって落語ネタはぴったりの素材だが、大西は円朝の噺をもとに、さらに色と欲に目がくらんだ男女二組の物語を際立たせた。特に、幽霊にとり殺される新三郎の下男、伴蔵とお峰夫婦の強欲ぶりは徹底していて、〈怪談〉と銘打ちながら、客席からはドカンドカン笑いが起きる。どこまでもがめつい夫婦は因果応報の末路を迎え、笑っているうちに恐ろしくなるという寸法だ。演出の戌井市郎によれば「幽霊よりも怖いのは人間」というわけ。

『欲望という名の電車』のスタンレーとブランチのようなシリアスさとはまったく違うコミカルな伴蔵・お峰夫婦は、文学座における北村和夫と杉村春子コンビのもうひとつの代表作となった。文学座初演のあとには杉村と（二代目）尾上松緑の顔合わせでも上演され、以来、この大西脚本・戌井演出による文学座版は、歌舞伎でもたびたび上演される人気演目となっている（歌舞伎の舞台を映画化した「シネマ歌舞伎」では、伴蔵・お峰は片岡仁左衛門と坂東玉三郎、円朝は坂東三津五郎）。

引き継がれる円朝

噺家に扮して高座に上がってもサマになる新劇俳優なんてそうはいないから、芝居も落語も両方に通じている加藤にとって、この作品の円朝は待ってました、の役どころかと思うと、胸中はなかなか複雑なのであった。

「円朝は初演からずいぶんやらせてもらったけども、本音を言えば、僕だって伴蔵をやりたいですよ。そんなこと言っちゃ申し訳ないけどね。欲求不満があった。結局、落語だのそっち方面に詳しいからってことで配役されるわけ。前に杉村さんに言われたみたいに、何でも知ってりゃいいってもんじゃないんだ。

客観的に見て、俺はあんまり大きな役者じゃないっていうか、どっか使いにくいところがあるんだろうな。これは役者として反省するところですね。やりたい役はなかなか回ってこないもんだねぇ」


とは言うものの、円朝を演じるにあたって加藤は芝居噺の名人、林家彦六（八代目正蔵）に教えを乞い、扇子の使い方から白湯《さゆ》の飲み方まで、本寸法の高座の芸をきっちり習っている。幼い頃から耳に目に焼き付けてきた記憶を頼りに〈落語家とはこんな感じ〉と自己流でお茶を濁さないところが、根っから芸に真摯なこの人らしさであり、落語という芸に対する敬意の表れでもある（などと言われると本人は大いに照れるけれども）。

この役を文学座で引き継いだ坂部文昭は加藤から手とり足とり教わり、奇しくも加藤が世を去った二〇一五年七月に歌舞伎座で円朝を演じていた（四代目）市川猿之助もまた、役づくりのために加藤のもとを訪れた。加藤本人にはさまざまな思いが交錯していたかもしれないが、新劇、落語、歌舞伎という枠を越えて、脈々と芸が引き継がれている稀有な作品と言っていい。伝統芸能にも通じる新劇俳優にしかできない役回りを、しっかりと果たしたのである。

何かと円朝には縁があって、加藤は二〇一五年九月に円朝と弟子の姿を描く舞台『すててこてこてこ』に主演するはずだった。残念ながら実現は叶わなかったが、このとき代役で主演を務めたのが、『怪談　牡丹燈籠』でも円朝を継いだ坂部であったことも巡り合わせである。

後悔先に立たず

さて、そうして文学座を離れ、親友・小沢が主宰する芸能座の旗揚げに参加した加藤だったが、これまた意外な現実が待っていた。第一回公演は永六輔作『清水次郎長伝・伝』（七五年）。

「これがね、行ってみて〈しまった！〉と思ったの。一緒に小沢と芝居やっても、全然イキが合わないんだ。ハハハハ、びっくりでしょ？ 普段はなんでもツーカーなのに。思いの丈を小沢の弔辞でもぶちまけたけどね。〈アンタくらい、やりにくい役者はなかったよ〉って。まったくあいつ、舞台に立っちゃえば友達もへったくれもないんだ。まぁ、役者ってそういうものだけどね、競り合いだもん。

小沢の場合は、やってるうちにだんだん〝一人芸〟に傾いていったんだな。小沢は一人で汗かいて燃えてる。こっちはどんどん冷めていく。小沢の芝居って当意即妙で軽くて、（古今亭）志ん生みたいに見えるでしょ。ところが実際は、ものすごく一生懸命やってるんだよ。そういう芸なの、あの人は。だから稽古が好きなの。本番よりも稽古が好き」

ええっ、それにはこちらもびっくりである。稽古もそこそこに本番ではアドリブもかまし、客や共演者を煙に巻くタイプだとばかり思っていた。

「いやいやいや、そうじゃないの。稽古が好きで好きで、稽古の間に一生懸命あれこれ練り上げていくわけ。もちろんそれは我々も同じなんだけど、練り上げ方がちょっと尋常じゃないんだ。それが全部自分に集中していっちゃう。だから芸能座のあと、小沢は一人芝居をやるようになったけど、それが一番合ってたんだよね。扇子一本の噺家とおんなじだ。井上ひさしの『唐来参和《とうらいさんな》』は、女房を吉原にたたき売っちゃう絵描きの話で、これが大当たり。もともとは戯曲じゃなくて、井上さんの小説を小沢が芝居仕立てにしたんですよ。もうひとつ絶品は、永井荷風の『榎物語』。小沢が木魚とかドラを叩きながら、破戒坊主の物語を一人で語るんだ。小沢は全国の放浪芸を訪ね歩いて研究してたでしょ。そうこうするうちに一人芝居に辿り着いた。辿り着かれたこっちはかなわないけどね。でもまぁ、いいじゃない。それが彼の芸なんだから。ハモニカ吹きながらの自分語りなんかも面白いもんねぇ」

芸能座時代には遅筆で知られる井上ひさし作品も上演している。

「第二回公演で『四谷諧談』（七五年）っていうのをやって、そのあともう一本、それと芸能座の最後の年に『しみじみ日本・乃木大将』（七九年）をやったけど、やっぱり台本が間際になって上がってくるからね。小沢みたいに稽古の好きな人が、それでできるわけないよ。だから幕開きにドロドロドロドロってお化けの格好して出て、〈ホンができるかと思ったら〜できなくて〜〉って、恨みつらみをさんざん言ったりしたこともあった。

最後の『しみじみ日本〜』は、はじめに聞いてた芝居の構想とは全然内容が違ったけど、いい話だったな。乃木将軍の馬たちが乃木さんを語ってくっていう発想が面白くてね。小沢が前足、俺が後足だった。とまぁ、芸能座の五年間は苦い思い出も多かったですねぇ」

卑怯未練で情けない打本

かくして舞台に関しては悩み多き七〇年代を過ごした加藤だったが、映画に目を移すと、いまだに人気の高い当たり役に巡り合っている。深作欣二監督『仁義なき戦い』シリーズ随一のヘタレ組長・打本昇と、市川崑監督『犬神家の一族』（七六年）の橘警察署長に始まる、金田一耕助シリーズでのコメディ・リリーフだ（作品によって名前と身分が違う）。

まずは『仁義なき戦い』。シリーズ三作目の『〜代理戦争』（七三年）、続く『〜頂上作戦』（七四年）に参加した。生来のコワモテを活かして胴間声でスゴむ広島の極道役でもよさそうなものだが、加藤演じる打本組長の、まぁ情けないことったらない。姑息で小ずるく、肝っ玉はノミより小さい。跡目争いで反目する山守（金子信雄）にはコケにされ、広能（菅原文太）にも呆れられ、しまいに「その辺のタクシー屋のおっちゃん」呼ばわりされる始末。

「ほんっと、どこまでいってもカッコ悪いんだ。卑怯未練な男でね。とことん臆病なヤツにしたんですよ。深作さんは好きなようにやらせてくれる、いい監督。ほかはみんなカッコいいヤ

芸能座『四谷諧談』小沢昭一、加藤武（1975年／撮影：鶴田照夫）

クザでしょ。本物に見えちゃうくらい、怖いんだ。だけどこっちは現実的な、カッコ悪いヤクザ。タクシー会社が本業で、〈どっちか言うたら事業一本にしぼりたいんじゃ……〉なんて情けないこと抜かしたりしてね。
でもすごく人間的で、おかしいでしょ。自分に似てるとこもあるし、とっても気に入ってる役なんだ。金子さんとの絡みも面白かったね。そうそう、ウチのトイレが壊れたときに修理に来た茶髪の若いのが、俺を見て〈あっ、仁義なき戦いだ！〉だってさ」

加藤自身が楽しみながら打本を演じていることは、画面からも伝わってくる。なるほど、このときのロケ中に京都の旅館で、太地喜和子が打本の部屋と間違えて広能の部屋に突撃してしまったのか……と、想像するとまたおかしい。

「よし、わかった！」

出会いはナレーション

一方、金田一シリーズで加藤が演じた役名を挙げると、第一作『犬神家の一族』（七六年）の橘警察署長にはじまり、『悪魔の手毬唄』（七七年）では〈立花捜査主任〉、『獄門島』（七七年）、『女王蜂』（七八年）、『病院坂の首縊りの家』（七九年）、『八つ墓村』（九六年）ではいずれも〈等々力警部〉、リメイク版『犬神家の一族』（〇六年）では〈等々力署長〉。見た目、言動、思考回路、どこをどうとっても同一人物にしか思えないが、すべて別人で、金田一とは作品が替わるたびに初対面、という体である（そのくせ、「あれ？　どこかで会ったような……」的なリアクションをするのも毎回のお約束）。

一九七四年から七九年まで小沢昭一の芸能座に参加した加藤は、ほぼ同時期、金田一シリーズに連続出演していた。浦山桐郎監督『青春の門』（七五年）では田中健にフンドシ一丁で性のめざめ指南をする教師、山本薩夫監督『天保水滸伝　大原幽学』（七六年）では笹川繁蔵を演じるなど、ほかの監督作品にも出演はしていたが、七〇年代後半から八〇年代前半にかけて毎年のように出演したのは市川崑作品だけだ。

金田一シリーズ以外でも、『火の鳥』（七八年）、『古都』（八〇年）、『幸福』（八一年）、『竹取物語』（八七年）、『天河伝説殺人事件』（九一年）、『帰って来た木枯し紋次郎』（九三年）、『どら平太』（〇〇年）と、計一四本に出演。加藤にとっての最多出演監督は市川崑であった。

実は加藤と市川との出会いは、映画『女性に関する十二章』（五四年）までさかのぼる。伊藤整によるベストセラーエッセイの映画化で、津島恵子と小泉博の倦怠期カップルをめぐる結婚ラブコメディだ。共演は有馬稲子、上原謙、徳川夢声といった顔ぶれ。

『キネマ旬報』1979年5月下旬号表紙。
『病院坂の首縊りの家』では、等々力警部役

「どういういきさつだったかは忘れちゃったけど、ナレーションをやったんですよ。当時の映画はダビングが大変だったんだよね。東宝のスタジオはまだ田んぼの中にあって。近くの旅館で寝ながら待ってたんだけど、いつまで経ってもお呼びがかからない。で、夜中に叩き起こされて、寝ぼけ眼でナレーション入れた覚えがある」

本作では随所で作者の伊藤整自

身がナレーションを担当し、出演もしているが、加藤の名前はクレジットされていない。
「これが崑さんと初めての出会いだったんだけど、崑さんは覚えてないし、俺も〈実はあのとき〉なんてわざわざ言わなかったからね。ベストセラーだから本屋の書棚に本があって、その一冊がポトンと落ちる。で、〈おや？　どうしたんだ？〉なんて本が喋るんだよ。つまり本がナレーションで、そこから話が始まる。そうたくさん録ったわけじゃないから、たぶん冒頭のシーンとかだけじゃなかったのかな。つまんないこと覚えてるもんだね。映画は観てないから、どういう使われ方したかはわかんないけど」

いずれにせよ加藤も俳優として駆け出し時代であり、本格的な映画出演はごくわずかという頃。この時期ナレーションを担当した作品に川島雄三監督『愛のお荷物』（五五年）、『幕末太陽傳』（五七年）などがあるが、この『女性に関する～』では伊藤整の吹き替えで加藤の声が使われたのか、録音はしたものの結局使われなかったのかは不明だ。ソフト化されていないため、名画座や衛星放送などで確かめられる機会を待ちたい。

楽しき哉、冗談飛び交う市川組

さて、いよいよ金田一シリーズである。
「探偵なんて」と金田一を小馬鹿にしながら見当外れの推理を繰り広げ、全然わかってないのに「よし、わかった！」が決めゼリフ。テカテカに黒光りしたオールバックに黒いヒゲ、黒い背広にネクタイ。いかつい顔して早のみこみの、どうにも憎めない警部はシリーズ随一の人気キャラクターであり、加藤武の代名詞ともなった。

大滝秀治、三木のり平、小林昭二、草笛光子などシリーズの常連俳優はたくさんいるが、石坂浩二が金田一を演じなかった『八つ墓村』（金田一役は豊川悦司）も含め、市川監督による金田一シリーズ七作すべてに登場しているのは加藤ただひとりだ。

「そんだけ使ってもらったんだからありがたいことだよねぇ。もうね、崑さんの現場は最高なんだ！　楽しい、楽しい、すん〜ごい楽しい。黒澤（明）さんの修行道場とはまるっきり正反対。監督によってこうも違うものかってくらい、撮影現場の雰囲気って違うんです。黒澤さんはほら、道場に入った瞬間から〈ハハーーーーッ〉と畏まって、ずーっと緊張しっぱなしでしょ。ションベンちびりそうになっちゃう。

もちろん黒澤さんも崑さんも、両方それぞれの良さなんだけど。崑さんくらい、楽しい現場はなかったですよ。和気あいあいで、いっつも冗談の飛ばし合い。普段からそういう人なの。で、〈よーい、ハイ〉ってときには、〈名優、頼みます〉なんて言うんだ。そいでこっちが芝居すると、〈え？　名優の芝居、それでおしまいですか？　へぇぇ〜〜〉なんて、おっかしいの。周りはワハハハハッてウケるしね。それで現場の緊張がほぐれる効果もあるんですよ。

黒澤さんなんて笑い声どころか、しわぶきひとつできないほどシーンとしてるもんね。崑さんは〈な～んだ、新劇のベテランがそれだけのものですか〉だって。言ってくれるよねぇ。みんなを笑わす、本当にいい監督。こっち（左）の歯を一本抜いて、いっつもタバコくわえてた姿が忘れらんないね」

コメディリリーフの粉吹き

市川崑の生誕一〇〇年だった二〇一五年、角川映画誕生四〇周年の二〇一六年と、近年では映画館で『犬神家～』をはじめ金田一シリーズが上映される機会も多いが、加藤の「よし、わかった！」が登場するたび、「待ってました」とばかりに場内はどよめいた。金田一とのすっとぼけた掛け合いシーンが出てくると、嬉しくてニヤニヤしてしまう。加藤武のいない金田一シリーズなんて考えられない、と思わせるほど、怨念ドロドロの横溝ミステリーを一大娯楽作にした、加藤の貢献度は高いのだ。

ポンッと手を叩いての「よし、わかった！」は、もともと脚本にはなかった。加藤によると「監督との合作」で誕生したせりふと動きである。

「台本にはなかったけど、たしか僕が一回アドリブっぽく言ってみたんですよ。そしたら監督が〈もう一回やって〉って言う。僕の役が何にもわかってなくてトンチンカンなこと言うと、お客はホッとするって言うんだね。まぁ、だいたいヒロインが犯人で底は割れてるんだけど、みんな、犯人は誰かって考えるでしょ。凄惨な場面が続くから、僕のところでひと息つける。

つまりはコメディリリーフだね。お客も〈アイツ、なんにもわかってねぇな、バカだねぇ〉って優越感を持てる。でも、おんなじ言い方をしちゃつまんないから、薬飲みながらとか、ちょっと小声でとか、いろんな言い方をするわけ。お客も期待してるし、崑さんがどこでどうやって言わせるかを考えてね。なかなか言わせなかったりするんだ」

そう、見かけによらず胃が弱い（乗り物も弱い）警部は胃薬もお友達。粉薬をプハーッと吹き出すシーンもお約束だ。回を重ねるごとに、どんどん吹き出し方も盛大になっていった。

「あれも崑さんが考えた。『犬神家〜』ではしゃべりながら吹きこぼすくらいだったと思うけど、だんだん派手になっていってね。最初はクリープでやってみたんだけど、パーッとは飛ばないんだ。そしたら小道具さんが〈そうだ、龍角散入れてみよう〉って言って、ミックスさせたらいい塩梅にきれいに飛んだ。黒い背広が粉薬でまっ白になると目立つでしょ。一番よく飛ぶ割合はクリープが七、龍角散が三くらいだったかな？」

具体的な市川崑演出

たいがい金田一には憎まれ口をきく警部だが、なんだかんだと最終的には金田一の推理力に対する敬意と親しみが芽生え、別れがたいラストを迎えることになる。『獄門島』では金田一と共に島を去る船の上で等々力なりに金田一をねぎらい、『女王蜂』では列車の中で青い毛糸を編む金田一の救いとなる言葉をかける名シーンがある。なんだよ、警部けっこういいヤツじゃんと、観る側もじんわり、ほっこり。意外にもさわやかな後味を残すのだ。

加藤本人が持つ〈ドウモウなオッサン面〉(©今村昌平)の下に隠れる心優しき人間性が、はからずもにじみ出てしまった一連の警部役は、こうして愛すべきキャラクターとしてシリーズに刻まれることになった。第一作から三〇年を経たリメイク版『犬神家〜』でも、加藤のまったく変わらぬ声の大きさと元気さに驚いた観客は多いだろう。

「崑さんが面白いのは、金田一ものじゃない『天河伝説殺人事件』でも、おんなじキャラクターで出たの(役名は仙波警部補)。〈よし、わかった!〉も、粉吹きもやったんだから」

さらに言えば、水谷豊主演の刑事もの『幸福』でも、控えめながら「よし、わかった」とやっている。現場の明るさ、楽しさはもとより、加藤が市川監督に信頼を置いたのは、その具体的な演出の言葉にあった。

「杉村春子さんもそうだったけど、崑さんは非常に言うことが的確で具体的なの。〈もうちょっとゆっくり歩いて〉〈そこで振り返って〉〈セリフはもっと低いトーンで〉みたいにね。黒澤さんしかり、頭の中にきっちり描きたい世界があるんですよ。新劇なんかだと頭でっかちな演出家が妙に理屈こねて、〈いわゆるそこのメチエ(表現)を掘り下げて〉なんて言ったりする

『女王蜂』撮影中のスナップ。右は金田一役の石坂浩二。
映画賞受賞のお祝いか（1978年／加藤武個人蔵）

けどね。抽象的でわかんないってぇの、井戸掘りじゃあるまいし」

二〇〇八年、市川崑は九二歳で死去。リメイク版『犬神家～』が最後の撮影作品となった。

「崑さんとはずっと年賀状もやりとりしていてね……。映画でいうと黒澤明、市川崑の両巨匠と仕事ができたのは幸せでしたよ。そうそう、崑さんが長谷川一夫さんで撮った『雪之丞変化』（六三年）は面白かったんだってねぇ！　崑さんのモダンな撮り方だから、長谷川さんは面白くなかったらしいけど。ハハハハハ。観たことないから、これはぜひ観たいんだ」

加藤は亡くなる直前に開いた自身の『語り

の世界』で、件の『雪之丞変化』をやっと観て感激したと語った。特に雪之丞の育ての親、菊之丞を演じた先代（八代目）市川中車がいかに素晴らしかったか。楽しい思い出ばかりの市川崑作品には、最後まで縁が深かった。

忘れじの杉村春子

『ふるあめりかに袖はぬらさじ』

撮影が楽しくて仕方がなかった市川崑監督映画と、意外にも小沢昭一との芝居づくりに苦闘した芸能座時代を経て、一九八〇年に加藤武は文学座に復帰した。復帰作品は水上勉作『雁の寺』。川島雄三監督の映画（六二年）で若尾文子が演じた和尚の愛人役は、仲良しの後輩、太地喜和子だった。

「前の年にちょこっと別の文学座の公演に出て、正式にカムバックしたのが『雁の寺』。和尚役が北村（和夫）で、俺はその友達の役で出た。まぁとにかく喜和子が色っぽくてね。なんだろうねぇ、あれは？」

文学座復帰と前後して、加藤にとっては待望の役が巡ってくる。幕末の横浜遊廓を舞台にした杉村春子後年の代表作のひとつ『ふるあめりかに袖はぬらさじ』（七二年初演）で、杉村演じる芸者お園と対等にわたり合う、岩亀楼《がんきろう》主人役だ。

当時の映画界で大人気だった有吉作品は、文学座でも『華岡青洲の妻』（七〇年初演）がヒット。こちらも杉村主演で再演を重ねる人気作となっていた。『ふるあめりか〜』は小説の舞台化ではなく、有吉自身が文学座のために戯曲を書き下ろした作品である。

「初演には俺も出てるけど、そのときは岩亀楼に外国人を連れてくる遊客でね。よしゃいいのにまた俺が小器用なもんだから、太鼓なんかたたいたりして。バカだねぇ。本当は岩亀楼主人をやりたかったですよ。だけど初演のときは、小沢栄太郎さんを客演で連れてきちゃったの。そりゃあ小沢さんだもん、杉村さんとの掛け合いも息ぴったりだし、さすがでしたけどね。

それが文学座に俺が戻る少し前に、新派で『ふるあめりか〜』をやることになって、岩亀楼主人役で呼んでもらったんです。杉村さんの晩年近くなって、ようやく相手役をさせてもらえた。これは勉強になりましたねぇ」

横綱の胸を借りる

外国人に身請けされることになった遊女亀遊《きゆう》は、恋人と添い遂げることが叶わず、自殺する。亀遊と親しい芸者お園はその胸中を知っていたが、はからずも亀遊の死は〈外国人を拒んだあっぱれな女郎〉として、尊王攘夷派にまつりあげられる結果となってしまった。したたかな岩亀楼主人はここぞとばかり亀遊の死を商売に利用し、お園もまた亀遊の〈烈女伝〉を虚実取り混ぜ三味線片手に弾き語り、大評判をとる。講釈師よろしく、どんどんエスカレートして話を盛っていくお園は、今で言うなら虚偽・捏造疑惑で炎上必至。案の定、調子に乗り過ぎて最後には痛い目を見る。

「お園さんが亀遊さんを英雄化して、岩亀楼の観光名物にしちゃうんだ。結局はその罰が当たるという芝居だけど、杉村さんが面白いから、お客もよく笑ってね。日本人を皮肉ってるっていうか、何かっていうと美談にしたり、今でもよくある話じゃないの？

新派で僕が最初に出たときは亀遊さんを（初代）水谷八重子さんがやっていて、素晴らしかったんだ。亀遊さんは最初のほうで死んじゃうけど、最後の最後まで〈亀遊さん、亀遊さん〉と言われる役でしょ。お座敷の場面では杉村さんだけに注目が行きがちだけど、八重子さんの場合は、ちゃんと杉村さんのバックに亀遊さんのイメージが浮かぶんですよ。せりふはてんで覚えない人だから現場は大変だったけど。ハハハ！

でも、きれいで存在感があって、哀しさが滲んでた。あれが新派の芸なんだねぇ。その後、僕も何度も岩亀楼主人をやったけど、亀遊さんはあの八重子さんが忘れらんない」

思えばまだまだ若手のころ、『鹿鳴館』で「あんたの芝居は全部借り物」と加藤の急所を突

文学座『ふるあめりかに袖はぬらさじ』加藤武、杉村春子（1982年／写真提供：文学座）

いた杉村は、このときは加藤にどう接したのだろうか。

「『ふるあめりか～』ではわりに自由にやらしてもらいました。杉村さんも胸を貸してくれて、やっとがっぷり一緒に芝居できたから、面白かった。やっぱり横綱の胸を借りなきゃいけないっていうのは、こういうことなんだよ。大きい人にぶつかっていかなきゃ。だから若いころから杉村さんの相手役をしていた北村は、幸せだったなぁとつくづく思う」

「型」を超える芝居

新派の『ふるあめりか～』上演時には、併演された新派作品にも杉村は出演した。泉鏡花の『婦系図』ではお蔦の姉さん芸者、小芳《こよし》役。

「杉村さんの小芳がまた良かったんだ、肚《はら》があって！　新派の連中が腰抜かしたのも無理ないよ。〈めの惣《そう》〉って場面があるんだけど、小芳が、いいとこの女学生のお嬢さんの髪を梳いてあげるの。このお嬢さん、実は小芳が腹を痛めて生んだ娘でね。いろいろあって母親だとは名乗れないわけ。本を読んでるお嬢さんに、〈お梳《す》きしましょう〉って梳いてやるんだけど、ついーって梳いてる途中で、櫛をポトッと落とすんだ。

ここで流れる長唄の『勧進帳』の詞と小芳の心情が、ぴったり合ってる。ホントにうまいこと出来てんだよ～。これには全部型があって、杉村さんは新派の女形、（二代目）英《はなぶさ》太郎から一生懸命教わってね。本人は〈不器用でね、なかなか〉なんて言ってたけど、フタを開けてみたら全部気持ちが入ってるから、小芳の心が痛いほど伝わってくる。型がどうのじゃなく、自分のものにしちゃうんだね。いやぁ驚いた」

杉村は歌舞伎や新派の俳優との共演も多かったが、そういうときこそ杉村春子のすごさが際立つのだと、加藤はさらに力を込める。

「有吉さんの『華岡青洲～』も、外部の舞台でもたくさんやったの。映画（六七年、増村保造監督）では（市川）雷蔵がやってた青洲の母親役が杉村さんで、青洲の妻と嫁姑で火花を散らすんだ。嫁は小川真由美に始まって、喜和子とか、池内淳子とかね。青洲は文学座だと北村や高橋悦史、江守徹。歌舞伎役者は（一七代中村）勘三郎、（中村）富十郎、（中村）吉右衛門、（市川）團十郎と、錚々たる青洲でしたよ。ほかの作品でも杉村さんは（二代目尾上）松緑や（八代目松本）幸四郎とも共演してるしね。

相手が誰だろうが、結局は全部自分のものにしちゃうんです。それはやっぱり、心があるからでしょ。型だけに付き合い切れるわけないもん。そこが杉村さんの素晴らしいところ。杉村さん以上の人はいないんじゃないかなぁ」

受け継がれるお園

『ふるあめりか〜』のお園役を気に入っていた杉村は、九〇歳近くまで繰り返しこの役を務めた。加藤も岩亀楼主人役でずっと共演している。

「さすがに杉村さんも最後のほうは足がつらくて、立ったり座ったりが大変だから、椅子に座ってましたね。岩亀楼主人がお園に意見するところでは、旦那の俺が地べたに座って、芸者の杉村さんが椅子に座ってんの。それが戌井（市郎）さんの演出。

ところがね、これが全然おかしくないんだ。中身さえちゃんとできてりゃ、位置取りなんてどうでもよくなっちゃう。音羽屋（六代目尾上菊五郎）もそうだったけど、女優でそんなことができるのは杉村さんぐらいですよ。だけど杉村さんは満身創痍でね。外反母趾にも苦しんでたから、和物のときはまだしも、ハイヒールなんかはつらかったみたい。杉村さんが言うには

〈いい形するって、とってもくたびれることなのよ〉。背中をひねって、つむじが天井から吊るされてるような形を持続して、それでいて肩の力は抜けて……なんて無理な姿勢、そりゃつらいよ。だけどラクな格好してたら、いい形にはならないんだね」

杉村の舞台を観た坂東玉三郎たっての希望で、『ふるあめりか〜』のお園は、やはり戌井演出で玉三郎に引き継がれた。玉三郎の当たり役のひとつだ。とはいえ、杉村は玉三郎が演じるようになってからも〝本家〟としてお園を何度か務めているから、やはり特別な思い入れがあった作品に違いない。さらにその後、玉三郎主演で歌舞伎としても上演されて人気を博し、『怪談 牡丹燈籠』と同じく「シネマ歌舞伎」にもなっている（岩亀楼主人役は一八代目中村勘三郎）。

両作品とも、文学座で初演された当初は「新劇の老舗劇団が〝商業演劇〟化している」という批判も受けたようだが、ジャンルを横断して人を惹きつける魅力を持つソフトは、そう生み出せるものではない。新劇の財産だ。と同時に、それだけ杉村春子が〝新劇女優〟という枠を遥かにはみ出ていた証拠ともいえるだろう。

「いい人見つけなさい」

黒澤明に対する姿勢と同じく「三尺下がって師の影踏まず」精神で杉村を敬ってきた加藤にとって、杉村のピシリと的を射た言葉は、いつでも心の指針であった。

杉村春子とデュエット！ 貴重な一枚（加藤武個人蔵）

「ま、グサグサ来ることばっかりなんだけどね。言われてきたことが今になってわかる。〈年を経し糸の乱れの苦しさに〉（『古今著聞集』）ですよ。年をとるっていうのも大事なことでね。でも、続けたからいいってもんでもない。年を重ねるなんて、ひゃーの値打ちもないんだ。〈ひゃー〉ってのは江戸弁ですけど。

無駄に年をとるんなら、誰だってできる。丈夫なら勝手に年はとれるけども、これがまた杉村さんの言葉。〈あんたね、お正月が来て、お雑煮食べて、にこにこヘラヘラしてりゃ、誰だって年はとれんの。でもね〉と、こっから顔が厳しくなる。〈年とると一緒に、（ドン！とテーブルを叩いて）何かがなくっちゃぁ！〉と来るわけ。これに惹き付けられる。みんな〝何か〟に責め続けられるんだよ。サムシングがなくちゃいけない。老いさらばえての旬なテーマは、それに尽きるね」

また杉村からは、咀嚼するのに時間がかかる言葉も投げられている。

「ウチのカミさんは杉村さんにもご挨拶してたし、杉村さんもよーく知ってたの。恋女房であり世話女房でもあったんだけど、そのカミさんが先に亡くなっちゃって、杉村さんにご報告に行ったんですよ。〈お世話になりましたけれども、みまかりました〉って。そしたら〈またいい人見つけなさい〉って！　逝って一週間も経ってないよ？　結局見つけなかったけどね！　いやぁ、ショッキングだった。言葉の奥が深すぎて、普通じゃ杉村さんのこと、誤解するかもしんない。

そのくせ、あの方くらい大恋愛した人もいないんだ。家庭があった森本薫さんとの戦中の大恋愛は命がけだったそうだし、二人の旦那さんにも奥さんとして一生懸命尽くした。でも、みんな杉村さんより先に逝っちゃうんだよね。しかも公演中とかに。その人が俺に対してそういう言葉をね……。あれにはびっくりしたなぁ」

「あなたもわかるでしょ？」と言われたが、これにはうーむと考えこんでしまった。命を燃やして今を懸命に生きる。でも過ぎた日は振り返らない。新たな愛を糧に、前を向いて進むのみ。そういうことなのか。

「思い出すのは杉村さんの『女の一生』のせりふね。〈誰が選んでくれたのでもない、自分で選んで歩きだした道ですもの。間違いと知ったら自分で間違いでないように（とテーブルを叩く）しなくちゃ！〉って」

やっぱり役者

それぞれの引き際

近年の加藤武の口ぐせは「怒ってくれる人がいない」だった。黒澤明しかり、杉村春子しかり。特に杉村については「杉村さんのいいとこ、全部しゃべっちゃったよ」と笑っていた加藤だが、〈役者の引き際〉については相当考えさせられたようだ。

「これが難しいんだよねぇ。きっと俺もそうなんだろうけど、やっぱり生きてるかぎりは、って思っちゃうもんなんだ、役者ってのは。ほら、相撲の魁皇《かいおう》ね。最多勝ち星かなんかの記録達成したとたんに、力が入んなくなっちゃったんでしょ？　そりゃそうだよ。彼は普段の顔がすごくいいんだ。あと一勝なるか、二勝なるかっていう、張り詰めた顔！　俺、大好きなの。

でも引退発表したと思ったら、なんだかほわ〜ってしちゃってたもんね。あんなにも顔が違っちゃうもんかと思った。いやぁ、もう十分やったよ。その後も一つか二つ、星を積み重ねたんでしょ。引退する朝も稽古してたんだってね。満身創痍なのは杉村さんと同じだ。杉村さんも、若い相手役が衣裳の早変わりで舞台袖を駆けてくときにぶつかって、バーンと転んで腰打っちゃったりしたことがあってね。でもそんな身体でも芸者をやるとなればスッと立って裾引くんだから。あの努力には本当に頭が下がった」

定年も引退もない役者の幕引きは自分で決めるしかない。けれど……。

「俺も引退するなら魁皇みたいになりたいよ。でも役者はやっちゃうんだよね。杉村さんは〈舞台でマイクなんてつけるようになったら引退よ〉と言ってたけど、ある日楽屋を覗いたら、マイクつけてた。ハハハハ！

誰が杉村さんに鈴つけたかって、演出の戌井（市郎）さんしかいない。その前には、舞台の前面に音を拾う触角みたいなマイクを何本か立てて、杉村さんのせりふのときだけ音量上げて、俺たちのときは音を絞るってこともやってたの。操作専門の人を一人つけて。杉村さんにはわからないようにね」

ヨタヨタを演じる体力

一八代目中村勘三郎が五七歳という若さで急逝したとき、弔辞を読んだ同学年の一〇代目坂東三津五郎は、半世紀にわたり切磋琢磨し合った良きライバルにして長年の友に向かって「肉体の芸術ってつらいね……」と、絞り出すように語りかけた。その三津五郎自身も、二年後には勘三郎の後を追うように世を去ってしまう。何よりも肉体あっての役者なのである。

「だからこそトシなりに一生懸命、身体づくりしてるわけ。何度も言うようだけど、老いぼれの役でも、本当に老いぼれちゃダメなんだ。身体を使ってヨタヨタを表現しなきゃなんないし、口も回らないとね。トシを取れば取るほど過酷な商売ですよ。それでテメェが続けたいからって、ヨタヨタになって続けてたらダメだね。

そんなのお客さんは見てられない。袖に引っ込んで酸素吸入してまた出てくるような芝居じゃ、痛々しくてね。〈そこまでしてやってます〉っていうのを見せられても、辛いだけだもん。それがエライってのとは、違うと思う。そうなったらやめたほうがいい。生意気なこと言うようだけど、俺はイヤだな。頑張ってもダメなときは……やっぱりやめるんじゃないかなぁ。わかんないけど」

加藤自身についての予測は見事に外れた。齢八〇を超えて三〜四カ月の地方公演に参加する体力は、まぁほぼ超人クラスである。

「ヨタヨタを演じるには体力が必要なんだ。力を抜いて舞台にいるってのは、たいへんな体力ですよ。だから空いてる時間はジムに行ってる。何か身体を動かしてないとダメなんだよね。こんど『殿様と私』って舞台の何度目かの再演があるんだけど、前とおんなじに動きたいじゃない？〈サッと立てなくなった〉〈あの動きができなくなった〉〈声が聞こえなくなった〉とかさ、言われたくねぇんだ、悔しいから。杉村さんが言うように〈何かがなくっちゃぁ！〉ですよ。それでバッタリ逝くんだろうね」

いいホン、いい役とのめぐり合い

『王様と私』ならぬ『殿様と私』は、七八歳にして加藤がめぐり合った愛着のある作品だ。文学座での初演は二〇〇七年。

「マキノノゾミさんの脚本が素晴らしいんだ。あんなホンにはなかなか出くわさないですよ。いいホンにめぐり合うこと、いい役にめぐり合うこと。これ、一生めぐり合えない人もいるんだから。『殿様と私』は、やっと、ここへ来てめぐり合えたって感じです」

文明開化華やかなりし明治にあって、かたくなにチョンマゲを切ろうとしない旧大名家令、つまりは華族の爺やとして殿様に仕える、雛田《ひなだ》源右衛門《げんえもん》が加藤の役どころ。鹿鳴館の舞踏会に出るハメになった殿様はやむなくアメリカ人のレディをダンスの指南役に迎えるのだが、チョンマゲのてっぺんから足の爪先まで武士道精神がしみついた頑固一徹な雛田と、進歩的な異国の貴婦人とでは、ソリが合うはずもない。よその書生にわが殿をバカにされたのは自分のせいだと言っちゃ腹を切ろうとし、頭に血が昇っちゃいざ討ち入りと、白鉢巻きに二本差しで赤穂浪士ばりの勇ましい出で立ちで気炎を上げる。

殿様との珍コンビぶりが笑いを誘うと同時に、急激な時代の変化に取り残された古武士の哀切が胸を焦がす。頑固でおかしくてちょっぴり切ない爺やは、まさに当たり役であった。

文学座『殿様と私』加藤武
（2013年／撮影：鶴田照夫／写真提供：文学座）

「時代に遅れちゃって、死に場所を求めてる男ですよね。そうとしか生きられねぇんだから。ホンを読んだ時点でいくらでも演じ方の計算は立つけども、計算通りにはいかないものなんだよ。結局、一生懸命やりゃいいんじゃないですか。一生懸命やれば、観た方がそう解釈してくれる。自分はこう解釈してます、なんて〈時代に遅れた年寄りでございい〉ふうにやったところで、ウソになりますよ。クドくてとても見てられないでしょ」

体力勝負の地方公演

『殿様と私』は読売演劇大賞優秀作品賞ほか、殿様役のたかお鷹が同優秀男優賞、芸術祭賞大賞を受賞するなど、高い評価を得た。二〇〇七年以降一〇、一一、一三年と再演を重ね、三度にわたる全国ツアー公演でも大盛況。全二一七ステージを加藤も無事勤め上げた。

「地方は公演を打っちゃ移動、打っちゃ移動の繰り返し。毎日それを続けて、三カ月とか長けりゃ半年くらい、行きっ放しになるわけ。荷物ももちろん自分で持って。昔から年功序列なんか関係なく、全部自分でやるんですよ。それが出来なきゃ新劇の役者はつとまらない。それぐらい厳しいものなんだ。

杉村さんがいた昔なんかは、宿泊は宿屋でしょ。公演がハネてから一斉に宿屋の広間で食事する。ぺーぺーは広間で寝て、飲むのが好きなヤツらは、人が寝てる枕元でワーワーやるからたまんないよ。まずその前に、一斉にメシ食ってるときに杉村さんからダメが出るからね。〈アンタ、あそこはちょっとね〉……これはキツいけど、うれしかった。あぐらなんてかいてられないよ。みんなの前で恥をかいて糧とする。それが今ないのは寂しいですよ。

今はビジネスホテルで個室だから。公演終わりゃコンビニでメシ買って。ご飯も昔とは全然違って、一緒じゃない。まぁともかく地方公演は自己管理が大切なんだ。みんなに迷惑かけちゃいけないからね。開演前にはストレッチ。このごろの若いヤツはエラいよ、朝まで飲んだくれたりしないし、飲みにも行かないもん。昔から俺は飲みができなかったから、逆によかった。それが今日《こんにち》、因果と丈夫な身体になってる」

ストレッチ、ビリー、おつけに卵

長期にわたる地方公演の予定がわかっていたりすれば、長年通うスポーツクラブでのトレーニングにもつい力が入ってしまう。

「前までは、やみくもに身体動かして、ヘトヘトになるまでやってたの。いろいろやり過ぎちゃって、膝とか腰痛めたり、尻餅ついて圧迫骨折しちゃったり。これじゃ、何のためにジム行ってんだかわかんないっての。

俺はやり過ぎるくらいが身体にいいと思ってたんだけど、あるときジムの先生に怒られちゃったんだ。ヘトヘトはダメ、トシを考えろ、って。悔しいけど、ほどほどぐらいが長持ちすんだって。そいでエアロビクスとかストレッチとか、足に筋肉つける筋力トレーニングとか、そんなに激しくないものをやるようにしてね。ヒイコラ汗かくばかりが運動じゃない、むしろ〈静中の動〉のほうがいいってことが、このトシにしてわかりましたよ」

と言いつつ、以前ハマっていたのが、かの「ビリーズブートキャンプ」だというのだから恐れ入る。ＤＶＤもすべて揃える、筋金入りの〈隊員〉であった。『殿様と私』の地方公演前には、ビリー本人がジムにイベントでやって来ると聞き、さっそく特別レッスンに申し込み。

「教え方も丁寧だったし、ノセ方がうまいんだ。終わった後はサインに撮影大会。にこやかなジェントルマンだったよ！」

そして「健康は僕にとっての大テーマ」と言うだけに、一人暮らしの食生活にもきちんと気を配っている。

「なるべく野菜摂らなきゃとか、非常に気をつけるようになった。料理はできないけどね。タジン鍋で何でもチンして、それにサラダとか。アンチョビみたいな辛いものかければ食えるから。全然おしゃれなんかじゃないよ。簡単だってだけでさ。それと玄米炊いておにぎりにして、梅干し入れて食ったり。あと汁物は欲しいね。おみおつけ。出汁入れて、なめこ入れて、赤みそ入れて。それに生卵ぶっこんで。俺好きなんだよ、おつけに卵。こんなの料理じゃないよ、ねぇ？

毎日おんなじメニューだからラクなもんだよ。あとはパンとかかね。昔は朝起きてから運動して腹ぺこになってモリモリ食ってたけど、それじゃまったく相撲取りになっちゃうんだって。それもジムの先生に怒られたから、今は起きてまず食ってから、ちょっと運動して、ってペース。夜も一〇時以降は食っちゃダメなんだ。まぁそうはいかない日もあるけど」

加藤の健康志向は、ひとえに役者として現役であり続けたいという切望ゆえだ。年齢を言い訳にせず、家族や周囲に寄りかからない自立した生き方には、清々しさと意地とが同居する。

「やっぱりやりたいよ。役者なんだから。文学座の代表は代表だけど、代表よりも役者でいたいわけ。八〇過ぎると、芝居からもなかなかお呼びがかからなくなる。原稿書いたり、インタビューに応えたり、代表として人の葬式に出たり、そんなのばっかりでね。

だけどどんどん役者としての場がなくなると、やっぱり気が滅入ってきちゃうんだ。それが怖いんですよ。何か目的がなきゃね。今日《こんにち》ただ今を、できるかぎりやる。で、明日につなげる。唯一そうやって息巻いてる。そうでもしなきゃ生きてらんないもん。老いぼれなりに、存在をアピールしないとね！」

母は寄席の有名人

八〇代も半ばにさしかかった加藤武の目標のひとつは「九一歳で二〇二〇年の東京オリンピックを目撃する！」ことだった。

「もちろん六四年の東京オリンピックはよく覚えてますよ。市川崑さんの映画もずいぶん騒がれたんだよね。〈あんなの記録映画じゃない〉だとかって文句言われてさ。崑さんが撮るんだもん、単なるドキュメンタリーで終わるワケないじゃない。頼むほうがわかってないよ。最初は黒澤さんに頼んだんだってね。それも観てみたかったけども。崑さんのは、えぇとなんだったけ、あの体操の……そうそう、チャスラフスカ！　すげぇ美人。彼女だけじゃなくて、アップとかスローモーションとかたくさん使ってた。実に崑さんらしかったけど、まぁちょっと長かった。ハハハハ！」

そんな話をしていたのが、二度目の東京オリンピック開催が決まった、二〇一三年ごろ。加藤自身もお気に入りだった文学座のヒット作『殿様と私』の再演、地方公演も毎年のようにこなし、かの「ビリーズブートキャンプ」にも張り切って〈入隊〉。スポーツジムで汗を流しながら、役者としていつお呼びがかかってもいいように準備していたから、数年後の「九一歳で見る東京オリンピック」も、まったくもって現実味のある話だった。

女学校出で英語が得意なインテリの母親も、九二歳で大往生している。

「おふくろは徳って言うんだ。〈徳がある〉の徳。ウチは前から話してるように一家揃って芝居好きだったけど、おふくろもさすがに八〇過ぎたら、芝居に行くのがおっくうになったんじゃない？　晩年はなぜか落語一本になっちゃったの。（六代目三遊亭）圓生《えんしょう》さんももちろん好きだし、（五代目三遊亭）圓楽さん、（一〇代目金原亭）馬生《ばしょう》さん……池波志乃のお父さんね、（古今亭）志ん朝のお兄さんの。その馬生さんをおふくろがやけにひいきにしてね。

ところが寄席に通うのはいいけど、耳が遠いから高座にかぶりつきで、〈あのババア、また来てる〉なんて有名だったんだ。そのうち、よしゃあいいのに楽屋まで行くようになっちゃってさ。若い前座とか二ツ目とかに、ちょいとご祝儀やったりして。〈もうやめてくれ！〉って、おふくろとはしょっちゅうケンカしてた。俺のおっかぁだってことはわかっちゃうからね。

でも、やめろと言ったって通うのはやめやしないよ、おふくろにとっちゃ楽しみだったんだから。（柳家）小三治さんにもずいぶん世話になっちゃった。おふくろ、俺と同世代だと思う噺家さんには、二ツ目とか若手の頃からいちいち頭下げて回ってたらしくてね。〈武をよろしく〉なんて言ってたんじゃない？　〈どうもまぁ、おふくろのお守りしていただいて……〉って、こっちは恐縮しっぱなし」

吉原で卒寿の祝い

そんな母親の卒寿（九〇歳）の祝いは、実に粋な場所で行った。

「今はもうなくなっちゃったけど、吉原に松葉屋って料亭があったの。昔と違って、吉原もいわゆる〈待ち合い〉だけじゃ成り立たないでしょ。松葉屋の女将さんは敏《さと》いから、いち早く花魁ショーとかを始めたんだよね。はとバスのコースにもなってたから人気があったみたい。

昔は久保田万太郎なんかもよく松葉屋で遊んでたんだよ。で、ウチの親父もやっぱり松葉屋をひいきにしてたの。魚河岸連中で祭り囃子もやってたから、座興に鳴りもんやったりして。親父は〈権利の権に平ら〉と書いてゴンペイ。おふくろより随分前に六七歳で死んじゃったけど、昔、さんざんドンチャカ騒ぎしたおなじみの芸者さんが、たった一人残っててね。もうかなりくたびれた引退寸前のベテラン、せい子姐さん。ハハハ、こんなこと言っちゃ悪いか。

そのせい子さんを呼んで、三味線入りで親父が遊んだ頃の話をしてもらったりして。九〇の祝いを吉原でやるってのも、粋でしょ。太鼓持ちも呼んだけど、昔、親父たちと遊んだベテランの太鼓持ちたちは、みんな死んじゃってた。忠七、半平なんて師匠たちね。昔の太鼓持ちってのは芸があったんですよ。踊り、小唄、獅子舞、何でもござれ。特に吉原の太鼓持ちの芸ってのはすごかった。太鼓持ちも、もう絶滅状態だけどね」

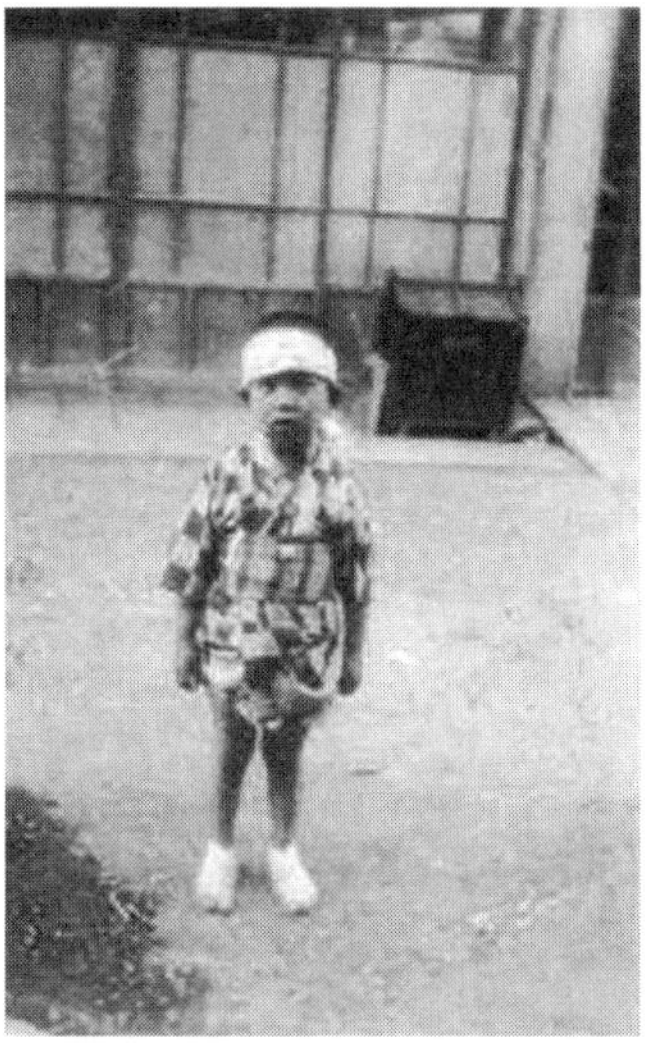 

左・魚河岸のお祭り小僧タケちゃん　右・泰明小学校の運動会で母と（加藤武個人蔵）

魚河岸の祭り――波除様と水神様

市場の移転問題に大揺れに揺れた今の築地を思うと、魚河岸の旦那衆たちが吉原で芸者、太鼓持ちをあげて遊びに興じていた古きよき時代とは、ずいぶん隔世の感がある。一方で、お祭り好きは、魚河岸人の中に今も変わらず残る遺伝子だ。

「もちろん俺もお祭り大好き！　祭り囃子を聞きゃ血が騒いじゃう。もっとも子供の頃、正月になると獅子舞が家の中まであがって来るのは怖かったけどね。獅子に頭を噛んでもらうと縁起がいいっていうけど、俺はお囃子が聞こえると押し入れにもぐりこんじゃった。家には親父が魚河岸の連中たちと習ってたお神楽の楽器とかおかめのお面も揃ってましたよ。

築地の氏神様は、波除《なみよけ》神社の波除様って言うんだ。お祭りの日は学校が休みになんの。と言っても、僕が通ってた泰明は山王の日枝神社が氏神様だったから、波除様のお祭りの日でも、ホントは休みにはならないんだけどね。芝居に行くのに早退けとかズル休みするのとおんなじだ。波除神社の神主さんの息子で、泰明の同級生だった鈴木君は、波除様のお祭りの日でも、ちゃんと休まずに学校に通ってたけど。エラいねぇ。

魚河岸の守り神は、水神様。魚河岸が築地に移転する前の日本橋時代から、水神祭は江戸名物だったんですよ。大正時代に日本橋で大きな水神祭をやって以来、築地で三五年ぶりに復活した昭和三〇（一九五五）年の水神祭には、俺も張り切って参加した！　揃いの浴衣に鉢巻き締めて、大神輿を担いでね。四日間ぶっ通しで神輿担いだから、肩がパンパン。

そのときは、吉原からせい子姐さんたち芸者衆、芸達者揃いの忠七、半平師匠とか太鼓持ちも全部来て、大変なもんだった。〈底抜け〉っていう、名前の通り底のない屋台の中に、芸者さん、三味線、鳴りもん、太鼓持ち連中が入って、神輿の後に大行列作って歩くわけ。地元の新富町の芸者衆たちも一緒だよ。いわゆる〈地走り〉だ。いやぁ、あれは壮観だった」

最初で最後の競演か？

魚河岸水神社の水神祭は、めったに開催されない、まさに〈幻の祭り〉。寺社のご本尊のように〈三三年に一度のご開帳〉などと周期が決まっていればまだしも、そうした定期的なものでもないという。

「魚河岸っ子の気合い次第なんだってさ。やるときゃ盛大にやるけど、気が乗らないっていうか、そういう気運にならないとパッタリやんなくなっちゃう。そこが魚河岸らしいんだね」

その後、一九九〇年に開催された水神祭にも加藤は勇んで参加したが、このときは最悪の天候に見舞われた。

「台風で大雨だったの。神輿も担いだけど、みんなズブ濡れですよ。熱気と雨で湯気が立って、水神様のお祭りって意味じゃぴったりだけど。もう〈底抜け〉もないし、太鼓持ちも来なかった。規模が小さくなっちゃって。やっぱり記憶に残るのは、その前の盛大な水神祭だなぁ。親父ももちろん祭り好きだから、普段は静かな人だったけど、祭りとなると人が変わったように張り切ってね。昭和三〇年の水神祭の七年後に死にました」

雨にたたられた一九九〇年以降、水神祭は開催されないままだったが、二〇一五年六月、二五年ぶりに復活。市場の豊洲移転を控えて築地で最初で最後の〈波除祭と水神祭との競演〉が実現し、最高の盛り上がりを見せたという。

江戸者の含羞、久保田万太郎

加藤いわく「バタくさい」新劇の世界に入った昭和二〇年代後半でも、祭り囃子が身にしみ込んでいるような役者は変わりダネだった。加藤が愛する歌舞伎、文楽、寄席など日本の伝統芸にはみな疎く、若い作家や演出家は西欧至上主義。ロシアの演出家スタニスラフスキーの演技理論を信奉し、酒場でコむずかしい演劇論をぶつ手合いだ。日本の芸能を知っておいて損はないと思うのだが、加藤に教えを乞うたりしなかったのだろうか。

「ないない、野暮天ばっかだもん！　みんな西洋かぶれで、日本の芸能のことなんて勉強してないんだ。今でも外国の芝居は〈よくこんなの見っけてくんなぁ〉って感心するくらい珍しいのを探してくるけどね。もちろん面白いのもあるけど、陰々滅々としてつまんないのもある。もう拷問芝居！　有吉佐和子さんとか、『殿様と私』のマキノノゾミさんみたいに、色んなことをわかってる日本の作家は、今どきなかなかいないんだ」

文学座で記念パーティーなどが開かれる際には、余興の総合プロデュースは若き日の加藤の役割で、コントやパロディの作・構成・演出と八面六臂の大活躍。座員総出の余興は大ウケ。文学座を創設した三幹事の一人で作家の久保田万太郎は、そんな加藤の資質をよく見ている。

〈かねてから、ぼくは、加藤武が、東京の魚河岸の生れであり、つとに遊芸百般に通じた才人であり、しかも、ふかく蔵して発しない、ゆかしき襟度のもちぬしであり、ということは知っていた。しかし、これだけ、精悍に、且、正確に、快刀、ランマのたてる達人とは思わなかった。どんなギャグをつかっても、そこに、ムリがなく、ごまかしがなく、けいはくさがなく、ちゃんと一応、筋をとおしているだけでも大したものだ。（中略）とくに、野暮で、無意気《ぶいき》で、およそモノを知らなかった、大昔の新劇の役者をみて来ているぼくだからかも知れない……〉

（久保田万太郎『久保田万太郎全集』第十三巻より／原文は旧字旧仮名づかい）

加藤自身、久保田に対する親近感と思い入れは深いものがあった。

「そっけないそぶりだけど、情がある人だったんだ、久保田さんは。それは江戸（者）同士でわかる。なんか照れちゃうんだよね」

生前、加藤が企画していたのが、久保田作『霙《みぞれ》ふる』の上演だった。文学座創立を目前にして戦死した俳優友田恭助と、その妻で杉村春子も一目置いた女優田村秋子をモデルにした作品である。文学座ではやりたい企画はプレゼンで勝ち取るシステムで、代表といえども特別扱いはナシ。アトリエでの上演には至らなかったが、力強い直筆の題字で熱のこもったプレゼンを繰り広げた加藤の遺志を受け、文学座の若手演出家生田みゆきが演出を手がける自主企画として上演された。久保田、加藤という江戸の系譜に連なる男たちの面影は、世代を超えて引き継がれていく。

第六章

因果と丈夫

小沢昭一、日本一！

里神楽の稽古ついでに

芝居のみならずお祭りと歌舞音曲好きの父親の血をそっくり受け継いで、加藤武は祭りの話ともなると「テケテンテン、ステテンテン……」とご機嫌に囃し出すのであった。さすがに吉原のお茶屋で魚河岸連中とお囃子の稽古をしていた父親のようにはいかないが、加藤自身も文学座に入ったころに江戸里神楽《さとかぐら》を習い始める。こういうときに一人でというのもつまらないかと、誘った相方は仲良しの小沢昭一だ。

「土師《はじ》流ってとこの家元の、松本源之助師匠（四代目）に二人で弟子入りしたの。あのころの新劇の養成所は、レッスンって言うとバレエだのモダンダンスだの、洋モノばっかり。文学座も御多分に洩れずだったけど、ちゃんと日本の芸事も身につけといたほうがいいってんで、座内では狂言とか仕舞とかを習う連中も増えてたんですよ。

俺も何かやろうと思ったけど、みんなと違うものがいいなと思ってね。そいで里神楽にした。江戸の里神楽ってのは小粋なもんなんです。笛、太鼓、鼓、この調子がなんとも言えずいいんだ。源之助師匠がまた、ひょっとこやおかめのお面なんかもよく似合う人でね。後々、私が『富島松五郎傳』で無法松をやったときには、〈暴れ太鼓〉の稽古もしてくだすった。旅公演まで付き合ってもらって、そりゃあ熱心なご指導でした。

ただねぇ、師匠の家が日暮里で、相弟子が小沢でしょ。稽古の前に、ちょいと近くの吉原に……なんてこともね、うひゃひゃひゃひゃ。そいで稽古に行ったって、二人とも風呂でふやけてふにゃふにゃだもん。笛も太鼓も調子っぱずれ。まぁ、師匠に怒られた怒られた。小沢はもともとハモニカも得意だし、スジはいいに決まってんだけど」

父が遺したお神楽の楽器一式は、師匠に預けることにした。

「お神楽のお稽古する人たちに使ってもらおうと思ってね。大太鼓も鉦《かね》も揃ってんだもの。ただ親父の形見ではあるから、締《しめ》太鼓だけは手元に残して、あとは師匠に寄贈しました」

小沢昭一の「やつし」

「昭ちゃん」「タケさん」と呼び合う二人がつるんでお神楽を習うの図、を想像するだけでも実に楽しそうだが（二人揃って師匠に怒られるの図、はもっと見てみたかった）、「日暮里のついでに吉原に」なんてことを言いつつも、加藤によれば「小沢の助平はやつし」なのだそうだ。以前、芝居についても「小沢は本番よりも何よりも稽古が好き」と聞いて意外に感じたが、果たして「助平がやつし」とはこれいかに。

「いわゆる卑俗を装う。助平にやつす。だけど、あんなに真面目なヤツはいない。性根は真面目なんだ。芯からは助平になれないんだね。まぁそりゃね、若いときはさんざんいろいろあったけど、最後まで（夫人と）連れ添ったのは俺たちの周りじゃ小沢一人だもん。ちゃんと収まるとこに収まるんだ。ウチは早くに女房に先立たれちゃったし、小沢のとこは羨ましかったよ。夫婦ってのは、長年連れ添ってると不思議な味わいが出るんだね。やっぱり連れ添えるんなら、連れ添ったほうがいいよ。以前に私の本（『昭和悪友伝』）でも書いたことあるけど、小沢自身は欠落者になれないから欠落者にあこがれる、ってとこがあるんだ。

小沢の親父は写真屋だったから、小沢は写真もうまくて、ストリップなんかも撮りまくってたでしょ。写真集があんの、そうそう『珍奇絶倫　小沢大写真館』とか。ストリッパーでもそりゃあいろんな人がいますよ。ロウソクショーで有名な女性も、日活ロマンポルノかなんかでドキュメンタリー風の映画になったね（神代辰巳監督『一条さゆり　濡れた欲情』七二年）。ストリッパーの一代記で、小沢もゲストで出てた。レズビアンのすごいの（白川和子）が出てきたりしてさ。

小沢は学生時代に本気で結婚したいと思ってたストリッパーもいたんだ。なんと自分のおふくろを呼んでストリップ見せて、〈あれと結婚したいんだけど〉って言ったんだよ。さすがにそのストリッパーにはコレ（と親指を立てる）がいることがわかって、結局は諦めてたけどね。不思議なことに、小沢はストリッパーに受け入れられるんだ。写真でも、小沢ならどんなのを撮ってもＯＫ。彼は永井荷風にもあこがれてたけど、まさに荷風よろしく、ストリップの楽屋も御免だったしね。

生きて付き合ってたときはなーんにも感じなかったけど、あれは今にして思えば、小沢のなかにあるまことを、ストリッパーの女性たちもみんなわかってたんだね。昔からすごいとは思ってたけど、俺は小沢が死んでみて初めてわかった、情けねぇ話。とてもかなわない」

学者肌の役者は肩書きぎらい

学生時代は加藤も小沢と連れ立って浅草辺りのストリップへ。

「小沢ほど入り浸っちゃいなかったけど、アタシもそりゃときどきはね。でもね、小沢の写真集にはストリップよりもっとすごいのもたくさん入ってるんだ。浅草とか下町で、若い女性が立ち小便するシャッターチャンスをいちいち待ってたんのとかね。すんごい作品よ。

白水社からは分厚い放浪芸の本も出してる。『日本の放浪芸』、あれはもうたいへんな労作。万歳《まんざい》に扮して門付《かどつけ》の真似したりして、当時は〈しゃれたことしてんな〉なんて思ったけど、全国で絶滅しかけてる大道芸、放浪芸を調べ尽くした。あのバイタリティーはすごいの一言。放浪芸ったって差別の歴史とも絡んでくるから、そういうのも身にしみて感じながらとことん調査したんでしょ。レコードとかビデオにも収録して。ウチにも本があるけど、読みゃしないよ、俺なんか枕にしてただけ。ハハハハ！〈肩がいつまでも凝って〉って、小沢の弔辞でも言いました。〈お前さんの知性に対する俺のコンプレックスが、いつまでも肩の凝りになって残ったよ〉ってね。

だからさ、小沢はそういう知性とまことを、下俗、卑俗、助平にやつしてたってわけ。

あるとき突然、早稲田にも通い直した。社会人になってから講義を受け直せる制度があるでしょ。たしか六年間とか行ったんじゃなかったかな。もともと麻布の頃から頭が良かったけど、役者でありながら、つまりは学者なんだよ。だから教授の口も引く手あまた。今はちょっと名が知られると、すぐにどっかの教授だとか講師だとかになるじゃない?

だけど小沢はそういうことが大っきらい。アナウンサーの山川静夫さんもおんなじようなとこある。どこそこのセンセイ、なんてのはいやなんだ。小沢も口は山ほど掛かったけど、教授になったのは一切ない。偉ぶるっていうか、肩書きがきらいなんだね。引き受けたのは明治村の村長だけ。それと放送大学の講師。一般の人向けのね。それをいっぺん聴いたら、志ん生の落語みたいなの。こんな講義なら毎回聴きてぇってくらいの面白さ。やっぱり見物を楽しませちゃう。先生ヅラなんかしたくねぇんだよ」

競輪上人と共に眠る

助平にやつし、権威も肩書きもクソ食らえ、麻布時代からさんざん一緒にふざけ合い、加藤言うところの「うじゃじゃけた」仲間の小沢昭一が、加藤を置いて一足先に逝ってしまったのは二〇一二年一二月のこと。

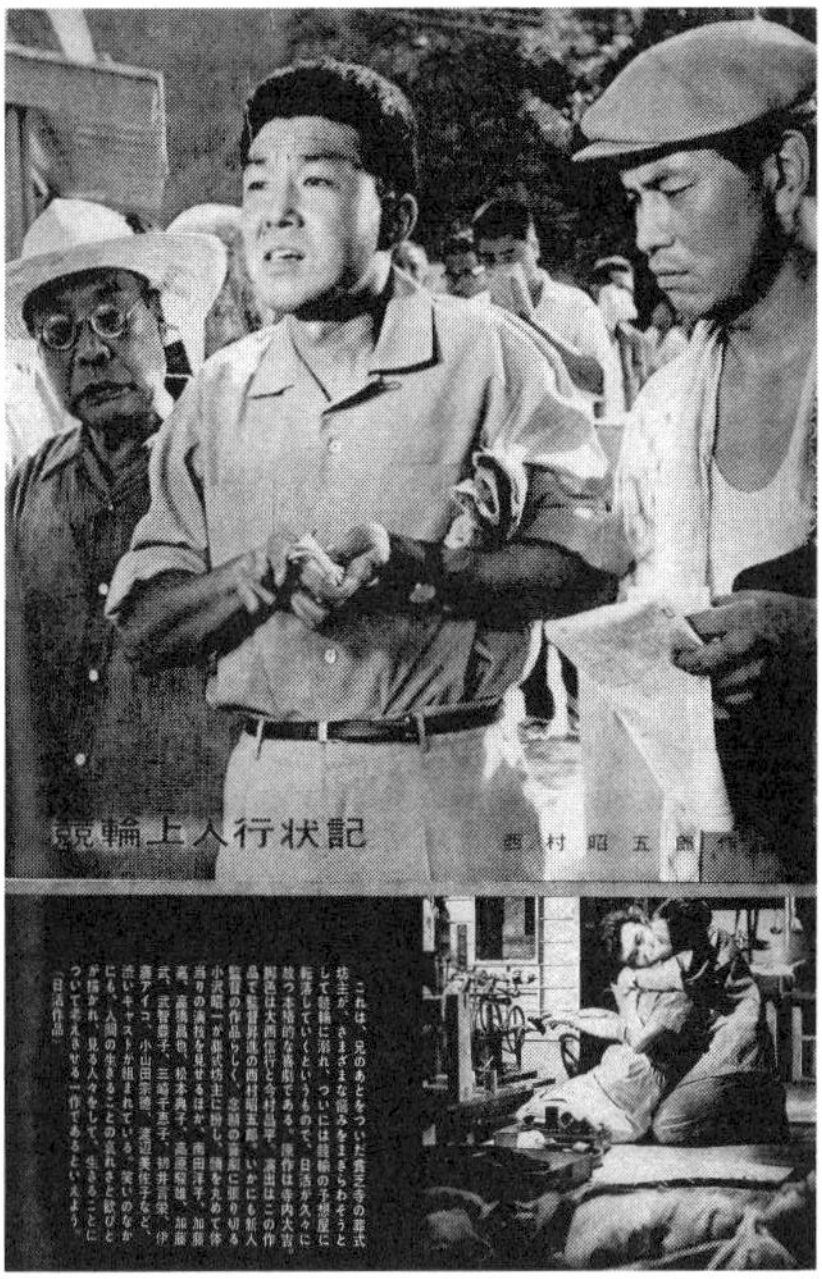

『競輪上人行状記』グラビア
(『キネマ旬報』1963年10月下旬号)

「もう二〇年くらい前だったかなぁ、小沢がガンだって聞いたのは。薬とか注射で抑えてたけど、だんだん抑え切れなくなってね。闘病してたのはずいぶん長かったけど、誰も気がつかないくらいだったし、あのとおり頑張ったよ。

だけどねぇ、葬式やってる最中もまだ信じられなかった。小沢が死んじゃったってことが。〈夢なら醒めろ！〉って、まだぐじぐじ思ってた。焼き場ではつい、〈小沢、日本一！〉って声かけちゃった。焼き場で声かけたのなんて俺が初めてだってさ。俺、有名なんだよ、すぐ声かけっから。芝居はもちろんだけど、小沢が朝日賞かなんかもらったときにも、授賞式で〈小沢、日本一！〉ってやってウケたけどね。授賞式で声かけるバカいないってさ。審査員に井上ひさしさんがいたの覚えてる。

まぁそれでお骨になって、骨上げをしたあとも、まだ呆然としてた。だけどそのときの小沢の息子の挨拶が素晴らしかったの。おふくろを讃える挨拶。〈ここまでやって来られたのはおふくろのおかげです〉って。それで俺もやっと踏ん切りがついた。〈ああ、小沢は死んだのか〉って」

焼き場で掛け声と共に畏友を見送ったエピソードは、小沢昭一の追悼特集を組んだ新文芸坐でのトークショーでも披露していた。加藤が登場したときに上映したのが、小沢の主演作『競輪上人行状記』（六三年）と『大当り百発百中』（六一年）。共に加藤も出演している。

「『大当り～』はSP、六、七〇分のショートピクチャーの一本。『競輪上人～』は小沢の初期の代表作だね。実家を継いだ坊さんの小沢が、ギャンブルにハマって、しまいにゃ〝競輪上人〟なんて呼ばれる予想屋の坊さんになっちゃう。俺は小沢をその道に引っ張り込む葬儀屋をやった。

小沢の葬式では、お棺の中に、できあがる寸前だった小沢の俳句の本と、『競輪上人～』のポスターも一緒に入れたんですよ。これの脚本は麻布、早稲田と俺たちと一緒だった大西信行。今村昌平と共同脚本でね。今村も早稲田以来の付き合いだ。小沢は今村作品の常連だしね。これは違う監督（西村昭五郎）の映画だけども。まぁだいたい俺や小沢や西村晃なんてのは、悪役仲間だから。早稲田から一緒になった北村和夫も、今村の映画にしょっちゅう出てた。前も話したけど、この中じゃ北村が一番頑丈で、一番長生きすると思ってたんだけどねぇ。北村も意外と早く逝っちゃったんだ」

長生きとは友をなくすこと

そう、そして小沢とは互いに弔辞を読み合おうと言っていた仲なのに。

「だからね、小沢の弔辞では思いの丈を言ってやりました。〈冗談じゃねぇよ〉って。〈俺が死ぬときはあんたに弔辞読んでもらう、あんたんときは俺が読むから、北村にだけは頼むのよそうね、何言われるかわかんないから。そんな冗談言ってたのに。今、俺が弔辞読んでる身になってみろ！　冗談じゃねぇよ、こんなにイヤな思いはなかったよ〉って、こういう言い方したの。残された身になってほしいよ。

ずいぶん昔、小沢が三木のり平さんとラジオで対談してたことがあってね。小沢が死んじゃって、この間うちそれが再放送されてたんだけど、ちょうどフランキー堺が先に逝った頃だったと思うんだ。そしたらそこで小沢が〈長生きするってことは、ま、友達をなくしてくってことですね〉なんて、サラッとしゃべってんの。この言葉は堪《こた》えたなぁ。ガーンとショックを感じた。参ったよ、そのまんま俺のことだもん」

因果と丈夫なばっかりに、こうして友人たちを次々と見送ることになった加藤。新文芸坐のトークショーでは小沢との思い出話を語りながら、詰めかけた超満員の観客に向かって「昭一と新文芸坐になりかわりまして、御礼申し上げますぅ〜！」と頭を下げた。

友達だねぇ！のこころ

「ご祝儀ください」

小沢昭一とは互いの気質も知り尽くしている。

「俺は何かってぇとケツまくっちゃうけど、小沢は絶対にそういうことしないの。腹立つことがあっても怒ったりケンカはしないで、ニコニコしながら意趣返ししたりすんだ。これも以前、アタシの本（『街のにおい芸のつや』）に書きましたけど、ある程度顔が売れてくると、旅先で声かけられたりするでしょ。〈オッ、お前知ってる、『○○』の映画に出てたな〉なんてね。それでも〈観てます〉とか〈面白かった〉とかならいいけど、横柄なのがいるんだよ、ナントカ代議士だとかさ。役者風情だと思って〈『○○』でやってた歌、ここでやれ〉とかね。

芸能座の全国公演で一緒にあちこち回ってたとき、小沢がとある寿司屋に入ったんだって。そしたら〈おい、役者！〉なんてふんぞり返るヤツに出くわした。何を言うかと思えば〈酌をしろ！〉だよ。でもそこで小沢は気色ばんだりしないわけ。〈へいへい、やりますけどね、ご

芸能座時代の加藤武(左)と小沢昭一(撮影: 鶴田照夫)

祝儀ください〉と言い放った。もちろんシャレで言ったんですよ。でもシャレが通じる相手じゃないやね。やっこさんムッとして、ナマのまんまご祝儀くれたんだってさ。どっかの社長だったらしい。小沢もしょうがないからそのご祝儀をもらった。

で、町を出るときになにがしかのものを買って、そいつに送り返したんだって。ネクタイって言ってたかな。もらった名刺の住所宛てにね。ご祝儀の額より足が出ちゃったらしいけど、それで気が済むじゃない？　俺はあとになってその話を聞いたの。そういうことされても、やたらとエバる奴には自分がどんだけ無粋なことしたか、わかるわきゃないんだけどね。それが小沢のやり方なんだ」

小沢と加藤が芸能座で共に活動したのは一九七五年からの五年間。小沢のライフワークとなったラジオ番組『小沢昭一の小沢昭一的こころ』もすでに始まっていた（七三年放送開始）から、映画やテレビで顔を知られ、かつラジオで全国区の人気者となっていた小沢であれば、そこここでちょっとした面倒事に遭遇することも少なくなかっただろう。「〈ご祝儀ください〉とは小沢らしいでしょ。小沢っていうとこの話、思い出しちゃうんだよね」

アルバイト掛け持ちの苦学生

蒲田で育った小沢の苦学生時代も、もちろん加藤は身近で見てきた。

「小沢のおとっつぁんは蒲田で写真館をやってたんだけど、病気がちでね。小沢の〈変哲〉って俳号は、川柳をやってたおとっつぁんの俳号なんだ。だけど小沢が海軍兵学校に行っている間に家は空襲で焼けちゃって、敗戦後に帰って来た小沢と親子三人、親戚の家なんかを転々としたんですよ。それからバラックに移って、そこでおとっつぁんは死んじゃった。小沢も俺も、もう早稲田に行ってたころ。

なぜか俺はおとっつぁんの葬式だけは立ち会ってるんです。会葬者も誰もいなくてね。それから母一人子一人、小沢はたいへん苦労したの。アルバイトをいくつも掛け持ちして、家庭教師も五、六人やってた。演劇に理解がある絵描きの先生のお世話で、麻布の子弟ばっかり紹介してもらって。麻布の子弟といったら数学から何から全部教えらんなきゃダメですよ。頭のいい小沢だからできたんだ。

で、おっかさんはキャバレー勤め。と言っても女給さんじゃないよ、レジ打ったり、みんなの相談に乗ってやったりするキャバレーのおばさんだね。小沢がそのおっかさんをストリップに連れてったのも学生時代の話だけど。しかも小沢は早稲田の仏文に通いながら、俳優座養成所に入った。これは大変なことですよ、普通は親のスネかじって行くんだから。やっぱり早稲田に在学中に文学座の研究生になった北村和夫だって、みんな親がかりだもん。大学出てから勤めをやめて文学座にもぐり込んだ俺もおんなじ。

小沢はおっかさんと二人の生活費と、養成所の月謝と、全部自分でまかなってたわけ。出版社でもアルバイトしてたことがあって、〈どうしたら芸者になれるか〉〈どうしたら役者になれるか〉とか、〈どうしたらシリーズ〉なんてのも書いてたらしいよ」

脱兎のごとく駆け出す男

親子二人、肩寄せ合って生きてきた小沢昭一の母に対する想いの深さについて、加藤には忘れられない光景がある。

「ある日、地方で仕事があって、飛行機で東京に着いた。扉が開くまでは席に座っててください、なんて言われるでしょ。そしたら扉が開いた途端、真っ先にビャーッと扉に向かって駆け出していくヤツがいた。そのタイミングがちょっと早かったんだね、スチュワーデスが慌てて追っかけてったの。それが小沢昭一だった。

なぜか。一刻も早くおふくろに会うために。もうその頃すでにおふくろさんはアルツハイマーになってて、放浪癖があったり、大変な時期だったんだ。だから小沢は旅に出ても、帰れる場所は必ずその日に帰ってた。これ、最後まで僕は小沢に言いませんでした。〈あのとき、飛び出してってたね〉とはね。ハァー、そうかぁと思った」

小沢の没後、『文藝春秋』誌上に小沢による講演会の一部始終が掲載された(二〇一三年二月号)。「明日《あした》のこころ」と題した小沢六八歳時の講演会で、ボケ防止に鼻唄の効用を謳い、趣味に夢中になる素晴らしさを語り、小唄ありハーモニカありとフルコースの名調子。

「あ、あれ読んだ? もうお客は爆笑、爆笑、大爆笑でしょ? 最後はハモニカ吹いてね。『愛染《あいぜん》かつら』のテーマだったかな。話もホントにウマいよねぇ、〈ノーギャラじゃ出ません〉とか。またあいつは本当にその通りなんだよ。ハハハハ! 〈文藝春秋から莫大なギャラをもらってるからやってんです〉なんて言ってね。そいであの名小唄! 全部歌詞を覚えてんだからすごい。〈♪あゝ～それなのに～ねえ、おこるのは～あたりまえでしょう～〉(『あゝそれなのに』)なんて、三番も四番も覚えてんの。俺も部分的には覚えてるけど、三番までなんて覚えてないよ。

でね、その中で自分のおっかさんのアルツハイマーのことも、おもしろおかしく話してんだ。これがまたおかしい、おかしい。夜中に〈道路工事の音が近所迷惑だ!〉って騒ぎ出すおっかさんに、〈工事なんかしてないよ、うるさくないよ〉って言うんじゃなくて、一度〈ほんとだね〉って言うと、納得しておっかさんも静かになる、とかね。そのほかにもたくさんおかしい話をしてんだけど、俺は泣けちゃった。泣きながら読んだ。あぁ、こんなに苦労してたのか……と思ってね」

俳句道場に裏口入学？

小沢昭一とは何はなくとも毎月一七日には必ず顔を合わせることになっていた。加藤も途中から参加した〈東京やなぎ句会〉の句会の日だ。

「五・七・五を足して十七の日と決まってたから覚えやすいんだ。（九代目入船亭）扇橋さんが有名な俳人のお弟子さんで、やなぎ句会の宗匠なの。小沢に、永六輔さん、（三代目桂）米朝さん、（十代目柳家）小三治さん、麻布から一緒の大西信行、麻布の後輩で評論家の矢野誠一なんかが最近のメンバー。

俺は最初、小沢たちが句会を作ったって話を他人事みたいに聞いてたんですよ。芸能座じゃないけど、小沢に〈アンタもやんなよ〉って誘われて。そのときにもらった歳時記は、ヨレヨレだけど今でも持ってます。小沢の俳号は〈変哲〉、アタシは〈阿吽《あうん》〉だけど、娘たちに〈一日だけの阿吽かな〉ってからかわれるくらいで、句会のときだけしきゃ作らないから、てんでうまくなんない。やなぎ句会の本は何冊も出てますけどね、〈四十年の句歴〉なんて冗談じゃない。〈如月や一日だけの阿吽かな〉〈夕立や一日だけの阿吽かな〉だ。季語を替えりゃ何でも句になっちゃう。へへへ。

そこへいくと小沢は違う。俺たちみたいな冗談半分の句会だけじゃなくて、ほかにもいろんな句会に出てた。生涯で作った句が四〇〇〇句っていうんだからすごいでしょ。晩年はやなぎ句会に出て来ても口数はめっきり少なくなってたけど、句を作れば優勝さらっちゃうんだから油断ならない。〈ありゃどういうわけかねぇ〉って、みんなで不思議がってたの」

時に小沢は、由緒ある句会に道場破りよろしく乗り込んでいくこともあった。その顚末は『俳句武者修行』（朝日文庫）に詳しい。

「あれも小沢じゃなきゃできない。俳句の結社ってのは、派によってまったく特徴が違うんですよ。だけどストリップと同じで、受け入れるほうも喜んで小沢を受け入れちゃうんだね。小沢は正面から〈頼もう！〉じゃないんだ、裏口から入っちまう。金子兜太《とうた》さんとか、黛《まゆずみ》……そうそう、黛まどか。

いろんなタイプの句会に乗り込んでって、中には全然歯が立たないのもあったみたいだけど、なんだかんだ言って小沢らしい句を作るんです。芸能座のあと、小沢が一人で旗揚げしたしゃぼん玉座で井上ひさしさんが小沢に当てて書いた『芭蕉《ばしょう》 通夜舟《つやぶね》』では、とうとう松尾芭蕉になっちゃった。後に（一〇代目坂東）三津五郎がやってたけど、彼も俳句を作るからね。

麻布の仲間たちと。
左から大西信行、小沢昭一、フランキー堺、加藤武。赤坂「重箱」にて(加藤武個人蔵)

ことほどさように、小沢の俳句に対するのめり込み方はハンパなもんじゃなかった。アタシなんかとは月とスッポン」

手を伸ばせば届く友

問わず語りに小沢昭一の思い出話が次から次へと湧き出てくる。

「ねぇ、こうして話してると、どんどん思い出してきますよ。麻布の仲間じゃフランキー堺がたしか一番早くに逝っちゃったけど、フランキーがよく俺に向かって〈タケちゃん、友達だねぇ!〉って言ってたの。俺の肩抱いてね。そうすっと必ず昭一が真似して、〈友達だねぇ! よりも、友達だねぇ!〉ってやり直すんだよ。それが全然実感がなくて、おもしれぇんだ。

俺と小沢はしょっちゅう会ってベタベタし

てるわけじゃないんだけど、手を伸ばしゃフッと届くようなところにいたわけで、普段は（黒柳）徹子なんかも一緒にふざけてばかりいた。真面目なことなんて言やしないよ。お互いに向こうは向こう、こっちはこっちで仕事してたんだ。そういう間柄だったの。だけどこうしていなくなられちゃうとねぇ、いやぁ参った。寂しいなんてもんじゃないんだよね。いて当然と思ってたのが、いねぇんだもの。だから長生きしちゃいけないね、困っちゃうんだ。

まぁでもさ、しょうがねぇや、生きちゃってんだから。俺も生きてくしかないよね。しかし本日は小沢のことしゃべりまくった。堪能した？」

ええもう堪能なんてもんじゃありません、胸いっぱいであります。「でしょ？　ご祝儀ください。エッヘッヘッ」

俳句と銀座と村上春樹

一七日が待ち遠しい「東京やなぎ句会」

粋で愉快な仲間が集った「東京やなぎ句会」は、小沢昭一亡きあと、メンバーの入船亭扇橋、桂米朝も体調を崩し、永六輔、柳家小三治、大西信行、矢野誠一、そして加藤武というこぢんまりとした会になった。やなぎ句会では自分が〈天〉（一番いいと思った句）に選んだ作者に賞品を渡すのが恒例だ。うまい具合に一人だけに〈天〉が集中することはさほど多くはないから、さながらプレゼント交換会の様相となる。が、そこは洒落っ気ある面々だけに、無粋な高額賞品なんてのは登場しない。

「賞品つったって大したもんじゃないんだよ。食いもんとか飲みもんとか。俺はだいたい崎陽軒のシウマイに決めてんの。行く途中に買えてめんどくさくないからね。着いたら一応みんな句はちゃんと作るけど、その合間に弁当食って、バカッ話《ぱなし》すんのがもう、楽しい、楽しい！ほとんどそっちがメインだよ。ゲストもちょくちょくお呼びしてね。俺も舞台の本番がぶつからないかぎりは毎月一七日の句会には必ず出てる。

都内だけじゃなくて、吟行《ぎんこう》で国内のあちこちから海外まで足延ばしてやりました。これが毎回珍道中なわけ。小沢もどんなに忙しくても句会は必ず来てましたよ。しかしまぁ、ヤツがまたウルサいったらないの。さすがに最後のほうは句会に来てもおとなしくなっちゃってたけどね。その小沢ももういないし、扇橋さん、米朝さんも体悪くしちゃって来らんないしで、五人になっちゃった。淋しいねぇ。でも句会はやりますよ、続けます。二人になるまでやる。それじゃ花札だか将棋だかわかんないけどさ」

残念ながら二〇一五年に米朝、扇橋が鬼籍に入り、同じ年の夏にそう言っていた加藤本人が急逝。二〇一六年には大西、永も立て続けに世を去って、「東京やなぎ句会」のメンバーは本当に小三治、矢野の二人だけになってしまった。

だが大らかな爆笑句会の様子は『五・七・五　句宴四十年』『楽し句も、苦し句もあり、五・七・五』（共に岩波書店）に収められているので、個性粒立つ自選句とあわせてたっぷり堪能することができる。これが嘘かまことか、トボケた掛け合いのオンパレードで、確かにこんなに自由で楽しい会が毎月あると思えば、日々の暮らしにも張りが出ること間違いなし。加藤が毎月一七日を心待ちにして手帳に大きく印を付けていたのも頷けるというものだ。

銀座で迷子の屈辱

加藤の俳号は阿吽。「一日だけの阿吽かな、だ」と自身を笑うが、あるとき、こんな句を詠んでいる。

「如月の銀座で道訊く屈辱感」

どうやら築地生まれの銀座っ子たるプライドは、昨今ガラガラと音を立てて崩れ去っているらしい。

「文楽義太夫の（竹本）住太夫《すみたゆう》さんっているでしょ。人間国宝の。残念なことにもう引退なす

「東京やなぎ句会」の吟行にて。左から永六輔、大西信行、小沢昭一、入船亭扇橋、加藤武（右手に注目）、柳家小三治、矢野誠一（2008年／加藤武個人蔵）

ったけど、僕は杉村（春子）さん亡きあと、勝手に芸の師匠だと思って私淑してんです。いろんな人物の語り分けの素晴らしさ、しかもそこに情が込められてて、何とも言えずいいんだ。心情がグッとこっちに伝わってくるわけ。

それに何より、自分の芸に対する厳しさね。〈いくつになってもな、あきまへんわ〉なんて。あの姿勢には本当に頭が下がりますよ。住太夫さんの舞台は東京はもちろん、大阪にもちょくちょく観に行っちゃ、〈住太夫！〉って声かけてたんだ。

で、その住太夫さんの後援会の集まりみたいなのが銀座であったの。ビルの中にある中華料理屋で。俺もありがたいことにお招きいただいた。ところがその場所に行ってみたけどわかんないんだ、ビルに名前は書いてねぇし。そいでしょうがないから、交番で道訊いた。クーッ、この屈辱！　しかもこれがイケメンのお巡りだったの。さすがによく知ってるわ、地図出して丁寧に教えてくれましたよ。一緒にいた女の警官もいいオンナだった。ちゃんと銀座っぽく、英語のひとつもしゃべるんだ。外国人もよく道訊いてくるしね。

でも屈辱だ、なんで泰明小学校のこの俺が……って。ハハハハ、もうやんなっちゃったよ。今や丸の内でも新宿でも、どこでもおんなじ。昔の縄張りに行っても迷子になっちゃう」

泰明小学校に通っていたその昔、数寄屋橋付近で撮影された武少年の写真が残っている。後ろに写っているのはバスか市電か、戦前の有楽町界隈の街の様子が垣間見える。制服のコートも洒落ていて実に可愛い。

「あの頃はね、道を歩いてると勝手に写真撮られて、あとから買わせる写真屋ってのがいたんですよ。このときはなんでだか買ったんだね。なかなか可愛いでしょ？　ヘッヘッヘッ。だのに街もすっかり変わっちゃって、今じゃ銀座で迷子だもん。情けないったらありゃしない」

素直な年寄り、好奇心のアンテナ

時代と共に街も変われば人も変わる。ジム通いを基本とした健康維持は俳優としての大命題となっているが、そうは言っても受け入れなければならない現実もある。

泰明小学校時代の武少年。数寄屋橋にて(加藤武個人蔵)

「最初に電車で席を譲られたときはショックだったね。立ってたのは優先席じゃないんだよ。でもね、スポーツクラブなんかに行ってテメェは若いつもりでいたって、人から見りゃ立派な老人なんだから。譲られたら〈へぇっ〉つって、ありがたく座んなきゃ。
ジムの先生に言ったら〈それが正解〉って言われたよ。なんでもその先生はね、電車で茶髪の若い女の子が年寄りに席譲ろうとしたのに、そのジジイが〈いや、私は若いんだから〉って断ったのを見たんだって。せっかくいいことしようとしたのに、茶髪が可哀相だ、一生傷ついちゃうよ。そういう輩はね、きっとスポーツクラブに行ってんに違いないんだ。朝、必ずウォーキングとかジョギングやってるとかね。そりゃけっこうなことだけど、せっかく譲ってくれたんだから素直になんなきゃ。ダメな年寄りになっちゃだめだ、可愛い年寄りになんないと。これが今日《こんにち》ただ今のテーマですよ」

身体だけでなく心も錆び付かせ

ないために、根っから好きな芝居のみならず、アンテナを働かせてさまざまな催しにも足を運んでいる。

「今度、念願叶って葛飾北斎の芝居（『夏の盛りの蟬のように』）をやることになったから、北斎関係のものがあると見に行くんだけどね。このあいだは北斎じゃなくて、河鍋……そうそう、暁斎《きょうさい》！　日本橋の三井本館（三井記念美術館）で暁斎の能・狂言にまつわる絵ばっかり展示してたのをたまたま通りかかって見たんだけど、これが面白かった！

だってうまいんだもん、絵が。特に能の『道成寺』の鐘の中を描いたスケッチが面白かった。ロウソクの灯りの中で装束脱いだり、前シテのお面とか小道具を入れとく袋が下がってたりすんの。鐘ったってハリボテなんだから、よくロウソクの灯りで火事になんないと思って。よっぽど能狂言が好きじゃなきゃ、あんなに迫力ある絵は描けないよね」

「たまたま」見つけたこの展覧会の前に、この日は朝九時から劇団で長時間の会議に出席し、午後は知人が出演する小唄の会に行き、暁斎を挟んで、夜は京劇を観劇したというのだから、アクティブにもほどがある。

村上春樹に夢中

さらに最近はにわかに読書熱が上昇中。目下のお気に入りは村上春樹だ。

「あんまり売れ過ぎの本を読んでも今さらねぇ、なんて思って読んだことなかったんだけど、『色のないナントカ……巡礼の旅』だっけ（『色彩を持たない多崎つくると、彼の巡礼の年』）を読んだら、面白い、村上春樹！　すごい人だねぇ。それですっかり病み付きになって、今『1Q84』の二冊め読んでるとこ。

どういうアタマしてんだろ？　新作が出ると、発売前からみんな並ぶんでしょ？　みんな物語がわかるのかな？　でも、ざっと読む文章じゃないよね。何遍も読み返した。時間かかったよ。スーッと読める文体じゃない。フッとすれ違った人とか、腰かけたソファとか、服装とかホテルで何飲んだとか、描写もまた詳しいんだよね。あれがすごい。作者のあとがきみたいなのも一切ない。いやぁ、見事。ないほうがいいよ。この人、自分の履歴をしゃべったりもほとんどしないんでしょ？　文壇との付き合いもないんだってね。

まだ読みたいのたくさんあるんだよ。ただ悔しいかな、作品中に出てくる音楽についてはわかんないんだ。俺は本当に、自分の浅学非才を恥じた。邦楽ばっかりで、クラシックもジャズもロックも、からっきしわかんないもん。

端的な言い方かもしれないけど、現代の漱石だって感じた。漱石って、年とるとわかるんですよ。『虞美人草』でも『行人』でも、若いときに読んでもサッパリわかんない。でも今読むと少しはわかる。それに似てる。漱石と春樹が照応するんだ。

僕は今まで読書家でも何でもなかったんですけどね。テメェの好みで読んでただけで。でも村上春樹が〈読む〉ことの面白さを教えてくれた。ある意味で、生きててよかった、とも思う。ウチにおっ放り出してある本もたくさんあるんだけど、暇があったら片っ端から読み直してみようって気にもさせてもらいました」

頬を紅潮させ、少年のように無邪気に村上春樹の面白さを力説する。このみずみずしい感性が、〝心の錆び〟知らずの大現役をかたちづくっているのは間違いない。

同時代の空気

歌舞伎の遺伝子

二〇一七年二月の東京・歌舞伎座は、中村勘九郎の二人の息子、勘太郎と長三郎兄弟の初舞台で大にぎわい。桃太郎に扮したちびっこ兄弟が勇ましく登場すると「んまぁぁぁかわぃぃぃぃぃぃぃぃ」と客席がどよめき、大向こうからは「豆中村！」と盛んに掛け声が飛ぶ。ちょうど三〇年前にも現勘九郎と七之助兄弟がまったく同じ桃太郎役で初舞台を踏んでいるから、長年歌舞伎を観続けているファンにとってはまさに子と孫の成長を見るようで、月日の流れをひしひしと実感すると共に感慨もひとしおというわけだ。

戦前から筋金入りの歌舞伎好きだった加藤武も、現在活躍する俳優たちの祖父、ヘタすりゃ曾祖父の代からの舞台を目に焼き付けている。

「高麗屋（松本幸四郎家）でいえば、七代目、八代目、九代目幸四郎（現白鸚）、染五郎（現幸四郎）、その息子の金太郎（現染五郎）まで、五代にわたって観てるんだから、我ながら驚いちゃうね。トシとるわけだ。そのことを新聞で書いたら幸四郎さんが喜んで手紙をくれてね。うれしかった。幸四郎・吉右衛門兄弟が学生時代から共演することも多くて、けっこう付き合いが古いんですよ。

中村屋はもちろん先代（一七代目勘三郎）から知ってるけど、今の勘九郎・七之助兄弟が小さい時分に、テレビでも共演してるんだ。市川崑さんが監督した正月の時代劇で、中井貴一が鞍馬天狗をやったの。アタシは元大泥棒で天狗のために働く、黒姫の吉兵衛役を仰せつかった。関係ないのに〈よし、わかった！〉って言わされてね。いかにも崑さんらしいでしょ。そのときの角兵衛獅子が中村屋の兄弟で、まぁちょこまかちょこまか、スタジオ中を駆けずり回って大騒ぎだ。

でも彼らのおとっつぁん（故・一八代目勘三郎）が子役の勘九郎だったころの破壊力なんて、あんなもんじゃなかった。幸四郎さんが主演した『王様と私』なんかで子役時代の勘九郎とも共演したけど、いやもう手がつけらんないくらいイタズラだったの！」

古典を大切にしつつ新時代の歌舞伎を創ろうと走り続けた勘三郎が五七歳の若さで亡くなったあと、勘九郎・七之助兄弟は父の志を継いで多彩な舞台に挑んでいる。勘三郎が演出家の串田和美を迎えて渋谷でスタートさせた「コクーン歌舞伎」も、若手中心の布陣で復活。加藤は『三人吉三《さんにんきちさ》』（一四年）を観て、感服しきりだった。

「いやぁ面白かった！　若い連中でやったから良かったんじゃない？　雪の中での立ち回りもいいけど、せりふが七五調じゃなくてテンポがいいの。感情的にトントンと進んでく。現代語みたいで、インパクトがあった。その代わり歌舞伎座とかの大歌舞伎では、ああいう演出はできないだろうけど。

古典でもつかまえ方で新しくなるんだね。（演出家が）歌舞伎を知らなくたっていいんですよ。逆に俺にはああいう演技はできない。妙に歌舞伎を知っちゃってるから。杉村さんに〈借り物の芝居〉って言われるわけだ。これからはああいう芝居ができるようになんなきゃね」

泣く子は育つ・北村和夫

そんな歌舞伎好きの加藤とは裏腹に、早稲田時代からの友人で一足先に文学座に入った北村和夫は、歌舞伎とは無縁に過ごしたようだ。

「北村は感性の役者。歌舞伎なんて観たことない。素直なんですよ。だからこそ、入ってすぐ杉村さんの相手役に抜擢されて鍛えられて、みるみる伸びていった。『鹿鳴館』でもいい役がついたけど、読み合わせでいきなり〈カメイカンの夜会では……〉ってやっちゃった。〈鹿鳴館〉が読めねぇんだ。本気の本気。アハハハハ！

でも素直ってのが大事なんだよね。『欲望という名の電車』のスタンレーも『花咲くチェリー』のジムも、俺は北村以外の役者じゃ観る気がしない。杉村さん以外で『欲望〜』も『女の一生』も『ふるあめりかに袖はぬらさじ』も観たくないのとおんなじだよ。誰がやっても自由だけど、自分の中にあるいいイメージは北村であり、杉村さんなんだ。こればっかりはしょうがないよね。

とにかくね、北村ってのはオカシなヤツなの。一晩かけても語り尽くせないけど、ゴキブリみたいな防衛本能があるんだ。ヤバいとなったら、スッと引く。こないだ神戸だかどこだかでヘマやって、会見で泣きわめいた議員がいたでしょ？　ちょっとああいうとこがある。窮地に陥ると〈ウワァァァーッ〉って、すぐ泣くんだよ。杉村さんに怒られちゃ泣き、〈泣きゃいいってもんじゃないのよ〉って怒られちゃまた泣き。まぁよくあんなに涙が出るってくらい。泣く体質なんだね」

泣き虫の本領は、二度にわたる文学座分裂事件でも発揮された。

「前にも話したけど、最初の分裂のとき、北村はかなり早い時期から脱退組に誘われてたでしよ。それを俺に打ち明けるから困っちゃうんだ。ときどき、北村が俺に目配せしちゃスーッと消えたりすると、〈あ、今日はなんか会合があるんだな〉ってわかる。でも俺はそんなこと杉村さんには言えないもん。ツライよ～。だけどいざ分裂ってなったら、北村は残るか辞めるか決めらんなくて、右旋回左旋回。とにかく泣き通しなの。じれったいったらない。結局は残ったけど、当時のかみさんは脱退組だったから、夫婦別れ別れになった。

で、二回目も北村は泣きわめいておしまい。一回目は福田恆存さん、二回目は三島由紀夫さんにそれぞれついていった人たちがいたわけだけど、役者の分裂って、そもそも理屈じゃないんですよ。出てった連中は、どっかで杉村さんに対する反発があったと思う。最後の最後で、北村はやっぱり杉村さんを裏切れなかったんだろうね」

どこのどなたか存じませんが

ところが実は、二度あることは三度あった。加藤はというと、一時期文学座を離れて小沢昭一が立ち上げた芸能座に参加したが、もともと五年間の期間限定劇団だったことから、活動終了後には文学座に復帰している。

「俺のときは、杉村さんが〈帰ってらっしゃい〉と言ってくれて、今いられんの。戻すか戻さないか、座内の総会で決を採って決まったわけだけど、やっぱり杉村さんが戻してくだすったということだよね。

だけども実は芸能座のあとに、もうひとつ別の劇団を作る話があったんですよ。小沢と、文学座の演出家だった木村光一と、井上ひさしと水上勉とで。水上さんも『雁の寺』とか、かなり文学座に書いてたからね。だけど打ち合わせから空中分解で、結局うまく行かなかった。ところがこれにまた、北村がかかわってたんだ。会合にも出てたの。杉村さんはそれを知ってたから、北村を文学座でそれなりの地位に就けて、身動きできないようにしちゃった。北村はこれだけ親しくても、肝心なことは俺に相談もない。で、テメェが苦しいときには言ってくるんだから、ワケがわかんないよ。だからゴキブリ的防衛本能だってわけ。ウッヒッヒッ」

褒めてるんだか腐してるんだか、愛憎入り混じる加藤の言葉から北村のキャラクターが浮かんでくるが、素直で優柔不断で、周囲を翻弄しつつも「まったく、しょうがねぇなぁ」と許されてしまう、どこか憎めないところがあったのだろう。〈北村伝説〉には事欠かない。

「早稲田から小沢は俳優座、北村は文学座に行くことになったとき、北村が〈なぁ、昭ちゃん、これからは虎視眈々、相照らすでやっていこう〉だって。それ言うなら〈肝胆《かんたん》相照らす〉だっての。ケンカするのか仲いいのか、わかりゃしない。ま、こんなのはほんの一例。

あるときは、長崎あたりで文学座の公演があった。俺はその芝居には出てなかったけど、北村が〈お客さんの招待だからみんな来てください〉と言って、山の中のとある豪邸に、杉村さんをはじめ一座の連中を連れてったんだって。そこですごいご馳走が出た。杉村さんが〈ご挨挨拶したいんだけどお名前は？〉って北村に訊いたら、〈えええっと……〉なんてモゴモゴしてる。今日、新幹線で知り合ったばっかりで、名前も知らなかったんだ。そんな見ず知らずの人に座員全員がご馳走になっちゃった。北村ってそういうヤツなの。おっかしいでしょ？」

菊吉じじいと志ん文じじい

なるほど、確かにこの調子だと、北村伝説はとても一晩では語り尽くせそうにない。だが突拍子もない言動にどんなに驚かされようとも、舞台役者としての大きさと熱量は、やはり北村和夫ならではのものだった。

「うん、そこはやっぱりすごかった。役者、特に舞台役者は彫刻でも絵でもないから何も残せないけども、〈いいなぁ〉というイメージは頭にインプットされる。これは最高ですよ。舞台中継とかＤＶＤは、しょせん舞台の記録に過ぎないでしょ。何も知らない人が北村や杉村さんの舞台を映像で観て、〈え、これが名優？〉って言われたらそれまで。おんなじ空気を吸って観てないと、良さなんてわからないよ。今日築き上げたものが明日には消えちゃう。脳内にしか残らない。舞台の宿命だよね。

歌舞伎役者もそう。二代目左團次、初代猿翁と同じ空気を、俺は幸いにも共有したわけ。六代目菊五郎、初代吉右衛門しかり。俺たちがガキの頃は〈團菊じじい〉って言って、九代目團十郎、五代目菊五郎をナマで観てるウチのばあさんみたいなうるさ型がいたわけだけど、今は六代目菊五郎と初代吉右衛門を観たことがあるなんて自慢する古い芝居好きは、〈菊吉じじい〉って言われるね。

噺家なら〈志ん文じじい〉だ。（五代目古今亭）志ん生と、（八代目桂）文楽を聴いてるか、聴いてないか。そうやって〈昔はよかった〉って不満ばっかりの〈菊吉じじい〉〈志ん文じじい〉にはならないようにと思ってるけど、結局は自分もそうなっちゃってんだよなぁ。今の噺家だって探しゃいいのもいるんだろうけど、俺は何てっても（六代目三遊亭）圓生と文楽！

新劇人対抗野球大会にて。
若かりし北村和夫と加藤武（写真提供：文学座）

しっかり描写ができてるから、情景が浮かんで引き込まれる。そこへいくと今の噺家は……って、どうしても言いたくなっちゃうのがいけないね。ただ覚えた噺をズラズラズラズラしゃべってるんじゃ前座と同じだよ、なんて思っちゃう。古典のスタイルは継承してほしいけど、芸ってものは時代で変わってくもんかもしれないし。難しいところだねぇ」

先行世代が〈今の若いもん〉に物申すのは世の常だが、加藤武は口だけ達者な〈菊吉じじい〉〈志ん文じじい〉のご隠居とはワケが違う。なんたって演じる側、わが身ひとつが勝負の現役役者なのだ。

「俺はやっぱり原点回帰というか、和物の芝居をきちっとやっていきたい。試行錯誤しながら続けていきますよ。まぁ見守ってください」

そして次なる挑戦は、画狂人・葛飾北斎の人生を生きること！

江戸っ子北斎、登場

江戸前の画狂老人

二〇一六年一一月にオープンした墨田区立「すみだ北斎美術館」。開館から二カ月余りで来場者数一〇万人を突破、すでに年間目標の半分をクリアしたという人気ぶりだ。開館記念展に行ってみると、決して広くはない館内は平日でも人・人・人でごった返し、まさに芋洗い状態。外国人観光客もわんさか訪れて、確かに大盛況である。きっと加藤武ならばそんな混雑もものともせず、真っ先にここに駆けつけたに違いない。

「画狂人」「画狂老人卍」など三〇に及ぶ画号を取っ替え引っ替えし、引っ越し魔で転居を繰り返すこと生涯に九三回、江戸当時としては長生きにもほどがある九〇歳での大往生と、何から何まで破格だった巨人絵師・葛飾北斎を舞台で演じることは、加藤の念願だった。単に北斎に憧れていたわけではなく、吉永仁郎による戯曲『夏の盛りの蟬のように』に描かれた北斎がやりたかったのだ。

「吉永は早稲田の同級生で、教師をやりながら劇作家になったの。江戸前の話をよく書きやがるんだ。文学座でも僕が演出なんかやってたころ、立て続けに何本か書いてもらってね。『夏の盛り〜』は最初、大滝秀治さんが北斎をやって、旅公演をぶん回せるだけぶん回してたんですよ。大滝さんも演出の渡辺浩子さんも劇団民藝だけど、劇団だと宇野重吉さんがOKしなきゃできない。

で、どうしてもこの芝居がやりたかった渡辺さんが、〈蟬の会〉ってのを立ち上げて、プロデュース公演にして全国を回ってたわけ。俺も初演（一九九〇年）を観て、おもしれぇ芝居だなァと思ったけど、なんか江戸前じゃないんだよね。それが悔しかった。大滝さんも亡くなられちゃったし、もう今の客はこの芝居を知らねぇから、今度は文学座で、俺は俺なりの北斎がやりたいと思ったんだ」

一世一代のしゃしゃり出

だが、いくら代表といえども独裁者にあらず。「やりたい」という個人の希望がすんなり通るわけではない。プレゼンをして座内の合意を取りつけなければならないのだ。

「文学座はなんでも合議制だからね。やる芝居を決めるのも委員会があるんだ。もう俺は普段はあんまりしゃしゃり出ないことにしてんだけど、こればっかりは〈どうしてもやらしてくれ～！〉って、ずっと企画出してたの。一世一代のしゃしゃり出だ。

だけど決めるほうは田舎っぺの上京劇場だから、なんだかんだと野暮ばっか抜かしやがって、なかなか通らないんですよ。あやうくポシャりそうになって、〈そこを何とか！〉〈この手をついてぇ！〉とばかりに拝み倒した。それでやっと決まったの。やや強引にね。ヘッヘッヘッ。でも啖呵切った手前、〈御免なさい〉って言えねぇんだ。意地でもカタチつけなきゃ、ザマァミロってことになっちゃうから。まぁ目明いて、とっくりとご覧なすっておくんなさい。それでダメならダメでね、素直に〈御免なさい〉って謝ります」

胸のすくような江戸っ子の啖呵である。公演は二〇一四年四月の三越劇場。本番に向けて、二年近く前から入念な準備を重ねてきた。

「これこそやりたかった芝居だから、今の俺の生きがいなの。ボケてらんないよ。身体のメンテナンスもしっかりやんないと。文楽だとか伝統芸能の人なんかは〈芸が深まると身体が弱る〉ってことをよく言いますよね。アタシは芸はないけど、やってるかぎりは身体をちゃんと保持しないと。でもこれが終わったら、とたんにバッタリいっちゃうかも。ワッハッハッ」

子の心、親知らず

『夏の盛りの蟬のように』には、七〇歳を過ぎて『富嶽三十六景』をはじめ次々と傑作を生み出した電池切れ知らずの晩年の北斎と、彼を取り巻く四人の絵師たちが登場する。歌川国芳、渡辺崋山、北斎の弟子蹄斎北馬《ていさいほくば》、そして北斎の娘・葛飾応為《おうい》（劇中では〈お栄〉）だ。
同時代を生きた国芳と崋山が実際に北斎と出会ったという記録はないが、そこが想像力をむくむくと膨らませる作家の腕の見せどころ。そして絵の才能を受け継いだ娘の応為は、ときには父の代筆も務めたらしい。

「これが大した娘なんだってね。北斎はとにかく絵を描いて描いて描きまくったけど、中には娘が描いたのがけっこう紛れ込んでるらしいよ。北斎の研究家もそう言ってた。落款《らっかん》しないから、親父だか娘だかわかんないもの。腕のいいゴーストライターってわけだ。この芝居の幕開きじゃ、親子で春画を描いてんの。おっかしいよ〜。春画のこと、〈わ印《じるし》〉って言うんだよね。北斎の春画もすごいんだよ、迫力が！

でも、いつまでも親父の影法師じゃたまんねぇってんで、娘は応為と名乗って自分の絵を描き出す。夜の吉原を描いた応為の代表作（『吉原格子先之図』）を原宿の美術館（太田記念美術館）で見たけど、陰影が見事で、本当にいい絵なんだよ。でもこの芝居じゃ、そんな娘の葛藤なんて、親父のほうはどこ吹く風。〈てやんでぇ〉みてぇなもんだ。娘のことを〈おーい、メシ〉〈おーい、筆〉ってずっと呼んでたから、あてつけがましく〈応為〉なんて名前をつけやがって、って一蹴しちゃう」

北斎と応為親子の関係から、表舞台で光を浴びる浮世絵師というポジションについても思いを馳せたと加藤は言う。

「浮世絵師は〝いいとこどり〟なんだ。だって下絵を描くだけだもん。彫り師と刷り師がいて、初めて浮世絵として世に出る。浮世絵の重ね刷りの技術はすごいもんですよ。でも絵師と違って、彫り師と刷り師は名前が残らない。アルチザン魂で、職人に徹してるんだね。もちろん元になるデザインがよくなきゃ売れないわけだけど。応為も親父の代わりに描いてるときには、そういう職人感覚だったんだろうね。芝居では〈親父じゃない、北斎に惚れたんだ〉ってなことを言うんだ」

絵さえあれば……？

葛飾応為の作品だけでなく、北斎の作品もあちこちの浮世絵展に出向いては見て歩いた。北斎についての文献は山ほどあるが、目を通したのは吉永から借りた資料だけ。台本を繰り返し読み、絵を見て感じることから得られるもののほうが、加藤にとっては大きな意味を持つ。

「やっぱり実際に絵を見ると、すごいんですよ。『冨嶽三十六景』なんて展覧会だと人だかりができちゃって見て回るのもホントにくたびれるけど、ひとつひとつ見入っちゃった。絵はまったくのどシロウトの俺が見ても、その発想力、構図のつかみ方には、ほとほと感心した。芝居のせりふにも出てくるけど、打ち寄せる波の裏側なんて、普通の人は意識しないでしょ。だけど北斎はじっと観察して、波の裏側を見た。で、その向こうに富士山を捉える。〈頭ん中でそれを組み立てるのがミソなんだ〉って言うわけ。やっぱり才能なんだね。構成力と想像力。『北斎漫画』なんかを見ても、人間のいろんな動きがいきいき描かれていて、すごいですよ。

北斎は酒も煙草もやらなかったみたいね。ただひとつだけ、絵だけがあればいい。そのことが絵を見てわかった。それに、死にたくなかったんだってことも。テメェの才能が、七〇、八〇歳でどんどん湧いてくるからね。結局は九〇でおっ死んじゃうんだけど、あと二〇、三〇年は本気で生きるつもりだったっていうんだから恐れ入る。北斎は非常に年数にこだわってるの。〈人間五〇年〉じゃないけど、当時は今よりうんと寿命が短かったわけだし、女だって三〇になりゃババア、男はもうジジイでしょ。ジジイ死んじまえ、ってなもんですよ。北斎は才能に寿命が足りなかったんだ。

で、〈絵に理屈はいらねぇ〉って依怙地に言う。〈俺は描きてぇものを描きてぇように描くんだ〉って見得切ってるんです。もちろんフィクションだけど、吉永はそういうところを凝縮して、簡潔な台詞にしてる。簡にして要。だから俺はこの芝居が好きなの」

絵さえあればなどとうそぶきつつ、芝居の中では北斎の死後、とんでもないエロジジイぶりが明らかになるというオチもつく。

「ヒャヒャヒャ、没後がおかしくてね。若い女とちゃっかりデキてて、本音でも娘のことなんてなーんにも考えてない。いたすことばっか考えてんの。そこをどうやってすっとぼけて艶っぽくやろうかと思ってんだ」

そう、江戸っ子は色気と愛嬌を忘れちゃならない。たくまずしてその双方が備わる加藤武は、やっぱりこの北斎がハマり役なのだ。

理屈じゃないのよ芝居は

理屈無用、あらゆる意味で自分の欲に忠実な北斎とは裏腹に、どうしても頭でっかちな崋山のような人物も出てくる。加藤はその対比に、役者の演技論、芸術論も重ねていた。

「絵描きの世界だけの話じゃないと思うんだよ。役者にも大なり小なり、いろんなやり方、考え方がありますよね。〈理屈はいらねぇ〉って北斎みたいなのもいれば、やたら理詰めの崋山タイプもいる。俺たちの若い頃もそうだったけど、新劇ってのはそもそも、理屈ばっかになりがちなんです。腕もワザもねぇくせに理屈ばっかり言って、できたと思ってる。それで酒かっ食らって、朝まで演技論戦わせたりしてね。演出家もその手合いが多い。理屈をこねくり回してワケのわからないダメ出しをすれば、演出家として箔が付くと思ってんじゃない？　でも杉村さんみたいに、具体的におっしゃる人もいるわけ。〈声ばっかり大きくて何言ってんだかわかんないわよ〉〈小さい声でも、無声音でも鼻濁音でも、ピーッと後ろまで聞こえなきゃ〉ってね。僕も芝居に理屈はいらないと思ってる。ちょっと観点を変えれば、この作品は芸人でもどの世界でも当てはまるんじゃないかな」

北斎の才能と絵に対する執念には脱帽だが、人間性となると話は別だ。

「この芝居の北斎はちっとも謙虚じゃないよね。今やってることが自分で物足りないんでしょ。いつでも〈今度こそ、今度こそ〉って思ってる。それはすごいけども、ヤなヤツだねぇ。〈俺はすげぇんだ〉って堂々としてる。腕はあるけど、俺はこういう男、大っ嫌いだ。だけど、大っ嫌いを演じなきゃいけないってギャップが、我ながらおかしいね。大天才に生まれたこともないし、共通するのは酒煙草をやらないことと、身体が丈夫なことくらい。俺なんか人に好かれようとして、気ばっかり遣ってんだから。いや、ほんとに。ヘッヘッヘッ。でも、あんまり傲慢に見えちゃいけないし、考えると難しいね。人間性はヤな男。だけどなぜか魅かれちゃう。そういう吸引力を持ってる北斎にしたいんだ」

まだまだあります北村和夫

絵は絵、芝居は芝居

二〇一四年四月、東京は三越劇場。九〇歳での大往生にしてまだまだ生きる気まんまんだった葛飾北斎を、八四歳の加藤武は思いっきり力感みなぎらせて演じきった。文学座の舞台『夏の盛りの蟬のように』にて堂々の主演である。画業ひとすじに猛進するかと思いきや、ちゃっかりモデルの若い女とデキてたりなんぞして、娘をはじめ身近な人間をさんざん振り回す巻き込み型破天荒老人でありながら、発想力、構成力、画力、行動力、すべてにおいて凡百の絵師が束になっても敵わない大天才であることは間違いなく、依怙地で口が悪くて人の意見をまったく聞かない、超ド級マイペースの天晴れ人生。

加藤〝北斎〟武は「おらよッ！」の一声で大八車をひょいと動かし、気に障ることを人に言われりゃ「うるさーいっ、とっとと失せやがれ！」と大音声で一喝。あぐらを組んだ足のまま

文学座『夏の盛りの蟬のように』富沢亜古、加藤武（2014年／撮影：鶴田照夫／写真提供：文学座）

スッと支え手も使わずに立ち上がる若々しさに、芝居を観た長年の友である黒柳徹子が、公演後に加藤をゲストに招いた『徹子の部屋』でもしきりに驚いていた。

「せめて身体だけはね。お客に心配されちゃおしまいだもの。でもねぇ、いろいろと考えさせられる芝居でしたよ。北斎は〈しょせん絵は絵なんだ。それだけのものなんだ。わかったか！〉ってなことを言うんだけども、本当にそのとおり。しょせん絵は絵、芝居は芝居なんですよ。

こないだテレビのドキュメンタリーでたまたま見たんだけど、半導体の企業がとっても流行った時代にどんどん出世したエリートたちが、すっかり会社が傾いておっ放り出されて、レストランで皿洗いやったり、介護職に就いたり、そういうことを皆さん必死にやってらっしゃるのよ。こういう人たちもいるんだって思うと、俺たちがやってることは一体、世の中の役に立ってるのかと思ったりもするんだ。でもさ、それを選んじゃったんだもの。観に来てくださったお客さんが、何かしらでも感じてくれたら、よしとするしかないよね。のめり込んじゃったんだから、やるっきゃないんだ」

チャックと劇場

そんな芝居にのめり込んだ加藤の現況を知ることができるのが、前述の『徹子の部屋』だ。小沢昭一や永六輔と共に、加藤も常連のひとり。黒柳自身も、海外のコメディを上演する舞台をライフワークにしてきた。

「徹子とはもう古い付き合い。ツーカーだからときどき番組にお呼びがかかるの。徹子が有名になったのはNHKのラジオ。『ヤン坊ニン坊トン坊』って知ってる？　文学座にも風刺の効いた芝居をたくさん書いてる、飯沢匡さんがいいブレーンでね。俺が文学座で初めて主演したのも飯沢作品。で、『ヤン坊〜』では長岡輝子さんがレギュラーで面白い役をやってたの。それに俺もときどき出たり。

チャックは可愛かったよ。あ、聞いたことはなんでもしゃべっちゃうから、徹子の口にチャックを！ってんで、〈チャック〉ってあだ名なの。昔、六本木のイタリア料理屋で俺が芸者さんとトイレの前でチューしてた、なんて話を、もう何回『徹子の部屋』でされたことか！　そいで外国が好きで、スポーツオンチなのに野球のダルビッシュのファンなんだよね。昔は本当に何も知らなくて、広島カープの古葉監督にインタビューしたときに、〈どうして打ってから右ばっかり行くんですか？　たまには左に行ったっていいじゃないですか〉だって。トンチンカンで面白いんだ。俺が徹子の芝居に出たこともありますよ。今度の北斎も観に来てくれてね。三越劇場の隣の茶店で、氷（かき氷）食べながら話をして。そういうとこも一人で来るし、〈じゃあまたね〉って、デパートの中を普通に帰ってくの。飾らないとこは昔からちっとも変わらない」

そこは違います

三越劇場といえば、加藤より一足先に文学座に入った早稲田の友人、北村和夫にまつわる若き日の鉄板ネタを忘れてはならない。

「俺はまだ教師をやってたときで、文学座に行った北村が〈じゃ、俺これから楽屋入りだから〉なんて言うのが羨ましくて仕方なかった、って話は前にしたことあるでしょ。そのときに新人の北村が出てたのが、三越劇場だったの。アイツも図々しいから、ペーペーのくせに劇場の楽屋風呂なんかにちゃっかり入ってたんだね。そしたらそこに、なんと杉村春子さんが入ってきた。北村は出るに出られなくなっちゃったけど、湯気で誰だかよくわかんないし、杉村さんもいちいち気にしないんだろうね。

で、杉村さんに〈ちょっと、おしろい流してちょうだい〉って言われたんだって。襟足とか背中に残ってるでしょ、舞台のおしろいが。でも杉村さんって口（言葉）が速いから、北村には〈おしり流してちょうだい〉に聞こえたって言うんだ。〈お、お尻？？〉なんて思いながらも、北村のバカ、石けん泡立てて、杉村さんのお尻の後ろからスーッと片手入れて……。〈キャーッ！　ちょっとアンタ、何やってんの!!〉って、そりゃなるでしょ。俺はそんなことは知らないから、〈いいなぁ〝楽屋入り〟なんて〉って、ただ羨ましがってたけど。な〜にが楽屋入りだってての、楽屋風呂で杉村さんのお尻を洗おうとしてたんだから。三越劇場っていうと、この話が忘れらんないんだ」

〈お尻事件〉の顚末を加藤から聞いた黒柳は、テレビ番組でマツコ・デラックスを相手に、身ぶり手ぶりを交えて披露したらしい。

「あのマツコって、俺、好きなんだ、頭いいよね。北村のお尻事件にも大ウケだったみたいだよ。このあいだの『徹子の部屋』でもそのときの話が出た。なかなか北村の話をする機会もないから、よかったな」

ウソかまことか続・北村伝説

以前「北村のことはとても一晩じゃ語り尽くせない」と話していた加藤だが、ふたたび〈北村伝説〉を開陳し始めると、どうにも止まらない。

「北村と今村昌平は小学校の同級生。それからまた早稲田で合流して、俺や小沢たちと出会った。小学校の頃から、今村はみんなをアゴで使ってたらしいよ。あいつはホントに人を使うのがうまかった。だから監督なんてぴったりだ。

それこそ北村は、小学校からずーっと使われ慣れてるわけ。スカートめくりなんかでも、今村が目をつけた娘に、〈北村、やれ！〉って命令して、やらしてたんだってさ。北村は一番従順なんだよ。今村に〈はい、やるっ！〉って言われたら、やらなきゃなんない。今村の映画にもずっと出てたしね。また今村がよく北村のマネしてたの。〈あいつは勘定も三つしかできない〉とか言って、〈一つ、二つ、三つ、あとたくさん〉だってさ」

あくまでも今村昌平によれば、だが、北村がそうなったきっかけがちゃんとあると言う。

「小学校でね、一〇メートルくらいのとこから北村がプールに飛び込んだんだって。そしたらそのまんま、ガーッと眠り病になっちゃった。で、ウチに連れていかれて、〈カッちゃーん、ご飯だよ！〉って言われたらパチッと目が覚めて、ご飯食べて〈ごちそうさま〉って言って、またガーッと寝ちゃったんだって。それで北村はバカになったって、今村が言ってた」

どこまでホントか知らないが、今のご時世だったら伝わり方次第ではちょっとシャレにならん話かも。が、そんなことはおかまいなく、ヒィヒィと腹を抱え、声が裏返って笑い続ける加藤であった。

「ひゃー、もうおかしい、おかしい。だからね、北村は面白くて愛すべき人ってことになるんだよ。俺とか小沢昭一が作者になって、ほかから聞いた面白い話も、全部北村の話にしちゃってたの。そのほうが面白いし、一番ぴったりするんだもん。おんなじことをしても普通の人じゃつまんないけど、北村ならハマるし、北村も得をするんだ。

だから北村はいい作者に恵まれてんだよ。あいつもあえて〈それは俺じゃない〉なんて言わないわけ。そこがゴキブリ的防衛本能。最初に言い出したのは今村だ。小学校から見てるから、ズバズバ言うの。〈北村さんのいい話ある？〉なんてゴシップの仕入れ屋が来ると、俺や小沢が一生懸命話を作ったんだ。ウケると嬉しかったね、作者としても。ヘッヘッヘッ」

ん？　となると、これまで聞いた数々の〈北村伝説〉もまんまと盛られたのかもしれないが、まぁ、深く問うまい。ウソかまことか、虚実皮膜だからこその〈伝説〉の妙味である。

愛しの越路吹雪が……

杉村春子は中国との文化交流に積極的で、文学座もたびたび中国公演を行った。杉村の相手

加藤の身近にいた二人。文学座『雁の寺』北村和夫、太地喜和子（1980年／写真提供：文学座）

役を多く務めた北村も、当然何度も同行している。

「そもそも北村は、旅先で店を探したりするのがすごくマメだったの。今なら簡単にインターネットで調べられるけど、昔はそんなに情報もないもんね。地方に行くと、バーなんかのドアをバッと開けて〈ナツメ、いる？〉って覗いて、サッと店の感じを見ちゃうんだ。ナツメってのはテメエの友達。あそこは高そうだとか、ママがいいとか悪いとか、〈もういいよ、やめようよ〉って言うくらい、根気よくこまめにやるんだよ。

中国に行ったときにも、忙しいさなかに言葉も通じないのに、ヤツはいい靴屋を探して行ったの。注文しようと思っても言葉がわかんないから、テメエの靴を脱いで〈こういう靴を作ってくれ〉って差し出した。そしたら靴屋が〈謝謝〉って言って、そのまま仕舞っちゃったんだって。片足だけ靴を取られて、ケンケンして帰ってきた。バスに乗って降りるときにも、財布ごと出して〈いくら?〉って訊いたら、運転手に〈謝謝〉って言われて、忘れ物の箱に入れられちゃった。もう北村はそんな話ばっかり。後でちゃんと靴も財布も戻ってきたそうだけど。あ、これはホントの話だからね!

そいで、中国みやげはハンコだ。俺とか小沢には、駅で売ってるような三文判。北村が可愛がられてた(初代松本)白鸚さんには、いいハンコ。ただし、ハンコの名前は〈松本〉ってやつ。〈幸四郎〉とか〈高麗屋〉とかにすりゃいいのにね。もっといいのは、コーチャン、越路吹雪にあげたやつ。北村はコーチャンが内藤法美と一緒になる前から大好きで、同じラジオにも出てたの。だからコーチャンだけは箱に入った、とびきりいいハンコ。で、コーチャン、〈ありがとう!〉ってバンッとハンコ押したら、〈越路吹雲〉。わかる? 〈ふぶき〉じゃなくて〈ふきぐも〉になってたの。〈悪いけどこれ、使えないわ〉って。何せ〈鹿鳴館〉を〈カメイカン〉って読む男だからね。漢字はからっきしなんだ。ヒャヒャヒャヒャ」

それこそ〈杉村春子の相手役を数多く演じた文学座の重鎮〉だと思っていた名優が、こんなすっとこどっこい(失礼)だったとは……。

「面白いでしょ? だけどさ、語り部がいなくなっちゃったら、北村もそれっきりだからね。これは誰にでも言えることだけど、ただ〈真面目でいい人でした〉じゃ、つまんないもん。人間像、素顔が伝わったら、しゃべった甲斐があるってもんですよ」

あしたを生きる

大隈重信に誓ったのに

加藤武は、以前「生き残り組には正しい歴史を伝える責任がある」と、神妙に語っていた。

「要は生き残ったもん勝ち。歴史の断定権を持ってるわけだから、誰も知らないからって、いい加減なことをしゃべっちゃいけない。トシ取ってホラ吹いちゃいけないよ。知らないことは知らないって、正直に言わなきゃ。冗談もギャグとして言うならいいけどね」

で、ギャグがよく似合う男の筆頭が、文学座の盟友・北村和夫であった。加藤に加えて小沢昭一という強力な〈作者〉がいたおかげでずいぶんかさ上げされたネタも多いようだが、そこは北村本人も暗黙の了解のもと、あうんの呼吸で伝説化されていったものである。

「その北村も小沢も先に逝っちゃった。これはやっぱり悲しかったねぇ。因果と丈夫なもんだから、俺が残されちゃった。二人の弔辞を読むことになるとは思わなかったですよ。弔辞は何も書いていかずに、語りかけた。録音でもしてりゃ、残ってるかもしれないけど。北村は何言うかわかんないから、小沢と俺は昔から〈アイツに弔辞は頼めない〉って言ってたわけ。

第一、北村はテレビと舞台で忙しくて、俺たちの葬式なんて来らんないよ。本当に仕事人間で、仕事をやみくもに入れる人だからね。だから弔辞は小沢と俺とで〈タケさん頼むね〉〈昭ちゃんよろしくな〉って、言い合ってたんだ。そもそも早稲田の頃から、お互いに〈妾を持ちたいねぇ〉なんて、大隈さん（大隈重信）の銅像に誓ってたの。だけど実際は妾持つような甲斐性なんてないんだよ、二人とも。〈葬式では、カミさんの隣に座って、コレ（小指を立てる）が弔問に来たら離れたとこにそっと連れ出して、焼き場でうまーく骨を分けてやるから。俺のときもよろしく〉なんて、小沢も言ってたけどさ。もう、ぜーんぜん」

気遣いの人・三船敏郎を語る

学生時代から気心の知れた小沢や北村は、誇張やねつ造（？）も友達同士のじゃれ合いの一環だが、例えば加藤にとって「足を向けて寝られない」が口癖の大恩人、三船敏郎についてなどは、「正しい歴史を語る」ために背筋を伸ばす。豪放磊落なスクリーンのイメージとは裏腹に、いかに繊細な気遣いの人であったのかを、言葉を尽くして説明するのだ。

「黒澤映画の生き残りがもうあんまりいないから、俺なんかにもたまに三船さんのこと訊きにくるのがいるの。でもさ、昔、黒澤さんが〈あなたにとって映画とは？〉って質問されて〈バカヤロー、帰れ！〉って激怒しちゃったそうだけど、いきなり〈三船さんってどんな人ですか〉なんて訊かれても困っちゃうよ。小沢についてもそうだよ、〈小沢さんの何か面白いエピソードを〉とかさ。少しは調べてこいっての。ま、しゃべるけどね！」

最近も三船について話をする機会があった。日系三世のスティーヴン・オカザキ監督による三船のドキュメンタリー映画『ＭＩＦＵＮＥ：ＴＨＥ　ＬＡＳＴ　ＳＡＭＵＲＡＩ』（二〇一八年日本公開）のためにインタビューを受けたのだ。

「監督はロサンゼルスに住んでるっていう、日系の偉丈夫でね。彼が若いとき、アメリカ映画に出てくる日本人はたいていヒドいもんだったって。そもそも日本人をやってたのは日本人俳優じゃないもんね。それでちゃんとしたニッポンを知りたいっていうんで、黒澤映画に行き着いたらしいんだ。原爆のドキュメンタリー（『ヒロシマナガサキ』）とか、いいもの撮ってるよ。で、黒澤さんや三船さんのこと、特に三船さんについて色々と訊かれました。通訳を介すから、戦時中に鉄兜でゲートル巻いて歌舞伎観た、なんて自分の話を伝えるのにも時間かかっちゃって、なかなかかじれったかったけど。かろうじて、どれだけ三船さんに世話になったか、三船さんには足向けて寝らんない、って話はできた」

憧れのミフネになりきる

そうしたインタビューでもひとたび話し出すと、言葉を超えて身ぶり手ぶりにモノマネ付きで、サービス精神を最大限に発揮してしまう。

「三船さんは付き人もつけずに、一人でスポーツカーに乗って撮影所にやってきてさ。これがカッコイイんだ。三船さんに憧れて、俺は現場でモノマネもしてたの。(三船風のシブい声色で)〈おはようございます。おはようございます〉って言いながら撮影所に入ってったら、そこにいたのが三船さん本人。三船さんに〈風邪ひいたんですか?〉って言われちゃって。これもインタビューで話したら、ウケたウケた。ま、どう使われるかわかんないけど。ともかく、『悪い奴ほどよく眠る』でもどんなに俺ができなくても文句も言わずに待ってくれたとか、水をくれて落ち着いたとか、気遣いの人だった三船さんの実像はしゃべれたから、いいんだ。

現場で黒澤さんと三船さんはどういうふうにしてたか、ってことをしつこく訊かれたけど、どうもこうもないですよ。三船さんは三船さんでやるべきことをやってたんだから。黒澤さんと三船さんが普段の付き合いがあったかどうかも知らないしね。前も話したように、俺も黒澤さんとは現場以外での付き合いはなかったし。ただ、やっぱり俺は『用心棒』や『椿三十郎』みたいに、三船・黒澤コンビの娯楽活劇が最高だと思ってるけど」

『用心棒』の加藤武オフショット（加藤武個人蔵）

三船といえば几帳面で清潔好きな一面も洩れ聞くところ。

「そうそう、自分のプロダクションじゃ、朝からきれーいに三船さんが掃除してたんだもん。ちょっとやりすぎじゃない？って思うけど。社長がそんなに掃除してたら、社員もゴミひとつ捨てらんないよ。三船さんがもし俳優だけやってたら、もっともっとたくさんいい映画にも出られただろうけど、三船さんの性格だと、俳優に専念はできなかったかもしれないね。責任感が強い人だし、経営者として社員も抱えてたわけだから。何でも気がついちゃうってのも、大変だなぁと思う」

惚れさせる名優たち

一九六〇年代には三船をはじめ、石原裕次郎、勝新太郎、中村錦之助（萬屋錦之介）など、映画会社の専属を離れて自身のプロダクションを立ち上げる俳優が相次いだ。三船と石原は加藤も出演した『黒部の太陽』を共同製作しているし、錦之助は三船プロ作品にもたびたび出演している。

「自分でプロダクション持ってた人たちはみんな大変だよねぇ。このあいだ、淡路恵子さんも亡くなっちゃったけど、彼女もえらかったよ。錦之助に惚れ込んで。あんだけ惚れさしちゃうんだから、錦之助もすごい。人を惚れさす才は、北斎にも似てる。でも錦之助さんは北斎なんかよりずっと思いやりもあって、いい人だったよ。

惚れさすといえば、小沢栄太郎さんね。年の離れたキレイな奥さんもらって。僕も結婚式に行きました。この奥さんが、いまだに小沢さんに惚れてるの。僕の芝居も観に来てくれるんだけど、話を聞くと小沢さんのノロケばっかり。ハハハハ！　錦之助さんと一緒で、惚れさしちゃう小沢さんがすごいんだ。東野英治郎さんと二人で稼ぎまくって俳優座を支えたし、小沢さんは本当にえらい。『白い巨塔』とか憎々しい敵役のイメージだけど、実際は全然違う。舞台なら『ふるあめりかに袖はぬらさじ』の岩亀楼主人、『ラ・マンチャの男』の牢名主と、俺は最初に小沢さんがやった役を後でやらしてもらってるから、ずいぶん縁があるの。新劇の大先輩です。

小沢さんもだけど、戦時中は滝沢修さんでも宇野重吉さんでも、アカだと思われた新劇人は劇団を潰されて、軍隊に行かされてね。滝沢さんには軍隊でも尾行がついたらしい。エノケン劇団にいた如月寛多《きさらぎかんた》さんって面白い脇役の人が滝沢さんと同じ部隊にいて、外出日でも滝沢さんが監視されるから、全然ノビノビできなかったんだって。

その滝沢修さんのマネを小沢昭一がよくしてたんだ。六本木にうまい寿司屋があって、新劇人とかスポーツ選手の社交場みたいになってたの。あるとき小沢がガラッと開けようとしたら、〈あのねぇ、僕、今度、あ・な・ご〉って滝沢さんの声がした。小沢は食わずにそのまま帰ったって。もうね、そのマネがソックリで、おっかしいったらないの。俺もテレビの『赤穂浪士』で堀部安兵衛をやったとき、吉良上野介役の滝沢さんの腕をつかんで引きずり出すんだけど、上野介が全身で震えてるんだ。腕をつかんでる俺にも震えが伝わるくらい。ありゃすげぇなぁと思ったね」

芸に尽くした八六年

さて、こうして来し方を振り返り、友人や名優、監督たちの素顔をたっぷり語ってもらう中でも、加藤武はつねに現役俳優であり続けた。「年寄りがやれる役は少なくなるばっかりだよ」とこぼしつつ、現役であり続けるための努力はどんなことでも厭わない。人の芝居にもこまめに足を運ぶ。草笛光子主演の舞台『6週間のダンスレッスン』を観て大いに刺激を受け、「彼女の踊りが素晴らしいんだ。いわゆる年なりの美しさ。あれこそ本物ですよ。芸に忠実に生きている、人間性が出てるんじゃないかな。やっぱり生き方だね。俺もこうしちゃおれんと思った」と、大興奮。

杉村春子亡きあとは「仰ぎみる芸がなくなった」と、叱ってくれる人の不在を痛感しながら、「勝手に師匠と仰ぐ」文楽義太夫の人間国宝・竹本住太夫の芸に接しては身を引き締める。その住太夫が杉村について「あの人は芝居せんと、芝居してまんな」と語ったという話がお気に入りで、「名人は名人を知る、だよ」と唸っていたものだ。

そして渾身の力で葛飾北斎を演じきった『夏の盛りの蟬のように』の翌年、二〇一五年秋には『蟬〜』と同じく吉永仁郎作『すててこてこてこ』で、主役の三遊亭円朝を演じる予定だった。もちろん早くからせりふ覚えなど準備に余念なく、ジムでの体調管理も気合十分。稽古に入る前には、ライフワークともなっていた『加藤武 語りの世界』を開き、吉川英治の『新平家物語』から少年牛若のエピソードを取り上げた『牛若みちのく送り』、加藤にとって思い入れのある歌舞伎役者のひとり、八代目市川中車の実話を基にした怪談『市川中車の大島綺譚』の二席を、満員の客を前に熱を込めて披露した。

このわずか一〇日あまり後に急逝するとは、この日会場にいた誰もが信じられなかっただろう。もちろん私もだ。

だが北斎が九〇歳まで現役絵師であり続けたように、演じることに対する意欲とエネルギー、芸に対する加藤の真摯さは、八六歳で世を去るその日まで、まったく変わることがなかった。というよりおそらく、本人はまだ今世が終わったとは思っておらず、今なおアチラで台本を開いてせりふと格闘し、ＤＶＤを前にエクササイズに励んでいるに違いない。

「今日よりもあした。それの繰り返しなんだよね」

『加藤武 語りの世界』2015年7月19日の舞台より。
この12日後に逝去。享年86（撮影：宮岡里英）

いつものとこで

加藤さんと会うのは、いつも新宿駅近くの喫茶店だった。「ひとッところに決めちまう」下町気質か、今度はご自宅や稽古場に近い場所にしますか、と訊いてみても「いいよいいよ、いつものとこで」で落ち着いた。

そして「おぅっ！」の第一声から店内の喧噪なんぞものともしないエネルギッシュな声でしゃべり倒すこと二時間超。ときに四時間近くに及ぶこともあったが、「ひゃー、しゃべったしゃべった。本日はこれぎり〜」の締めまで喉枯れ知らず。当たり前だがプロである。豪快な芝居語りを毎回かぶりつきで堪能させてもらう幸せな時間だった。

たまに（というかわりと頻繁に）「こないだ観た『〇〇』はヒドかった。もう拷問芝居！」などと大声で言ってくれちゃうのでヒヤヒヤしたが、いいも悪いも真っ正直だから痛快だ。あるときは取材中に俳優の米倉斉加年《まさかね》さんと出くわし、「やぁ、お互い元気で頑張りましょう！」とグッと握った手をぶんぶん振って別れたこともあった。その米倉さんも鬼籍に入られた。

とにもかくにも加藤さんのこの「語り」を残したい一心で取材を続けていたが、加藤さんの本分はあくまで俳優なので、芝居の地方公演や新作の準備に入ると、半年以上お会いしないこともざらにあった。でも大丈夫。銅鑼《どら》のように響く元気な声はいつも変わらないし、粋できれいなインストラクターのお姉さんがいるジムに通って健康管理にもぬかりないし、二〇二〇年の東京オリンピックを見るのが楽しみだと、よく言っておられたし。

だから『仁義なき戦い』も『釣りバカ日誌』シリーズも、演出の仕事もテレビの出演作についても、今度またじっくり尋ねようと思っていた。限りある時間に思いを馳せられなかった自分がなさけない。

加藤さんはまた、繊細な気遣いの人でもあった。連載開始時期が確約できなくても、いつも「気にしないでおくんなさい。結果的に形に残んなくたってちっとも構わないんだ。聞いてくださるだけでいいんですよ。無理しちゃだめだよ」と言ってくださった。愉快な毒は吐くけれど、「生き残り組の使命」として、人を貶めるようなことは決しておっしゃらなかった。

加藤さんの仕事を網羅することはとても叶わなかったが、六十余年にわたる俳優人生で出会ったかけがえのない人々や作品の思い出は、昨日のことのように鮮やかだ。加藤さんの出演作はもちろん、加藤さんの口から語られた綺羅星のごとき名匠、名優、同輩、後輩たちの諸作品を、たくさんの人に観てもらう機会になれば幸いに思う。

連載および書籍化をご快諾いただいたご遺族の加藤リエ子さんと加藤リツ子さん。取材時から写真手配まで惜しみなくご協力いただき、常に励ましてくださった文学座文芸編集室の徳田玲子さん。キネマ旬報社の青木眞弥さん、『キネマ旬報』連載を長くご担当いただいた川村夕祈子さん。書籍化の後押しをしてくださった映画評論家の轟夕起夫さん、そして加藤さんのご命日である七月三一日の刊行にむけて作業を進めてくださった筑摩書房の柴山浩紀さん。ほかご協力いただいた皆さまに心から感謝申し上げます。

そして誰よりも、加藤さん。楽しい時間をありがとうございました。

加藤武、日本一！

市川安紀

加藤武 年譜

一九二九（〇歳） 五月二四日、東京市京橋区小田原町（現在の中央区築地六丁目）に、兄二人、姉一人の末っ子として生まれる。父は権平、母は徳、家は代々魚河岸で仲卸業を営む。

一九三六（七歳） 泰明小学校に入学。歌舞伎、芝居見物が何よりの楽しみ。

一九四二（一三歳） 麻布中学校に入学。同級生に大西信行、小沢昭一、内藤法美、仲谷昇、フランキー堺がいた。

一九四九（二〇歳） 予科である第二早稲田高等学院を経て早稲田大学文学部英文科三年に編入。中学以来の大西、小沢に加えて今村昌平、北村和夫と出会い、学生演劇に熱中する。

一九五一（二二歳） 早稲田大学卒業、新宿区立大久保中学校の英語教諭となる。

一九五二（二三歳） 演劇への想い断ち切れず、教職を一年で辞して文学座舞台技術研究室に入所。『狐憑』で初舞台を踏む。

一九五三（二四歳） 『還魂記』にて舞台初主演。映画『にごりえ』出演。

一九五七（二八歳） 映画『蜘蛛巣城』にて黒澤明監督作品初出演。

一九五九（三〇歳） 文学座座員となる。

一九六〇（三一歳） 映画『悪い奴ほどよく眠る』にて準主役を演じる。

一九六三（三四歳） 一月、一一月と二度にわたる文学座の分裂騒動により座員が大量脱退するなか、座に留まる。映画『天国と地獄』、NHK大河ドラマ『花の生涯』出演。

一九六四（三五歳） 舞台『三人姉妹』、NHK大河ドラマ『赤穂浪士』出演。

一九六五（三六歳） 舞台『無害な毒薬』、日米合作映画『勇者のみ』出演。

一九六七（三八歳） 映画『日本のいちばん長い日』出演。

一九六八（三九歳） 舞台『美しきものの伝説』、映画『黒部の太陽』出演。シェイクスピア講習会聴講のため渡英。

一九六九（四〇歳） 舞台『富島松五郎傳―無法松の一生―』に主演。

一九七三（四四歳） 映画『仁義なき戦い 代理戦争』出演、翌年『〜頂上作戦』にも出演。

一九七四（四五歳） 小沢昭一が主宰する「芸能座」に参加するため文学座を退座、座友となる。

一九七五（四六歳） 「芸能座」旗揚げ公演『清水次郎長伝・伝』出演。

一九七六（四七歳） 映画『犬神家の一族』にて市川崑監督作品出演。以後、同監督作品および金田一耕助シリーズの常連となる。

一九七八（四九歳） 前年の映画『悪魔の手毬唄』『獄門島』により第一回日本アカデミー賞助演男優賞にノミネート（現在の優秀賞受賞）。

一九七九（五〇歳） 舞台『ふるあめりかに袖はぬらさじ』にて岩亀楼主人を演じる。

一九八〇（五一歳） 「芸能座」の活動終了により文学座に復座。

一九八五（五六歳） 舞台『芝居―月もおぼろに―』（吉永仁郎作）で演出家デビュー。映画『乱』、ドラマ『真田太平記』出演。

一九八九（六〇歳） 九月〜一一月、文化庁派遣研修員として渡英。

一九九〇（六一歳）　映画『釣りバカ日誌3』にてシリーズ初登場。以後、ファイナル（二〇〇九）まで秋山専務役を持ち役とする。

一九九二（六三歳）　舞台『唐人お吉ものがたり――女人哀詞――』出演、太地喜和子と最後の共演。

二〇〇〇（七一歳）　舞台『レティスとラベッジ』、映画『どら平太』出演。

二〇〇二（七三歳）　舞台『大寺學校』にて大寺三平を演じる。

二〇〇五（七六歳）　舞台『家路』の演技により、倉敷演劇鑑賞会、岡山市民劇場賞の最優秀男優賞を受賞。第一回『加藤武 語りの世界』を開催。

二〇〇六（七七歳）　映画『犬神家の一族』出演。

二〇〇七（七八歳）　舞台『殿様と私』出演、以後雛田源右衛門をたびたび演じる。

二〇一二（八三歳）　文学座代表に就任。

二〇一四（八五歳）　舞台『夏の盛りの蟬のように』に主演。

二〇一五（八六歳）　『夏の盛りの蟬のように』の演技により、第四九回紀伊國屋演劇賞個人賞、第二二回読売演劇大賞優秀男優賞、および同賞芸術栄誉賞を受賞。七月三一日、心疾患のため死去。享年八六。

・主な著書に『昭和悪友伝』（話の特集）、『街のにおい芸のつや』（新しい芸能研究室）、『悪ガキ少年の俳優志願――芝居大好き』（ポプラ社）など。

・入船亭扇橋を宗匠に、永六輔、大西信行、小沢昭一、桂米朝、柳家小三治、矢野誠一らと連ねた「東京やなぎ句会」を通じて俳句歴四五年。俳号は阿吽。

主な出演作

年	舞台（特記のない舞台は、文学座公演）	映画	テレビ・ラジオ
一九五二（二三歳）	『**狐憑**』（中島敦原作、矢代静一脚色）男＊初舞台		
一九五三（二四歳）	『**還魂記**』（飯沢匡作）帝、『**夜の向日葵**』（三島由紀夫作）熊崎、『**思い出を売る男**』（加藤道夫作）広告屋、『**鷗**』（久保田万太郎作）客	松竹『**にごりえ**』（今井正監督）地回り	
一九五四（二五歳）	『**女の一生**』（森本薫作）職人井上、『**どん底**』（ゴーリキー作）メドヴェージェフ、『**奇妙な幕間狂言**』（加藤道夫作）院長、『**探偵物語**』（シドニー・キングスレー作）泥棒、ルイス・アボット、『**雅歌**』（矢代静一作）巡査、『**二号**』（飯沢匡作）武本、松島	東宝『**女性に関する十二章**』（市川崑監督）ナレーション	
一九五五（二六歳）	『**シラノ・ド・ベルジュラック**』（エドモン・ロスタン作）門番、ガスコンの青年隊、モンフルウリイ、『**作者を探す六人の登場人物**』（ピランデルロ作）立役俳優、『**ハムレット**』（シェイクスピア作）ノルウェイの隊長、『**欲望という名の電車**』（テネシー・ウィリアムズ）スティーブ・ハブル、『**なよたけ**』（加藤道夫作）男、東国の武士	日活『**愛のお荷物**』（川島雄三監督）ナレーション、大映『**心に花の咲く日まで**』（佐分利信監督）夏目	
一九五六（二七歳）	『**絵姿女房**』（矢代静一作）番人、『**アポロ出陣す**』（ジロドゥ作）シュルズ氏、『**ヤシと女**』（飯沢匡作）赤井彰、『**美しきフラノの娘**』（八木柊一郎作）牧夫、『**肥前風土記**』（田中千禾夫作）真哲、『**鹿鳴館**』（三島由紀夫作）職人松井、清国大使	松竹『**壁あつき部屋**』（小林正樹監督）自衛官＊製作は五三年、実質的映画デビュー作	

一九五七(二八歳)	『**二号**』キャロウ神父、『**大寺學校**』(久保田万太郎作)岩井屋、『**ブリタニキュス**』(ラシーヌ作、三島由紀夫修辞)衛兵、『**陽気妃**』(飯沢匡作)安禄山、『**明智光秀**』(福田恆存作)溝尾庄兵衛、『**鹿鳴館**』飛田天骨	東宝『**蜘蛛巣城**』(黒澤明監督)都築警護の武士、日活『**幕末太陽傳**』(川島雄三監督)ナレーション、東宝『**どん底**』(黒澤明監督)番所の役人	
一九五八(二九歳)	『**国性爺**』(矢代静一作)安大人、李踏天の部下、『**マクベス**』(シェイクスピア作)使者、兵士、松竹『**お蝶夫人**』シャープレス	日活『**果しなき欲望**』(今村昌平監督)山本、東宝『**隠し砦の三悪人**』(黒澤明監督)落武者	『**ダイヤル110番**』(NTV)
一九五九(三〇歳)	『**マヤ**』(シモン・ギャンチョン作)アラビア人、『**祇王村**』(田口竹男作)利三郎、『**黄色と桃色の夕方**』(矢代静一作)俊どん	東宝『**グラマ島の誘惑**』(川島雄三監督)赤井八郎左衛門、『**ハイ・ティーン**』(井上和男監督)篠原、東宝『**貸間あり**』(川島雄三監督)小松、東宝『**暗夜行路**』(豊田四郎監督)京都の医者	『**夜のプリズム**』(NTV)
一九六〇(三一歳)	『**翁家**』(田口竹男作)由造、『**塔**』(飯沢匡作)加賀	東宝『**悪い奴ほどよく眠る**』(黒澤明監督)板倉、松竹『**悪人志願**』(田村孟監督)デカ、東宝『**赤坂の姉妹 夜の肌**』(川島雄三監督)ナレーション	『**川を渡る風**』(NHK)
一九六一(三二歳)	『**地獄のオルフェウス**』(テネシー・ウィリアムズ作)ピーウィー・ビニングス、『**バイオリンを持つ裸婦**』(ノエル・カワード作)コリン、『**ジュリアス・シーザー**』(シェイクスピア作)ダーディニアス、市民	東宝『**名もなく貧しく美しく**』(松山善三監督)校長、日活『**豚と軍艦**』(今村昌平監督)大八、東宝『**別れて生きるときも**』(堀川弘通監督)警察の主任、日活『**大当り百発百中**』(春原政久監督)白井風太郎、東宝『**用心棒**』(黒澤明監督)無宿者の瘤八、日活『**海の勝負師**』(蔵原惟繕監督)千代松、日活『**赤い荒野**』(野口博志監督)小池、日活『**太陽は狂ってる**』(舛田利雄監督)深沢、日活『**ノサップの銃**』(松尾昭典監督)丁半の辰、日活『**百万弗を叩き出せ**』(鈴木清順監督)	『**風流紙芝居丹前**』『**南の島に雪が降る**』(NHK)

年	舞台	映画	テレビ・ラジオ
一九六一（三二歳）		伊庭組社長、日活『**大平原の男**』（野口博志監督）坂口	
一九六二（三三歳）		日活『**男と男の生きる街**』（舛田利雄監督）北川始、日活『**気まぐれ渡世**』（西河克己監督）宮永捜査一課長、日活『**キューポラのある街**』（浦山桐郎監督）野田先生、東宝『**青べか物語**』（川島雄三監督）わに久、日活『**燃える南十字星**』（斎藤武市監督）毛広黄、日活『**当りや大将**』（中平康監督）おばはんの兄、東宝『**夢で逢いましょ**』（佐伯幸三監督）勝田大吾、東宝『**放浪記**』（成瀬巳喜男監督）上野山	『**利助の赤ん坊**』（ＮＨＫ）、『**屋根の下**』（ＮＴＶ）
一九六三（三四歳）	『**トスカ**』（サルドゥ作・三島由紀夫潤色）スカルピア男爵、『**調理場**』（ウェスカー作）フランク	東宝『**天国と地獄**』（黒澤明監督）中尾刑事、日活『**何か面白いことないか**』（蔵原惟繕監督）岩本銀三、日活『**若旦那日本晴れ**』（山内亮一監督）大川清澄、東映『**新選組血風録　近藤勇**』（小沢茂弘監督）土方歳三、日活『**午前零時の出獄**』（山崎徳次郎監督）野毛、東映『**海軍**』（村山新治監督）下畑兵曹、東宝『**わんぱく天使**』（久松静児監督）木原、日活『**競輪上人行状記**』（西村昭五郎監督）色川、近代映画協会『**母**』（新藤兼人監督）敏郎、日活『**にっぽん昆虫記**』（今村昌平監督）客	『**花の生涯**』『**石中先生行状記**』（ＮＨＫ）、『**かげろうの日記遺文**』（ＴＢＳ）
一九六四（三五歳）	『**三人姉妹**』（チェーホフ作）クルィギン、『**大麦入りのチキンスープ**』（ウェスカー作）ハリー・カーン	松竹『**モンローのような女**』（渋谷実監督）蜂屋、日活『**月曜日のユカ**』（中平康監督）パパ、東映『**竜虎一代**』（小林恒夫監督）三杉誠、日活『**おんなの**	『**赤穂浪士**』（ＮＨＫ）

渦と淵と流れ』(中平康監督)瀬川、東映『**くノ一化粧**』(中島貞夫監督)百済水阿弥

一九六五(三六歳)『**無害な毒薬**』(飯沢匡作)女中リキ、『**自由の最初の日**』(クルチコフスキー作)イェロニム、『**かもめ**』(チェーホフ作)シャムラーエフ

日米合作『**勇者のみ**』(フランク・シナトラ監督)陸軍軍曹田村、大映『**座頭市二段斬り**』(井上昭監督)門倉小平太、東映『**にっぽん泥棒物語**』(山本薩夫監督)田村検事、東宝『**最後の審判**』(堀川弘通監督)大原、東映『**股旅 三人やくざ**』(沢島忠監督)鬼の半兵衛、東映『**怪談 せむし男**』(佐藤肇監督)、松竹『**獣の剣**』(五社英雄監督)香取軍太夫

『**女の一生**』(NET)

一九六六(三七歳)『**山襞**』(水上勉作)磯沢、『**犀**』(イヨネスコ作)社員宇田、『**かどで**』(森本薫作)外彦、劇団コメディ・フランキーズ『**コール・ボーイ**』『**ばらえてい口上**』『**幕末太陽伝**』

日活『**〝エロ事師たち〟より 人類学入門**』(今村昌平監督)予備校講師、東宝『**ひき逃げ**』(成瀬巳喜男監督)取調官、日活『**殺るかやられるか**』(野村孝監督)堀内医師、大映『**白い巨塔**』(山本薩夫監督)野坂教授、日活『**けんかえれじい**』(鈴木清順監督)マンモス先生

『**おはなはん**』『**源義経**』(NHK)

一九六七(三八歳)『**シラノ・ド・ベルジュラック**』ダルタニアン、ラグノオ、『**銀河をごぞんじですか**』(ヴィトリンガー作)医者、『**五人のモヨノ**』(飯沢匡作)加瀬寧蔵、『**大寺學校**』岩井屋

松竹『**さそり**』(水川淳三監督)井上刑事、東宝『**日本のいちばん長い日**』(岡本喜八監督)迫水書記官長、日活『**喜劇 ニューヨーク帰りの田舎ッペ**』(千野皓司監督)赤井

『**三姉妹**』(NHK)、『**剣**』(NTV)、『**泣いてたまるか**』(TBS)

一九六八(三九歳)『**スエーデンの城**』(フランソワーズ・サガン作)ユゴー、『**美しきものの伝説**』(宮本研作)四分六、『**パオロ・パオリ**』(アダモフ作)フローラン・ユロ＝ヴァッスール、東宝ミュージカル『**王様と私**』総理大臣

日活『**黒部の太陽**』(熊井啓監督)国木田、日活『**〝経営学入門〟より ネオン太平記**』(磯見忠彦監督)浦辻嘉六、日活『**ぽん太の結婚屋 いろいろあらァな田舎ッペ**』(千野皓司監督)笠松正、東宝『**河内フーテン族**』(千葉泰樹監督)十三の

『**日本剣客伝**』(NET)、『**五人の野武士**』(NTV)、『**泣いてたまるか**』(TBS)

年	舞台	映画	テレビ・ラジオ
		勝、東宝『**サラリーマン悪党術**』（須川栄三監督）六本木、大映『**闇を裂く一発**』（村野鐵太郎監督）犬丸刑事	
一九六九（四〇歳）	『**五稜郭血書**』（久保栄作）箱館府兵、中島三郎助、『**握手・握手・握手**』（飯沢匡作）タミロフ、『**阿Q外傳**』（宮本研作）ヒゲのハゲの王、『**富島松五郎傳―無法松の一生―**』（岩下俊作原作・森本薫脚色）富島松五郎	東宝『**ブラック・コメディ ああ！馬鹿**』（須川栄三監督）二宮、東宝『**日本海大海戦**』（丸山誠治監督）加藤参謀長、日活『**私が棄てた女**』（浦山桐郎監督）森田八郎	『**天と地と**』（NHK）、『**プレイガール**』（TX）、『**鬼平犯科帳**』（NET）
一九七〇（四一歳）	『**富島松五郎傳―無法松の一生―**』富島松五郎	日活『**富士山頂**』（村野鐵太郎監督）山中、東宝『**銭ゲバ**』（和田嘉訓監督）蒲郡兼三	『**プレイガール**』（TX）、『**鬼平犯科帳**』（NET）
一九七一（四二歳）	『**美しきものの伝説**』四分六、『**十二夜**』（シェイクスピア作）サー・トービー、『**結婚**』（ゴンブローヴィッチ作）酔いどれ（背徳者）、東宝『**蒼き狼**』（井上靖作）トオリルカン	東宝『**喜劇 三億円大作戦**』（石田勝心監督）権藤、ダイニチ映配『**高校生心中 純愛**』（帯盛迪彦監督）宇野博之、ダイニチ映配『**喜劇 いじわる大障害**』（藤浦敦監督）刑事	『**プレイガール**』（TX）、『**鬼平犯科帳**』（NET）、『**キイハンター**』『**水戸黄門**』（TBS）、『**天皇の世紀**』（ABC）、『**冒険者たち**』（吹替え・CX）
一九七二（四三歳）	東宝『**桐の花咲く**』（曾野綾子原作、菊田一夫脚本）酒井、『**トロイラスとクレシダ**』（シェイクスピア作）パンダラス、『**ハムレット**』（シェイクスピア作）ポローニアス、『**沈氏の日本夫人**』（飯沢匡作）楽々亭さん馬、紀伊國屋ホール『**騒がしい子守唄**』（飯沢匡作）写真家、『**ふるあめりかに袖はぬらさじ**』（有吉佐和子作）大種屋の主人	『**サマー・ソルジャー**』（勅使河原宏監督）運転手、東宝『**海軍特別年少兵**』（今井正監督）林弥吉、『**どぶ川学級**』（橘祐典監督）健一の父	『**プレイガール**』（TX）、『**飛び出せ！青春**』（NTV）
一九七三（四四歳）	東宝『**国盗り物語 斎藤道三篇**』赤兵衛、東宝ミュージカル『**ラ・マンチャの男**』牢名主、宿屋の主人	松竹『**喜劇 男の泣きどころ**』（瀬川昌治監督）山田菊太郎、松竹『**宮本武蔵**』（加藤泰監督）岩間角兵衛、東映『**仁義なき戦い 代理戦争**』	『**必殺仕置人**』（ABC）、『**日本沈没**』（ニッポン放送）

		(深作欣二監督)打本昇	
一九七四(四五歳)	『**怪談 牡丹燈籠**』(三遊亭円朝原作・大西信行脚本)三遊亭円朝、阿部義弘事務所『**表裏源内蛙合戦**』(井上ひさし作)裏の源内	東映『**仁義なき戦い 頂上作戦**』(深作欣二監督)打本昇	『**太陽にほえろ!**』『**子連れ狼**』(NTV)、『**水戸黄門**』(TBS)
一九七五(四六歳)	芸能座『**清水次郎長伝・伝**』(永六輔作)清水次郎長、芸能座『**四谷諧談**』(井上ひさし作)銀行員	東宝『**青春の門**』(浦山桐郎監督)早竹先生	『**警部マクロード**』(吹替え・NHK)
一九七六(四七歳)	芸能座『**東京三文おぺれった**』(粟津潔作)広瀬、芸能座『**ワイワイてんのう正統記**』(郡司正勝作)	東宝『**犬神家の一族**』(市川崑監督)橘警察署長、富士映画『**天保水滸伝 大原幽学**』(山本薩夫監督)笹川繁蔵	『**加藤武のラジオ国語辞典**』(TBSラジオ)
一九七七(四八歳)		東宝『**悪魔の手毬唄**』(市川崑監督)立花捜査主任、東宝『**獄門島**』(市川崑監督)等々力警部	『**太陽にほえろ!**』(NTV)、『**赤い激流**』(TBS)
一九七八(四九歳)		東宝『**女王蜂**』(市川崑監督)等々力警部、三船プロダクション『**犬笛**』(中島貞夫監督)浜田教官、東宝『**お吟さま**』(熊井啓監督)施薬院全宗、東宝『**火の鳥**』(市川崑監督)カマムシ	『**おていちゃん**』(NHK)
一九七九(五〇歳)	芸能座『**しみじみ日本・乃木大将**』(井上ひさし作)ぶき(壽號の後足)、芸能座『**純情二重奏―大笑い計量法伝・伝**』(永六輔作)、芸能座『**浅草キヨシ伝―強いばかりが男じゃないといつか教えてくれたひと**』(井上ひさし作)、新派『**ふるあめりかに袖はぬらさじ**』岩亀楼の主人、『**丸山蘭水楼の遊女たち**』(井上光晴作)巳之助	松竹『**日蓮**』(中村登監督)彌三郎、東宝『**病院坂の首縊りの家**』(市川崑監督)等々力警部	『**草燃える**』(NHK)、『**江戸を斬るⅣ**』(TBS)、『**騎馬奉行**』(KTV)
一九八〇(五一歳)	『**雁の寺**』(水上勉作)雪洲	東宝『**古都**』(市川崑監督)水木弥平、松竹『**土佐の一本釣り**』(前田陽一監督)千代亀	『**なっちゃんの写真館**』(NHK)

年	舞台	映画	テレビ・ラジオ
一九八一（五二歳）	『**雁の寺**』（水上勉作）雪洲	東宝『**幸福**』（市川崑監督）剣持刑事課長	『**なにわの源蔵事件帳**』（ＮＨＫ）、『**2年B組仙八先生**』（ＴＢＳ）
一九八二（五三歳）	『**ふるあめりかに袖はぬらさじ**』岩亀楼の主人、『**新編 吾輩は猫である**』（宮本研作）迷亭健さん	東映『**化石の荒野**』（長谷部安春監督）松本安男、東宝『**ハイティーン・ブギ**』（舛田利雄監督）野々宮、松竹『**次郎長青春篇 つっぱり清水港**』（前田陽一監督）宍戸左衛門	
一九八三（五四歳）	『**女の一生**』章介	松竹『**迷走地図**』（野村芳太郎監督）鍋屋健三	
一九八四（五五歳）	『**彌太五郎源七**』（久保田万太郎作）捕吏、『**衣裳**』（森本薫作）日疋	松竹『**男はつらいよ 夜霧にむせぶ寅次郎**』（山田洋次監督）金吾、東宝『**零戦燃ゆ**』（舛田利雄監督）宇垣纏、松竹『**ロケーション**』（森崎東監督）原、『**伽倻子のために**』（小栗康平監督）イム・キュス、東宝『**ゴジラ**』（橋本幸治監督）笠岡通産大臣	『**太陽にほえろ！**』（ＮＴＶ）、『**特捜最前線**』（ＡＮＢ）
一九八五（五六歳）	『**芝居―月もおぼろに―**』（吉永仁郎作）＊演出	東宝・日本ヘラルド『**乱**』（黒澤明監督）畠山小彌太、東映『**夢千代日記**』（浦山桐郎監督）藤森	『**真田太平記**』（ＮＨＫ）
一九八六（五七歳）	『**怪談 牡丹燈籠**』三遊亭円朝		
一九八七（五八歳）	『**遊女夕霧**』（川口松太郎作）悟道軒円玉、『**ふりだした雪**』（久保田万太郎作）＊演出	松竹『**泣き虫チャチャ**』（花輪金一監督）小野田千造、東宝『**竹取物語**』（市川崑監督）藤原の大國	『**若大将天下ご免！**』（ＡＮＢ）
一九八八（五九歳）	『**煮えきらない幽霊たち―蘭学事始浮説―**』（吉永仁郎作）＊演出	松竹『**ダウンタウンヒーローズ**』（山田洋次監督）警察署長、東映『**悲しい色やねん**』（森田芳光監督）山田期雄	『**長七郎江戸日記**』（ＮＴＶ）
一九八九（六〇歳）	『**女の一生**』章介	東映『**社葬**』（舛田利雄監督）谷政明、松竹富士『**226**』（五社英雄監督）香椎浩平中将	『**御存知！鞍馬天狗**』（ＣＸ）
一九九〇（六一歳）	『**十二夜**』（シェイクスピア作）マルヴォーリオ	松竹『**釣りバカ日誌3**』（栗山富夫監督）秋山専務	『**獄門島**』『**悪魔の手毬唄**』（ＣＸ）

一九九一(六二歳)	『彫刻のある風景 新宿角筈』(吉永仁郎作)＊演出	東映『天河伝説殺人事件』(市川崑監督)仙波警部補、東映『江戸城大乱』(舛田利雄監督)稲葉美濃守正則、松竹『釣りバカ日誌4』(栗山富夫監督)秋山専務	『君の名は』(NHK)、『悪霊島』(CX)、『さすらい刑事旅情編Ⅳ』(ANB)
一九九二(六三歳)	文学座・松竹『アナザータイム—幸せのあの日あのとき—』(ロナルド・ハーウッド作)＊演出、『房吉』(久保田万太郎作)＊演出、『唐人お吉ものがたり—女人哀詞—』(山本有三作)ハルリス	松竹『釣りバカ日誌5』(栗山富夫監督)秋山専務	『本陣殺人事件』(CX)
一九九三(六四歳)	東宝ミュージカル『ラ・カージュ・オ・フォール』ダンドン議員	『あひるのうたがきこえてくるよ。』(椎名誠監督)田島先生、東宝『帰って来た木枯し紋次郎』(市川崑監督)木崎の伝吉、東映『XX(ダブルエックス)美しき凶器』(小水一男監督)国分、松竹『釣りバカ日誌6』(栗山富夫監督)秋山専務	
一九九四(六五歳)	『日暮れて、二楽章のセレナーデ』(吉永仁郎作)小田原源造、相沢信二＊演出	松竹『釣りバカ日誌スペシャル』(森崎東監督)秋山専務、松竹『釣りバカ日誌7』(栗山富夫監督)秋山専務	『犬神家の一族』(CX)
一九九六(六七歳)		松竹『釣りバカ日誌8』(栗山富夫監督)秋山専務、東宝『八つ墓村』(市川崑監督)等々力警部	
一九九七(六八歳)	ひょうご舞台芸術『バッファローの月』(ケン・ラドウィッグ作)、東宝ミュージカル『ラ・カージュ・オ・フォール』ダンドン議員		『水戸黄門』(TBS)
一九九八(六九歳)	『THE BOYS—ストーンヘンジアパートの隣人たち—』(トム・グリフィン作)ミスター・ヘッジ、ミスター・コルビン、クラーク議員	松竹『釣りバカ日誌10』(栗山富夫監督)秋山専務、松竹『花のお江戸の釣りバカ日誌』(栗山富夫監督)庄内藩家老	『天うらら』(NHK)、『鬼平犯科帳』『女王蜂』(CX)

年	舞台	映画	テレビ・ラジオ
一九九九（七〇歳）	『**家路**』（平石耕一作）土田清太、『**ふるあめりかに袖はぬらさじ**』岩亀楼の主人	東映『**おもちゃ**』（深作欣二監督）北山の大尽	『**元禄繚乱**』（ＮＨＫ）
二〇〇〇（七一歳）	『**野分立つ**』（川崎照代作）内藤宗一、『**レティスとラベッジ**』（ピーター・シェーファー作）ミスター・バードルフ	松竹『**釣りバカ日誌イレブン**』（本木克英監督）秋山専務、東宝『**どら平太**』（市川崑監督）内島舎人	
二〇〇一（七二歳）	『**崩れた石垣、のぼる鮭たち**』（土田英生作）井戸郁男	ザナドゥー『**金髪の草原**』（犬童一心監督）神崎敬、東映『**走れ！イチロー**』（大森一樹監督）伊岡丈治、松竹『**釣りバカ日誌12 史上最大の有給休暇**』（本木克英監督）秋山専務、東映『**千年の恋 ひかる源氏物語**』（堀川とんこう監督）右大臣	『**つま恋**』『**藤沢周平の人情しぐれ町**』（ＮＨＫ）
二〇〇二（七三歳）	『**大寺學校**』大寺三平、『**野分立つ**』内藤宗一、『**家路**』土田清太	松竹『**釣りバカ日誌13 ハマちゃん危機一髪！**』（本木克英監督）秋山専務	『**キテレツ**』（ＮＨＫ）
二〇〇三（七四歳）	『**ホームバディ／カブール**』（トニー・クシュナー作）ムッラー・アフタル・アリ・ドゥラーニー	松竹『**釣りバカ日誌14 お遍路大パニック！**』（朝原雄三監督）秋山専務	『**風子のラーメン**』（ＮＨＫ）、『**陰の季節**』（ＴＢＳ）、『**坊さん弁護士・郷田夢栄**』（ＴＸ）
二〇〇四（七五歳）	『**風の中の蝶たち**』（山田風太郎原作、吉永仁郎脚本）秋山国三郎、『**家路**』土田清太	松竹『**釣りバカ日誌15 ハマちゃんに明日はない!?**』（朝原雄三監督）秋山専務	『**農家のヨメになりたい**』（ＮＨＫ）、『**家政婦は見た！**』（ＥＸ）、『**坊さん弁護士・郷田夢栄2**』（ＴＸ）
二〇〇五（七六歳）	『**加藤武 語りの世界**』、『**奇妙奇天烈新宿寄席**』	松竹『**釣りバカ日誌16 浜崎は今日もダメだった♪**』（朝原雄三監督）秋山専務、東宝『**蝉しぐれ**』（黒土三男監督）里村左内	『**こちら本池上署**』（ＴＢＳ）、『**昭和八十年のラヂオ少年**』『**密漁**』（ＮＨＫ-ＦＭ）
二〇〇六（七七歳）	『**江戸に生きる会**』、『**加藤武 語りの世界**』	スローラーナー『**あおげば尊し**』（市川準監督）光一の父、松竹『**釣りバカ日誌17 あとは能登なれ ハマとなれ！**』（朝原雄三監督）秋山専務、	『**松本清張ドラマスペシャル 波の塔**』（ＴＢＳ）

		東宝『犬神家の一族』（市川崑監督）等々力署長	
二〇〇七（七八歳）	『殿様と私』（マキノノゾミ作）雛田源右衛門、『加藤武 語りの世界』	松竹『釣りバカ日誌18 ハマちゃんスーさん瀬戸の約束』（朝原雄三監督）秋山専務	『風林火山』（NHK）
二〇〇八（七九歳）	『風のつめたき櫻かな―久保田万太郎作品集より―』（平田オリザ作）市山茂、『日陰者に照る月』（ユージン・オニール作）フィル・ホーガン、『加藤武 語りの世界』		『監査法人』（NHK）、『6時間後に君は死ぬ』（WOWOW）、『エトルリアの微笑み』（NHK-FM）
二〇〇九（八〇歳）	『定年ゴジラ』（重松清原作、杉浦久幸脚色）古葉	モブキャスト『モノクロームの少女』（五藤利弘監督）諸橋虎二郎、松竹『釣りバカ日誌20 ファイナル』（朝原雄三監督）秋山専務	『天地人』（NHK）、『わが人生に乾杯！』（NHK第一）
二〇一〇（八一歳）	『加藤武 語りの世界』	『天皇の世紀』（山本薩夫ほか監督）肥田浜五郎	『雪冤』（TX）
二〇一一（八二歳）	『殿様と私』雛田源右衛門、『加藤武 語りの世界』		『パンドラⅢ 革命前夜』（WOWOW）
二〇一二（八三歳）	『加藤武・三遊亭鳳楽の会』、『加藤武 語りの世界』		『最後のカチンコ～新藤兼人・乙羽信子～』（NHK-BSプレミアム）
二〇一三（八四歳）	『殿様と私』雛田源右衛門、『加藤武 語りの世界』		『大岡越前』（NHK-BSプレミアム）、『青春』（NHK-FM）
二〇一四（八五歳）	『夏の盛りの蟬のように』（吉永仁郎作）葛飾北斎、リーディング『ヴェニスの商人』（シェイクスピア作）、朗読『きけわだつみのこえ』、『加藤武・入船亭扇辰 二人会』		『東京が戦場になった日』『吉原裏同心』（NHK）、『闇の狩人』（BSスカパー！）
二〇一五（八六歳）	『加藤武 語りの世界』		
二〇一八		『MIFUNE:THE LAST SAMURAI』（スティーヴン・オカザキ監督）	

主要参考文献

加藤武著作

加藤武『昭和悪友伝』話の特集、一九七六年
加藤武『街のにおい芸のつや』新しい芸能研究室、一九九三年
加藤武『悪ガキ少年の俳優志願——芝居大好き』ポプラ社、一九九五年

文学座について

北見治一編『文学座々史』文学座、一九六三年
『文学座五十年史』文学座、一九八七年
戌井市郎『芝居の道——文学座とともに六十年』芸団協出版部、一九九九年
久保田万太郎『久保田万太郎全集　第十三巻』中央公論社、一九六七年
北見治一『回想の文学座』中公新書、一九八七年
中丸美繪『杉村春子——女優として、女として』文藝春秋、二〇〇三年
杉村春子『振りかえるのはまだ早い』婦人画報社、一九八六年
大笹吉雄『女優　杉村春子』集英社、一九九五年
内村直也『女優田村秋子』文藝春秋、一九八四年
三島由紀夫『決定版　三島由紀夫全集』新潮社、第一巻の刊行は二〇〇〇年

演劇について

倉林誠一郎『新劇年代記〈戦中編〉』白水社、一九六九年

倉林誠一郎『新劇年代記〈戦後編〉』白水社、一九六六年
大笹吉雄『日本現代演劇史』(全八巻)白水社、「明治・大正篇」の刊行は一九八五年
大笹吉雄『新日本現代演劇史』(全五巻)中央公論新社、1(脱戦後篇)の刊行は二〇〇九年

昭和の歌舞伎について

澤村田之助『澤村田之助むかし語り——回想の昭和歌舞伎』雄山閣、二〇一一年
戸板康二『六代目菊五郎』講談社文庫、一九七九年
戸板康二『歌舞伎 ちょっといい話』岩波現代文庫、二〇〇六年
『歌舞伎座百年史 本文篇』(上下巻)松竹株式会社、上巻の刊行は一九九三年

小沢昭一、北村和夫について

小沢昭一『わた史発掘——戦争を知っている子供たち』岩波現代文庫、二〇〇九年
小沢昭一『小沢昭一——僕のハーモニカ昭和史』朝日新聞出版、二〇一一年
小沢昭一『思えばいとしや〝出たとこ勝負〟——小沢昭一の「この道」』東京新聞出版局、二〇一一年
小沢昭一『俳句武者修行』朝日文庫、二〇〇五年
東京やなぎ句会編『五・七・五——句宴四十年』岩波書店、二〇〇九年
東京やなぎ句会編『楽し句も、苦し句もあり、五・七・五——五百回、四十二年』岩波書店、二〇一一年
北村和夫『役者人生 本日も波瀾万丈』近代文芸社、一九九七年

映画について

黒澤明『蝦蟇の油——自伝のようなもの』岩波現代文庫、二〇〇一年
堀川弘通『評伝 黒澤明』ちくま文庫、二〇〇三年

橋本忍『複眼の映像――私と黒澤明』文春文庫、二〇一〇年
野上照代『もう一度天気待ち――監督・黒澤明とともに』草思社、二〇一四年
松田美智子『サムライ――評伝三船敏郎』文春文庫、二〇一五年
磯田勉編・カワシマクラブ協力『川島雄三 乱調の美学』ワイズ出版、二〇〇一年
藤本義一『川島雄三、サヨナラだけが人生だ』河出書房新社、二〇〇一年
今村昌平『今村昌平――映画は狂気の旅である』日本図書センター、二〇一〇年
市川崑・森遊机『完本 市川崑の映画たち』洋泉社、二〇一五年
『市川崑』キネ旬ムック、二〇〇八年

歴史について

『図説 昭和の歴史』(全一二巻) 集英社、第一巻の刊行は一九七九年

築地について

福地享子・築地魚市場銀鱗会『築地市場――クロニクル完全版1603―2018』朝日新聞出版、二〇一八年
生田與克・冨岡一成『築地魚河岸ことばの話――読んで味わう「粋」と「意気」』大修館書店、二〇〇九年
アイランズ編著『東京の戦前 昔恋しい散歩地図』(全二巻) 草思社、二〇〇四年

そのほか

『文学座通信』『キネマ旬報』『悲劇喜劇』『ユリイカ』『にぎやか談話室』『うえの』『アサヒグラフ』『文藝春秋』『婦人公論』『銀座百点』『サライ』バックナンバー、舞台・映画パンフレット・チラシ、「Movie Walker」「KINENOTE」「allcinema」「テレビドラマデータベース」サイト

本書は、二〇一五年一〇月から二〇一七年四月にかけて『キネマ旬報』に掲載された
「因果と丈夫なこの身体——加藤武 芝居語り」を、加筆修正のうえまとめたものです。

市川安紀　いちかわ・あき
一九七一年、神奈川県生まれ。
編集者、ライター。
慶應義塾大学文学部卒。
演劇誌『シアターガイド』編集長を経て、
劇場広報誌・演劇プログラムの編集・執筆、
各種媒体での俳優・クリエイターインタビューなどを行う。
蜷川幸雄演出作品では約三〇本のプログラムを手がけたほか、
国内外の古典から現代劇、戦後日本映画まで広く取材対象とし、
歌舞伎・文楽など伝統芸能を支える仕事の取材も続ける。
本書が初めての単著となる。

加藤武《かとうたけし》　芝居語《しばいがた》り

——因果《いんが》と丈夫《じょうぶ》なこの身体《からだ》

二〇一九年七月三一日　初版第一刷発行

著者　市川安紀

ブックデザイン　鈴木成一デザイン室

発行者　喜入冬子

発行所　株式会社筑摩書房
東京都台東区蔵前二―五―三　〒一一一―八七五五
電話番号　〇三―五六八七―二六〇一（代表）

印刷・製本　凸版印刷株式会社

 ISBN978-4-480-81852-2 C0074